A Monsieur Émile BROUSSAIS,
Président du Conseil Général ;

A Monsieur Henry VÉROLA,
Président de la Commission départementale ;

A Monsieur Albert LEFEBURE,
Préfet d'Alger ;

A Messieurs les Membres du Conseil Général
du département d'Alger,

cet ouvrage est respectueusement dédié

LE

CONSEIL GÉNÉRAL

D'ALGER

———

HISTORIQUE, LÉGISLATION ET ANNUAIRE

PAR

R. FULCONIS

SECRÉTAIRE DU CONSEIL GÉNÉRAL

ALGER

IMPRIMERIE ORIENTALE FONTANA FRÈRES

3, RUE PELISSIER, 3

1918

PRÉFACE

L'ouvrage que je présente au lecteur ne constitue, à proprement parler, qu'une ébauche et il a fallu les encouragements et l'insistance de mes amis pour me décider à le publier ; on y relèvera sans doute de nombreuses lacunes et inexactitudes ; je serais heureux de réparer les unes et de combler les autres, et j'accepterai bien volontiers toutes les indications, tous les renseignements qu'on voudra bien me communiquer.

J'ai simplement été guidé dans mon étude par le souci de réunir et de condenser les matériaux que j'ai pu recueillir, au cours de ma carrière, sur l'histoire des Assemblées départementales algériennes et dont la vulgarisation me semble utile, concernant un organisme dont la création, le fonctionnement et les transformations sont intimement liés à l'occupation française en Algérie et aux destinées de notre belle Colonie : j'ai voulu surtout essayer d'acquitter, envers les Membres du Conseil Général d'Alger, une dette de reconnaissance et de leur donner un témoignage de mon affectueux attachement.

Je me fais un devoir de remercier également tous les collaborateurs qui, à des titres divers, m'ont permis de mener mon œuvre à bonne fin et parmi lesquels, principalement, je citerai mon prédécesseur, M. Auguste Carbon, le distingué directeur des Affaires algériennes au Ministère de l'Intérieur ; M. Paoli, bibliothécaire des Facultés d'Alger ; M. Klein, secrétaire du Comité du Vieil Alger ; M. Barthelet, sous-chef de bureau à la Préfecture et mon adjoint au Conseil Général ; M. Gavarry, architecte départemental ; mon ami Victor Brincat, archiviste départemental, sans oublier mon fidèle Gabel, le vieil appariteur au service du Conseil Général depuis plus de vingt-cinq ans.

Alger, mai 1918.

LE CONSEIL GÉNÉRAL

INDEX

Cet ouvrage renferme :

A. — Une partie historique, comprenant les chapitres suivants :

    Le Conseil Général,
    La Commission départementale,
    Les grandes Commissions,
    Les Délégués au Conseil Supérieur de Gouvernement ;

B. — Le règlement intérieur du Conseil Général et la législation résumée des Conseils Généraux d'Algérie ;

C. — L'Annuaire du Conseil Général depuis sa création et renfermant :

    1° La liste chronologique générale des Membres du Conseil Général, nommés par le Gouvernement, depuis 1858 jusqu'en 1870 ;

    2° La liste des Conseillers généraux français, par circonscription, depuis 1871 jusqu'à nos jours ;

    3° La liste des Assesseurs musulmans, nommés par le Gouvernement, de 1871 à 1908 inclus ;

    4° La liste des Conseillers généraux indigènes, par circonscription, de 1909 à nos jours ;

    5° La liste des Membres de la Commission départementale, depuis 1872 ;

    6° La liste des Membres des grandes Commissions ;

    7° La liste des Délégués du Conseil Général au Conseil Supérieur de Gouvernement, depuis l'année 1861 ;

    8° La liste des Présidents, Vice-Présidents et Secrétaires du Conseil Général ;

    9° La liste des Présidents et Secrétaires de la Commission départementale ;

    10° La liste des Présidents, Vice-Présidents et Secrétaires des grandes Commissions ;

    11° La liste des Préfets et Généraux de division du département d'Alger ;

    12° La liste des Secrétaires-rédacteurs du Conseil Général.

HISTORIQUE

Le Conseil Général

Tentative de Création des Conseils Généraux algériens.

Les Conseils Généraux furent institués en Algérie par un arrêté du Pouvoir Exécutif, en date du 1er décembre 1848, qui ne fut jamais appliqué, et dont l'article 16 spécifiait notamment : *« Il y aura, dans chaque département, un Conseil Général électif dont les attributions seront les mêmes que celles des Conseils Généraux de France. »* Un second arrêté du Pouvoir Exécutif, du 16 décembre 1848, exposait dans son chapitre 6, articles 36 à 42, les modalités de l'élection des membres du Conseil Général : cet arrêté demeura, comme le précédent, à l'état de lettre morte.

Création des Conseils Généraux en Algérie.

Le véritable acte constitutif des assemblées départementales algériennes, ce fut le décret impérial du 27 octobre-6 novembre 1858. A l'origine, ces assemblées devaient se composer de 12 à 20 membres, européens et indigènes : le Conseil Général d'Alger en comprit 18, chiffre qui fut porté aussitôt à 20, suivant décret du 14 novembre 1858, par l'adjonction de deux nouveaux membres, dont un israélite. L'effectif fut ensuite, en exécution du décret du 25 juillet 1860, fixé à 25 membres et ce chiffre fut maintenu jusqu'à la chute du régime impérial.

Essai d'Organisation électorale.

Il convient de noter, avant cette époque, une tentative d'application du système électoral qui ne fut, d'ailleurs, pas suivie d'exécution : un décret du 11 juin 1870 disposait qu'à l'avenir les assemblées départementales comprendraient des Français, des Israélites indigènes, des étrangers et des indigènes musulmans nommés à l'élection pour le territoire civil, et des Français et des musulmans choisis par le Gouverneur Général pour représenter le territoire militaire ; mais ce décret fut abrogé par celui du 28 décembre 1870, limitant aux seuls Français ou naturalisés le droit d'être électeurs ou éligibles.

Élection des Conseillers Généraux français.

C'est donc en vertu de ce dernier acte gouvernemental que le système électif fut appliqué pour la première fois à l'élément français des Conseils Généraux de la Colonie : celui d'Alger comprit 26 membres français élus et 6 assesseurs musulmans nommés par le Ministre de l'Intérieur ; en 1882, le nombre des circonscriptions électorales fut porté à 27, puis à 30 en 1883, et ce dernier nombre n'a pas été dépassé depuis.

Vérification des Pouvoirs.

L'assemblée procédait elle-même à la vérification des pouvoirs de ses membres ; depuis l'émission du décret du 23 septembre 1875, c'est le Conseil d'État qui est chargé de connaître des protestations formées contre les opérations électorales de l'assemblée départementale.

Membres indigènes des Conseils Généraux.

Les membres indigènes figuraient, au début, pour deux unités dans l'ensemble des membres du Conseil Général ; puis, ils furent 3, en 1862 ; depuis 1864, leur nombre fut porté à 6 et n'a pas varié depuis cette époque ; mais, en exécution du décret du 12 octobre 1871, il vient en augmentation de l'effectif normal du Conseil, qui comprend 30 membres français : depuis cette date, également, les membres indigènes furent nommés par arrêté du Gouverneur Général, avec la qualification d'*assesseurs musulmans*, et c'est en vertu du décret du 24 septembre 1908 seule-

ment qu'ils siègent à l'assemblée départementale à titre
électif, comme leurs collègues français.

Durée des Fonctions des Conseillers Généraux.

En exécution du décret du 27 octobre-6 novembre 1858,
les Conseillers généraux étaient nommés pour trois ans et
renouvelables par tiers tous les ans : ils pouvaient être
maintenus dans leurs fonctions à l'expiration de chaque
période triennale.

Tenue des Sessions.

Les sessions avaient lieu une fois par an, à moins que
l'Autorité ne jugeât nécessaire de convoquer extraordinairement l'assemblée départementale : le Conseil Général
se réunissait dans les derniers mois de l'année, à l'époque
fixée par le décret impérial, qui déterminait en même temps
la durée maxima de la session : un autre décret désignait
les membres du bureau qui avaient été proposés au Pouvoir
central par le Ministre de l'Algérie et des Colonies.

Séance inaugurale du Conseil Général d'Alger.

La première séance du Conseil Général eut lieu le 5 décembre 1858.

Le Préfet, assisté du Général de Division commandant la
Province, donna lecture des décrets fixant la réunion des
Conseils Généraux de l'Algérie, nommant les membres qui
devaient composer le Conseil Général de la Province, et
désignant les membres du bureau de l'assemblée.

Le bureau installé, le Préfet donna lecture de la formule
du serment constitutionnel, ainsi conçu : « *Je jure obéissance et fidélité à l'Empereur* », et chaque membre, à l'appel
de son nom, répondit en tenant la main droite levée : « *Je
le jure !* »

Tous les membres présents devaient prêter serment :
ceux qui n'avaient pas assisté à la séance d'ouverture ne
prenaient séance qu'après avoir prêté ce serment entre les
mains du Président.

La formule du serment fut plus tard modifiée comme suit :
« *Je jure obéissance à la Constitution et fidélité à l'Empereur.* »

La formalité du serment fut abolie dès la chute de l'Empire.

La première Salle des Séances du Conseil Général.

La salle des séances du Conseil Général fut d'abord des plus modestes : elle consistait en un baraquement en planches édifié sur la terrasse d'une des maisons mauresques qui constituaient l'ancienne Préfecture et dont l'ensemble était limité par la place Soult-Berg, les rues de la Charte et d'Orléans.

L'entrée se trouvait dans la rue d'Orléans : on accédait à la salle des délibérations par un escalier fort raide, incommode et sombre, aux recoins nombreux, bas de plafond, comme on peut en remarquer dans la plupart des constructions indigènes anciennes.

A l'intérieur, une grande table autour de laquelle s'asseyaient Président, Préfet, Général et Conseillers généraux : le public était séparé de l'assemblée par une simple barrière en bois. Le Cabinet de la Présidence n'existait pas, le Secrétariat encore moins ; les Commissions siègeaient, la première et la troisième aux deux extrémités, la deuxième au centre de la table. Le Président recevait dans la salle, au milieu de ses collègues.

L'Hôtel du Conseil Général, rue de la Charte.

Cette situation semble avoir duré de 1858 à 1881, date à laquelle l'Hôtel du Conseil Général fut installé rue de la Charte, dans une maison mauresque dépendant également de la Préfecture.

M. H. Klein[1], dans ses *Feuillets d'El-Djezaïr*, définit ainsi les origines de l'immeuble :

« Cette maison était, avant la conquête, propriété du Beylick.

---

1. *Feuillets d'El-Djezaïr*, par H. KLEIN, tome II, page 56.

« Elle servait de résidence aux consuls d'Angleterre, pour qui elle était louée à bail, depuis 1780.

« A la conquête, sa valeur fut fixée à 80,000 francs.

« Le Gouvernement consentit à continuer la location, à bail, de cet immeuble, au consul britannique, qui avait exprimé le vif désir d'y demeurer. Le Duc de Rovigo déclara, à ce sujet, en 1832, dans une lettre demeurée aux archives, *« qu'il convenait, en raison des relations entretenues avec l'Angleterre, de faire cette galanterie à cette puissance. »*

« Le loyer fut fixé à 4,000 francs par an.

« Le consul de l'époque, Sir Robert William de Saint-John, qui occupait la maison depuis 1827, l'abandonna en 1847, à la suite d'une augmentation de la location.

« Le Commissariat central y fut installé.

« Le 19 avril 1856, l'Autorité militaire, à qui fut cédé temporairement l'immeuble, y logea le Général Commandant l'Artillerie, lequel, plus tard, demeura rue Jean-Bart.

« Le 28 février 1861, l'Administration départementale reprit possession de cet immeuble où fut installé le Conseil Général. Ce dernier en partit, à la fin de 1909, après l'achèvement de la nouvelle Préfecture.

« Cette maison avait, en son deuxième vestibule, une fontaine (dont il reste une remarquable plaque de marbre ciselé) qui, sous les deys — nous apprend un ancien document — était alimentée gratuitement par la ville. L'Oukil des fontaines, Hussein Khodja ben Bakir, attesta ce fait, par écrit, en 1835, quand la municipalité voulut imposer une taxe au consul pour l'eau qu'il recevait.

« Le Consulat portait le n° 70 de la rue de la Charte. Cette rue, avant la conquête, était dénommée : *Hammam es-Seghir (Petit Bain)* et *Mesyed el-Goula (Petite École de la Fée).* »

Les origines de cette appellation sont encore fournies par H. Klein [1] :

« Cette dénomination provient de ce que les musulmans

---

1. *Feuillets d'El-Djezaïr*, par H. KLEIN, tome VII, page 101.

tenaient pour *hantée* une partie de ce palais, auquel ils donnèrent le nom de *Maison de la Fée*, désignation qui s'étendit à une petite école enclavée dans ce bâtiment. »

L'auteur, précisant un renseignement sur les affectations successives de l'immeuble, s'exprime ainsi[1] :

« Le 19 avril 1856, l'Autorité militaire, à qui fut cédé temporairement l'immeuble, y logea le Général commandant l'Artillerie, lequel logea plus tard rue Jean-Bart.

« Le 28 février 1861, l'Administration civile reprit possession de la maison, où fut installé le Secrétaire général du Gouvernement. Celle-ci devint ensuite le siège du Conseil Général, qui l'occupa jusqu'en 1909. »

L'Hôtel actuel du Conseil Général.

Depuis de nombreuses années, l'exiguïté des locaux occupés par la Préfecture, leur insalubrité, leur état de vétusté qui en rendait l'habitation dangereuse et avait obligé d'ailleurs le Conseil Général à louer, pour le Préfet, un appartement en ville, avaient amené l'assemblée départementale à étudier un projet de déplacement des services administratifs.

Son choix se porta finalement sur la Caserne de Gendarmerie, bâtie en façade de la rue de Constantine, et qu'un terrain vague séparait alors du boulevard Carnot. C'est sur cet emplacement que furent transférés, en 1909, l'Hôtel de la Préfecture, le Conseil Général et les bureaux comprenant les services administratifs proprement dits, le Service vicinal, l'Inspection académique et la Sûreté départementale.

L'endroit où s'élèvent les bâtiments était autrefois baigné partiellement par la mer, qui venait se briser contre les rochers d'une falaise haute d'environ dix à douze mètres.

Cette falaise, presque abrupte, est actuellement recouverte par des remblais. Elle coupe la Préfecture suivant une ligne transversale parallèle au boulevard Carnot et passant exactement sous l'escalier d'honneur de l'Hôtel.

---

1. *Feuillets d'El-Djezaïr*, par H. KLEIN, tome VII, page 101.

La surface de terrain occupée par les bâtiments du Conseil Général et des bureaux a fait partie d'un cimetière musulman dont les tombes ont été retrouvées au moment des fouilles. Plus tard, un abattoir y fut édifié (une partie des égouts existe encore sous terre dans la largeur de la rue Loverdo) ; cet abattoir fit ensuite place à la Caserne de Gendarmerie d'Alger, transformée depuis et aménagée pour les bureaux de la Préfecture et l'Hôtel du Préfet.

Dans les fouilles exécutées pour les fondations, on a trouvé un boulet de pierre dure blanche, de 0,20 à 0,25 de diamètre, ainsi que les vestiges d'une petite construction sans intérêt, bâtie sur la crête d'un rocher, et dans laquelle on n'a rien découvert : cette construction, en briques grossières, devait faire partie de l'ancien cimetière.

Le projet de construction de la Préfecture fut adopté par le Conseil Général en 1906 : à sa préparation, à son exécution, à son achèvement sont liés indissolublement les noms de Jules Voinot, architecte départemental, qui en fut l'auteur excellemment inspiré, et de son collaborateur et continuateur M. Gavarry ; il paraît également équitable d'y adjoindre les noms de tous ceux qui, à un titre quelconque, ont participé à l'édification et à l'ornementation de ce palais, appellation réellement justifiée pour un monument dont la richesse et le goût admirables retiennent l'attention et forcent l'admiration du visiteur.

Le projet comprenait deux parties :

1° L'aménagement et la transformation de la Caserne de Gendarmerie pour l'installation des services de la Préfecture et du Conseil Général ;

2° La construction de l'Hôtel, sur le boulevard Carnot, comprenant les salles de réception, l'appartement privé du Préfet et l'entrée d'honneur du Conseil Général.

Les travaux furent entrepris en 1906, pour les fondations de l'Hôtel du boulevard Carnot, et en avril 1908 par MM. Jacques Grégori et fils, entrepreneurs du gros œuvre, pour l'aménagement des bureaux du Conseil Général, de la Préfecture et de l'Hôtel ; ils ont été terminés en 1913, après une interruption d'une année environ.

Dans la cour de l'ancienne Gendarmerie ont été construites la salle des séances du Conseil Général et les galeries avec colonnades qui desservent à chaque étage les divers bureaux.

La salle des séances est située au premier et occupe la hauteur de deux étages ; au premier étage également sont installés le Cabinet de la Présidence et le Secrétariat, les salles de Commissions, la Bibliothèque et les services du Conseil Général, buvette, vestiaire, pas-perdus, fumoir, etc.

Les ailes du bâtiment en façade des rues Loverdo, de Constantine et Avizard, anciennement occupées par les logements des gendarmes, ont fait place à de vastes pièces affectées aux bureaux, pièces qui contrastent avec les locaux sombres et mal aérés de l'ancienne Préfecture de la place Soult-Berg.

La salle des séances du Conseil Général est en communication directe, par l'escalier d'honneur, avec l'hôtel du boulevard Carnot ; elle se trouve, d'autre part, au centre de tous les services administratifs : sa décoration s'inspire du style Renaissance ; l'ameublement et les tentures qu'on y a placées sortent des ateliers d'Alger.

Il n'est pas possible de passer sous silence les détails de la construction de l'Hôtel de Préfecture, étroitement unie à celle des locaux du Conseil Général.

Les fondations de l'Hôtel, à dix-huit mètres en contre-bas du boulevard Carnot, comprennent deux étages de caves : l'immeuble se compose d'un rez-de-chaussée et de deux étages.

Le sous-sol, de niveau avec les rues Avizard et Loverdo, renferme les écuries et remises, l'office et la grande cuisine des réceptions.

Au rez-de-chaussée se trouve un grand vestibule d'entrée par lequel on accède à l'escalier d'honneur conduisant, d'une part, à la salle des séances du Conseil Général, de l'autre, aux salons du premier étage : à gauche et à droite du vestibule ont été aménagées de grandes salles que l'on utilise les jours de réception ; à l'angle du boulevard Carnot et de la rue Avizard ont été aménagés l'entrée particulière et l'escalier privé des appartements du Préfet, conduisant au deuxième étage.

Les colonnades de la galerie publique du boulevard et celles des deux loggias des étages, ainsi que le perron du péristyle, sont en pierre dure de Comblanchien : les colonnes sont d'une seule pièce.

La décoration du grand vestibule est de style oriental : les colonnes qui le garnissent sont en staff.

L'escalier d'honneur, exécuté par un artiste marseillais, M. Marius Cantini, est remarquable par la richesse des matériaux qui le composent : la balustrade est en onyx doré d'Aïn-Smara (département de Constantine), le limon en brèche africaine provenant de la même carrière ; les marches en granit rouge. Cet escalier, qui présentait de réelles difficultés d'exécution, fait honneur à son constructeur, bien connu par ses beaux travaux de marbrerie tant en France qu'en Algérie.

Le premier étage, qui comprend le hall, la salle des fêtes, la salle à manger officielle et le Cabinet du Préfet, est entièrement décoré de style hispano-mauresque : les ornements, exécutés par M. Lefèvre, décorateur à Montpellier, sont la reproduction à une échelle double de la décoration de l'Alhambra de Grenade. L'artiste a exécuté ses modèles d'une façon savante, observant tous les plans et donnant la couleur qui font le charme et la délicatesse du style.

Les colonnes du hall sont en marbre, de 4^m50 de hauteur ; leur base est en brèche africaine ; le fût, d'une seule pièce, en onyx doré ; les chapiteaux en pierre blanche lustrée ; le carrelage est en onyx et marbre bleu turquin. Ces travaux ont été exécutés par M. Cantini.

Les faïences, dont le dessin est également copié sur les soubassements de l'Alhambra de Grenade, ont été fournies par la maison Langlois, d'Alger, dirigée actuellement par M. Delduc. La frise du soubassement, en faïence, comporte une inscription en arabe : c'est un souhait de bienvenue ; tous les modèles d'inscriptions orientales ont été donnés par M. Bakir Hafiz Khodja.

Les portes du hall donnant accès dans les différentes salles, ainsi que la balustrade de la galerie du deuxième étage, sont des boiseries intéressantes provenant de la cour mauresque de l'ancienne salle du Conseil Général, rue de la Charte. Ces vieilles boiseries, qui sont encore munies de leurs verrous, ont été mises en état et encadrées de lambris en cèdre par M. Darbéda, entrepreneur d'ébénisterie, à qui a été confiée la menuiserie décorative de l'Hôtel.

La décoration de la salle des fêtes et de la salle à manger officielle a été exécutée en staff ; le parquet est en chêne zéen, le lambris en bois de cèdre.

Les vitraux sont l'œuvre de M. Yves Le Lay, peintre verrier à Alger : ils reproduisent un dessin extrait d'une page d'un manuscrit arabe.

Les lustres en bronze de ces deux salles sont une variante, mais à plus grande échelle, de la lampe de la mosquée d'El-Ghoury, actuellement au musée du Caire : ils sortent, ainsi que toute la lustrerie de l'Hôtel, des ateliers de la maison Berlie, fabricant de bronzes d'art, à Lyon.

Les moucharabiehs, en saillie sur les façades latérales, sont une réminiscence de ceux du Caire et de Constantinople, mais ils se réclament plutôt du style hispano-mauresque pour les détails : ils sont l'œuvre de M. Grillo, entrepreneur de menuiserie à Alger.

Le soubassement en faïence de la salle à manger a été fourni par la maison Langlois : le grand panneau de cette salle a été exécuté par M. Soupireau.

L'ameublement des pièces est dû à M. Darbéda, plus haut cité.

Le cabinet du Préfet mérite également une mention particulière : sa décoration, en staff hispano-mauresque, provient de la maison Lefèvre ; la menuiserie décorative, de la maison Darbéda. Le carrelage, spécialité de la fabrique Castan, d'Alger, représente, en simili mosaïque, un tapis oriental ; les carreaux sont en ciment comprimé et coloré.

On peut remarquer dans ce cabinet un beau moulage de l'Apollon de Cherchell, par M. Carra.

La peinture de l'Hôtel a été exécutée par M. Baubil, un artiste consciencieux et de talent.

Au deuxième étage de l'Hôtel se trouvent les appartements privés du Préfet : on y remarque notamment trois chambres à coucher de style (Louis XV, Louis XVI et

Empire) installées par MM. Charlet et Giobbe, propriétaires
de la maison d'ameublement *Au Vieux Chêne*, une salle à
manger Renaissance, un grand salon Louis XVI et un petit
salon oriental.

Au nombre des autres fournisseurs, on peut compter
encore : M. Tossut, d'Alger, pour la mosaïque; M. Cardin,
pour la miroiterie ; M. Daubrée et MM. Bonhon frères, de
Paris, pour les bronzes ; MM. Aprile et Leroy, Pinet frères,
Garros, Gravereaux, d'Alger ; Mildé et Cie, de Paris, pour
les installations électriques ; Léveilley frères, Tiné, Gervais,
pour l'ameublement ; Férand, pour les appareils sanitaires
et d'hydrothérapie ; la Manufacture de tapis algériens, etc.

L'ascenseur de l'Hôtel a été fourni par la maison Pifre,
de Paris.

L'installation de la Préfecture aura coûté, en y comprenant l'achat du terrain, les fondations et l'aménagement
des services de l'ancienne gendarmerie, la somme de deux
millions cent quarante-cinq mille francs, se décomposant
ainsi :

Achat du terrain, fondations, construction du gros œuvre, travaux ordinaires.	1.550.000 fr.
Sculpture et décoration en staff	196.000
Marbres et onyx	86.000
Menuiserie décorative	50.000
Peinture décorative	43.000
Vitraux	9.000
Faïences décoratives	7.000
Lustrerie et bronzes	47.000
Installation de l'éclairage électrique, ascenseur, sonnerie, téléphones	32.000
Ameublement de l'Hôtel et des bureaux.	125.000

Fonctionnement des Conseils Généraux.

Les Conseils Généraux d'Algérie sont régis par le décret
constitutif du 23 septembre 1875, modifié dans certains de
ses détails, mais qui est demeuré la charte fondamentale
des assemblées départementales algériennes, comme la loi
du 10 août 1871 est demeurée, dans ses lignes principales,
la base de l'organisation départementale en France.

Lès Conseils Généraux d'Algérie comprennent des membres français et des membres musulmans : le Conseil Général d'Alger compte trente conseillers français et six conseillers indigènes, à raison d'un conseiller par circonscription électorale.

L'élection des Conseillers généraux français se fait au suffrage universel dans chaque commune sur la liste des électeurs français dressée pour les élections municipales ; l'élection des Conseillers généraux musulmans a lieu au scrutin individuel par les Conseillers municipaux au titre indigène des communes de plein exercice, par les membres indigènes des Commissions municipales des communes mixtes et des communes indigènes et, en Kabylie ou, pour mieux dire, plus particulièrement dans l'arrondissement de Tizi-Ouzou, par les chefs de groupes dits *Kharouba*.

Les Conseillers généraux sont nommés pour six ans : ils sont renouvelés par moitié tous les trois ans et indéfiniment rééligibles : cette règle s'applique à tous les Conseillers, qu'ils soient français ou indigènes.

Nul n'est élu au premier tour de scrutin s'il n'a réuni simultanément, pour l'ensemble de la circonscription, la majorité absolue des suffrages exprimés et un nombre de suffrages égal au quart des électeurs inscrits. Au second tour de scrutin, la majorité relative suffit.

Les réclamations concernant l'élection des Conseillers généraux sont jugées par le Conseil d'Etat.

Nul ne peut être à la fois membre de plusieurs Conseils Généraux. Un Conseiller général ne peut pas davantage représenter plusieurs circonscriptions.

Il y a deux sessions ordinaires annuelles du Conseil Général : la première s'ouvre le deuxième lundi après Pâques et peut durer quinze jours ; la seconde, appelée couramment session budgétaire, parce que c'est pendant cette session que sont délibérés les comptes et les budgets, commence de plein droit le troisième lundi d'octobre et peut durer un mois. Par dérogation aux dispositions qui précèdent, les Conseils Généraux, dans l'année où il est procédé au renouvellement de la série sortante, se réunissent extraordinairement le samedi qui suit le second tour de scrutin pour nommer les membres du bureau, élire la Commission départementale et les délégués du Conseil Général au Conseil supérieur de Gouvernement.

En dehors des cas déterminés ci-dessus, les assemblées départementales peuvent se réunir extraordinairement dans certaines circonstances dont le détail n'entre pas dans le cadre de cette étude d'ensemble.

Le Préfet a entrée au Conseil Général : ce droit appartient également au Général commandant la Division lorsqu'il existe dans le département des territoires soumis à son autorité administrative, circonstance qui a cessé d'exister depuis 1912, mais qui peut se reproduire dans l'avenir[1].

Les séances du Conseil Général sont publiques, sauf lorsqu'il y a lieu de constituer l'assemblée en comité secret.

Les attributions des Conseils Généraux sont étendues et variées : on peut les résumer en disant que les assemblées départementales statuent définitivement sur certaines affaires, délibèrent sur certaines autres et enfin donnent des avis sur les questions qui leur sont soumises.

Enfin, lorsque des circonstances exceptionnelles se produisent, telles que la dissolution illégale de l'Assemblée nationale ou l'impossibilité de la réunir, la loi du 15 février 1872 investit les Conseils Généraux de pouvoirs spéciaux en vue du maintien de la tranquillité publique et de l'ordre légal : ces pouvoirs prennent fin dès que l'Assemblée nationale est reconstituée.

D'ailleurs, en ce qui a trait au fonctionnement des Conseils Généraux, tous les textes législatifs ont été condensés dans cet ouvrage à la partie « Législation » et le lecteur devra s'y reporter s'il veut étudier les détails d'organisation qui n'ont pu trouver place dans cette étude sommaire destinée à donner simplement une idée d'ensemble de la question.

---

1. Il existait, avant 1912, trois divisions administratives dans le département : le territoire civil, sous l'autorité du Préfet ; le territoire militaire, soumis à l'action du Général de Division, et les Territoires du Sud, de création récente, placés sous l'administration directe du Gouverneur Général. Une série de mesures administratives ont fait passer successivement toute l'étendue du territoire militaire en territoire civil, de sorte que l'action du Général de Division n'a plus à s'exercer, pour le moment, au sein du Conseil Général.

La Commission départementale

Auprès du Conseil Général, dont elle est en quelque sorte l'émanation, puisque ses pouvoirs s'exercent pendant l'intervalle des sessions et ne peuvent s'exercer que pendant cet intervalle, fonctionne une assemblée dont les membres sont pris parmi les Conseillers généraux et qu'on appelle la Commission départementale.

La Commission départementale est une création de la loi du 10 août 1871 : bien que cette loi ne fût pas applicable en Algérie, les assemblées départementales de la Colonie en adoptèrent les dispositions et, en conséquence, élirent dans leur sein une Commission départementale dans les conditions prévues par la loi française.

Cette situation anormale dura peu d'années : à la suite d'une décision rendue par la Commission départementale d'Alger, en matière de chemins vicinaux, l'affaire fut déférée au Conseil d'État qui, par un arrêt du 12 février 1875[1], déclara que la loi du 10 août 1871 n'était pas applicable en Algérie : par voie de conséquence, il établissait ainsi que les Commissions départementales algériennes n'avaient aucune existence légale.

C'est alors qu'intervint le décret du 23 septembre 1875, alors en préparation : il traitait de l'organisation de la Commission départementale et ses principaux articles réglant la question, après avoir été légèrement modifiés, sont encore en vigueur.

La Commission départementale comprend cinq membres français et un membre indigène élus chaque année pendant le cours de la session d'octobre : cependant, lorsque la série sortante du Conseil Général a été renouvelée, la

---

1. Voir le *Recueil des arrêts du Conseil d'État*, tome XLV, 2ᵉ série, année 1875, pages 122 et 123.

Commission départementale est élue le samedi qui suit le deuxième tour de scrutin : à l'origine, et jusqu'en 1908, le membre musulman fut désigné par le Gouverneur Général.

Les fonctions de maire du chef-lieu du département, celles de sénateur ou de député sont incompatibles avec le mandat de membre de la Commission départementale.

La Présidence de l'assemblée fut exercée, de 1875 à 1899, par le plus âgé de ses membres : depuis cette époque, le Président et le Secrétaire sont élus par leurs collègues.

La Commission départementale se réunit au moins une fois par mois ; le Préfet assiste aux séances et peut même, concurremment avec le Président, convoquer extraordinairement l'assemblée en cas de besoin.

Les attributions de la Commission départementale sont plutôt d'ordre administratif : elle règle les questions dont le Conseil Général lui a confié la solution, mais elle a des pouvoirs propres, principalement en matière de chemins vicinaux : elle rend compte de ses travaux au Conseil Général, à l'ouverture de chaque session ordinaire et, notamment, elle examine, pour en faire le rapport à l'assemblée départementale, les comptes et le budget du département qui doivent lui être communiqués par le Préfet dix jours au moins avant l'ouverture de la session d'octobre.

Les membres de la Commission départementale sont indéfiniment rééligibles : le Président et le Secrétaire le sont également.

Les Grandes Commissions

On appelle ainsi les Commissions élues par le Conseil Général, et dans son sein, à la session d'octobre, pour l'étude des dossiers et des affaires que doit traiter l'assemblée. Bien que le vocable « Grandes Commissions » ne soit pas employé dans les textes, il a reçu la consécration de l'usage : il sert à désigner les commissions qui fonctionnent au cours des sessions et à les distinguer des commissions, conseils, comités administratifs et autres assemblées dans la composition desquelles figurent des membres du Conseil Général.

Chacune des Grandes Commissions élit un Président, un ou plusieurs Vice-Présidents, un Secrétaire : chacune d'elles doit comprendre au moins un Conseiller général musulman ; si le Conseil Général omettait de faire cette désignation, il y serait pourvu d'office par le Préfet.

La création et le fonctionnement des Grandes Commissions remontent, comme les Conseils Généraux eux-mêmes, à l'année 1858.

Leur nombre a quelque peu varié ; il fut fixé à trois depuis le début jusqu'en 1865, époque à laquelle fut instituée une quatrième commission ; mais, en 1866, on revint à l'organisation primitive jusqu'en 1872 ; de cette année à 1875, il y eut de nouveau quatre Grandes Commissions. Depuis 1875, il n'y en a plus que trois, mais il faut signaler à cette même date l'apparition d'une nouvelle commission dite « Commission spéciale des Chemins de fer départementaux » ou, plus récemment, « Commission spéciale des Chemins de fer et Tramways départementaux ».

Les attributions de chaque Commission ont été, successivement, les suivantes :

— 27 —

1° De 1858 à 1865.

1re Commission : Administration et Assistance publique.
2e   —   Travaux publics, Colonisation, Agriculture.
3e   —   Vœux.

2° En 1865.

1re Commission : Compte administratif et Recettes du budget.
2e   —   Administration et Assistance publique.
3e   —   Travaux publics, Colonisation, Agriculture.
4e   —   Vœux généraux.

3° En 1866.

1re Commission : Compte administratif, Recettes du budget, Administration et Assistance publique.
2e   —   Travaux publics, Colonisation, Agriculture.
3e   —   Vœux généraux.

4° De 1867 à 1872.

1re Commission : Administration et Assistance publique.
2e   —   Finances, Travaux publics et Colonisation.
3e   —   Vœux généraux.

5° De 1872 à 1875.

1re Commission : Travaux publics, Agriculture et Commerce.
2e   —   Finances.
3e   —   Assistance publique et Instruction publique.
4e   —   Administration, Vœux.

6° De 1875 à nos jours.

1re Commission : Travaux publics, Colonisation.
2e   —   Finances.
3e   —   Administration générale, Vœux.

Les attributions de la troisième Commission ont été revisées en 1876, et fixées comme suit :

Administration générale, Vœux, Assistance, Instruction publique.

Il n'a pas été possible, malgré les plus actives recherches, d'établir et de reconstituer la liste complète des Présidents et des Secrétaires des Grandes Commissions ;

c'est une lacune qu'il y a lieu de très vivement regretter, car il aurait été utile de pouvoir documenter le public sur ce point et légitime de rendre hommage aux hommes éminents qui, depuis la fondation de nos Conseils Généraux, ont dirigé les travaux de nos Commissions. C'est, en effet, dans le sein des Commissions — renseignement généralement ignoré — que s'élaborent les rapports dont il sera donné lecture en séance publique ; les questions portées à la tribune ont été, le plus souvent, débattues au préalable en séance privée, dans les Commissions : les discussions qui s'y élèvent témoignent de l'intérêt que les élus apportent à l'étude des affaires qui leur sont soumises, de leur érudition, de leur expérience et de la prudence avec laquelle sont traités les sujets qui touchent à la vie départementale ; il s'y dépense une somme considérable d'application et de travail : les débats qui se déroulent entre les murs des salles de commission, et dont l'écho ne parvient à l'extérieur qu'après un travail préparatoire souvent ardu, exigent de la part de ceux qui les dirigent, autant que de ceux qui président l'assemblée départementale, un grand tact, du savoir, du bon sens et de solides qualités. C'est donc, à juste titre, que leurs noms auraient dû figurer au Tableau d'Honneur du Conseil Général.

Les grandes Commissions, sauf la Commission spéciale des Tramways, sont renouvelées annuellement. Chacune d'elles comprend douze membres, mais seuls sont soumis à l'élection, au scrutin secret, les membres des première et deuxième Commissions ; ceux qui n'ont été nommés dans aucune de ces deux Commissions font de droit partie de la troisième.

La composition de la Commission spéciale des Chemins de fer et Tramways n'a pas toujours été uniforme. Élue pour la première fois en 1875, elle fut composée de sept membres. En 1880, le Conseil Général la réduisit à cinq membres nommés pour trois ans ; en 1883, il la porta derechef à sept, élus pour trois ans ; en 1886, il n'y a plus que six membres, dont un musulman, élus pour trois ans ;

en 1889, elle ne comprend plus que cinq membres, sans désignation d'un indigène ; en 1892, quatre membres français et un indigène sont désignés pour en faire partie.

En 1895, le chiffre des Conseillers composant la Commission spéciale est porté à dix ; en 1898, il est fixé à douze, renouvelables tous les trois ans ; mais, en 1903, le Conseil Général désigne un treizième membre ; en 1904, il y en a dix-neuf ; puis vingt-deux en 1907 ; en 1910, on en compte vingt-trois.

Le nombre des membres de cette Commission a été ramené à douze en 1913 ; le Conseil Général a décidé qu'ils seront renouvelés par période triennale et qu'au surplus tous les Conseillers seront admis à prendre part à ses travaux.

Les Délégués au Conseil supérieur de Gouvernement

Le Conseil supérieur de Gouvernement, créé en Algérie par décret du 10 septembre 1860 et qui constituait à l'époque la plus haute des assemblées délibérantes de la Colonie, fut d'abord chargé de l'examen du budget et des répartitions des divers impôts ; à l'origine, il comprenait dans son sein, entre autres représentants, six membres des Conseils Généraux (deux choisis par le Conseil Général de chaque province).

Le décret du 11 août 1875, qui attribuait au Conseil supérieur le soin d'examiner le projet de budget, l'assiette et la répartition des impôts préparés par les soins du Gouverneur Général, stipulait que chaque Conseil Général enverrait à l'assemblée six délégués nommés pour trois ans au cours de la session d'octobre : l'élection avait lieu au scrutin de liste et à la majorité absolue des suffrages.

Par suite de l'organisation des Délégations financières, les attributions du Conseil Supérieur ont subi quelques changements, de même que sa composition a reçu quelques modifications : en vertu du décret du 23 août 1898, qui régit aujourd'hui le Conseil Supérieur, cette assemblée délibère sur les évaluations de recettes établies par le Gouvernement Général, après avoir reçu communication des délibérations prises par les Délégations financières ; elle examine également le budget des dépenses préparé conformément aux dispositions du décret relatif aux attributions du Gouverneur Général, et les prévisions de dépenses concernant les services rattachés lui sont communiquées à titre de renseignements. Les Conseils Généraux élisent quinze membres, à raison de cinq par département, et les délégués élus au Conseil Supérieur y siègent pendant trois ans.

LÉGISLATION

RÈGLEMENT INTÉRIEUR

DU CONSEIL GÉNÉRAL D'ALGER

CHAPITRE PREMIER
Du Bureau.

ARTICLE PREMIER. — Le Bureau du Conseil Général se compose du Président, de deux vice-présidents et de trois secrétaires.

ART. 2. — Le Président, indépendamment des fonctions qui lui sont directement attribuées par la loi, est chargé de maintenir l'ordre dans l'assemblée, de faire observer le règlement, d'accorder la parole, de poser les questions, d'annoncer les résultats des votes et de prononcer les décisions du Conseil.

A l'ouverture des sessions, il distribue en séance, sur l'avis conforme du Conseil, les dossiers aux différentes Commissions.

ART. 3. — En cas d'absence ou d'empêchement, le Président est suppléé dans ses fonctions par un des vice-présidents.

ART. 4. — Les fonctions des secrétaires sont de rédiger les procès-verbaux, d'en donner lecture, d'inscrire successivement les conseillers qui demandent la parole, de donner lecture des propositions et des amendements, de tenir note des résolutions et des votes, et de faire, en un mot, tout ce qui est du ressort du Bureau.

CHAPITRE II
Des Séances.

ART. 5. — Le Président fait l'ouverture et annonce la clôture des séances. Il indique, à la fin de chacune d'elles et après avoir consulté le Conseil, le jour et l'heure de la séance suivante.

ART. 6. — Le Président fixe l'ordre du jour.

ART. 7. — A l'ouverture de la séance, le Président fait lire par l'un des secrétaires le procès-verbal de la séance précédente. En cas de réclamation contre sa rédaction, il prend l'avis du Conseil qui décide s'il y a lieu de faire une rectification. Les rectifications sont opérées sur le procès-verbal qu'elles concernent.

Art. 8. — Le Président dirige les délibérations ; la parole lui est demandée. Aucun orateur ne peut parler qu'après l'avoir obtenue.

Art. 9. — La parole est accordée suivant l'ordre des inscriptions et des demandes.

Aucun orateur ne peut être entendu plus de deux fois sur la même question, à moins d'y être autorisé par le Président après avis du Conseil. Toutefois, l'auteur et le rapporteur d'une proposition sont entendus quand ils le désirent.

Art. 10. — Nul ne peut être interrompu quand il parle, si ce n'est pour un rappel au règlement.

Art. 11. — Si un orateur s'écarte de la question, le Président seul l'y rappelle.

Après deux rappels à l'ordre dans la même séance, le Président a le droit d'infliger un troisième rappel à l'ordre avec inscription au procès-verbal. A la quatrième infraction, il consulte le Conseil pour savoir si la parole ne sera pas retirée à l'orateur pendant le reste de la séance.

Art. 12. — Le Président accorde toujours la parole en cas de réclamations d'ordre du jour, de priorité, de rappel au règlement ou de faits personnels ; mais il ne peut la donner, dans aucun cas, soit pendant une épreuve commencée, soit entre deux épreuves du même vote.

Art. 13. — La clôture de la discussion peut être réclamée ; elle sera mise aux voix si la demande est signée par cinq membres.

Art. 14. — Le Président maintient l'ordre et a le droit d'y rappeler tous les membres qui s'en écartent.

Art. 15. — Tout membre qui voudra faire une proposition touchant à un sujet autre que ceux dont le Conseil est saisi, devra la présenter par écrit au Président.

Art. 16. — Le Président en donnera lecture ; si elle est appuyée par quatre membres, l'auteur la développera sommairement ; le Conseil décidera ensuite s'il y a lieu de fixer immédiatement un jour pour la discuter ou si la proposition doit être préalablement renvoyée à une Commission. Ces décisions sont prises par assis et levé.

Art. 17. — Tout Conseiller général peut présenter des amendements.

Art. 18. — Les amendements et les ordres du jour motivés doivent être rédigés par écrit, signés, adressés au Président ou déposés sur le bureau.

Art. 19. — Les amendements ne sont mis en délibération que s'ils sont appuyés par deux autres membres, et, dans ce cas, le Président appelle les auteurs à les développer.

Le Conseil décide ensuite s'ils seront immédiatement mis en délibération ou s'ils seront envoyés à la Commission chargée des matières auxquelles ils se rapportent.

Art. 20. — Ces décisions sont prises par assis et levé ; en cas de partage des voix, le renvoi n'est pas ordonné, l'amendement est immédiatement mis en délibération.

Art. 21. — Les amendements sont mis aux voix avant la question principale.

Ceux qui s'écartent le plus des projets en délibération sont soumis au vote avant les autres. S'il y a doute, le Conseil est consulté sur la question de priorité.

Art. 22. — L'urgence demandée sur des objets soumis aux délibérations du Conseil Général, soit par le Préfet, soit par un membre du Conseil, est immédiatement discutée et mise aux voix. Si elle est adoptée, le Conseil Général fixe le moment où viendra la discussion sur le fond. Cette discussion doit être précédée d'un rapport fait au nom de la commission compétente.

Si le Conseil s'est prononcé contre l'urgence, la question est examinée dans les formes ordinaires.

CHAPITRE III

Des Votes.

Art. 23. — Le Conseil Général ne peut délibérer si la moitié plus un des membres dont il doit être composé, n'est présente.

Art. 24. — Les décisions sont prises à la majorité absolue des votants.

En cas de partage, soit par assis et levé, soit au scrutin public, s le Président prend part au vote, sa voix est prépondérante. (Art. 30 du décret du 23 septembre 1875.)

Art. 25. — Si le Président ne vote pas et que les voix soient partagées, la proposition mise aux voix n'est pas adoptée.

Elle pourra, toutefois, être représentée à une séance ultérieure qui sera fixée par le Bureau.

Art. 26. — Le Conseil Général vote sur les questions soumises à ses délibérations, de trois manières : par assis et levé, au scrutin public et au scrutin secret.

Art. 27. — Le vote par assis et levé est le mode de votation ordinaire. Il est constaté par le Président et les secrétaires.

Art. 28. — Il est toujours voté par assis et levé sur les demandes de question préalable, d'ordre du jour, de rappel au règlement, de priorité, d'ajournement, de renvoi, de clôture de la discussion, de la déclaration d'urgence, et, ainsi que le prescrit l'article 28 du décret du 23 septembre 1875, pour la formation en comité secret.

Art. 29. — Le scrutin public est de droit toutes les fois que le sixième des membres présents le demande.

Les noms des signataires sont inscrits au procès-verbal.

Art. 30. — Il est procédé au scrutin public dans les formes suivantes :

Chaque Conseiller a deux bulletins de vote, l'un bleu, l'autre blanc, sur lesquels son nom est inscrit.

Les bulletins blancs expriment l'adoption, les bulletins bleus le rejet. Quand les votes ont été déposés, le Président, après s'être assuré que tous les membres présents ont voté, prononce la clôture du scrutin. Les secrétaires font le dépouillement des bulletins, arrêtent le compte des uns et des autres, et le remettent au Président qui en proclame le résultat.

Ce résultat est reproduit dans le procès-verbal avec les noms des votants pour et contre.

Art. 31. — Il est procédé au scrutin secret sur les nominations, à l'aide de bulletins fermés portant les noms de ceux qui sont à élire.

Art. 32. — Les nominations ont lieu à la majorité absolue ; elles se font par scrutin de liste, lorsqu'il y a plusieurs personnes à nommer pour la même fonction.

Après deux tours de scrutin, il est procédé à un scrutin de ballottage où la majorité relative suffit. En cas d'égalité de suffrages, le plus âgé est nommé.

Art. 33. — Lorsque le Président s'est assuré que tous les membres présents ont pris part au vote, il prononce la clôture du scrutin.

Les secrétaires font le dépouillement des bulletins, en arrêtent le compte, et les remettent au Président qui en proclame le résultat.

Art. 34. — Les demandes de question préalable, d'ordre du jour, de priorité ou de rappel au règlement auront toujours la priorité.

Art. 35. — Dans les questions complexes, la division est de droit si elle est demandée.

CHAPITRE IV
Des Commissions.

Art. 36. — Le Conseil Général élit la Commission départementale chaque année, à la fin de la session dans laquelle sont délibérés les budgets et les comptes.

Art. 37. — Le Conseil nomme, en outre, des Commissions qui se renouvellent à chaque session ordinaire et qui se divisent ainsi :

1re COMMISSION. — *Agriculture, Colonisation, Travaux publics.*

2e COMMISSION. — *Finances et Comptes.*

3e COMMISSION. — *Instruction publique, Assistance publique, Administration générale et Vœux.*

Toutes les délibérations du Conseil portant ouverture d'un crédit seront renvoyées avec les dossiers à la Commission des Finances pour inscription au budget.

Avant le vote pour la nomination des Commissions, le Président fait ouvrir au Bureau une liste sur laquelle les membres du Conseil sont invités à s'inscrire pour leur répartition suivant leurs aptitudes et leurs préférences.

ART. 38. — Les Commissions désignent leur président, leurs secrétaires et leurs rapporteurs.

ART. 39. — Les dossiers des affaires soumises au Conseil sont distribués aux Commissions suivant la nature des objets qu'elles ont à examiner.

ART. 40. — Après que les Commissions ont été constituées par la nomination de leur président et de leurs secrétaires, elles se réunissent, sur l'avis de leur Président ou d'après un ordre du jour arrêté en séance du Conseil Général.

ART. 41. — Lorsque les rapporteurs des Commissions sont prêts à présenter leurs rapports en séance du Conseil Général, ils en informent le Président du Conseil, qui fait déposer les rapports vingt-quatre heures avant qu'ils ne paraissent à l'ordre du jour.

L'ordre du jour sera réglé par le Bureau, vingt-quatre heures à l'avance.

ART. 42. — Chaque Conseiller a le droit de prendre connaissance des dossiers remis aux Commissions, et, sur sa demande, peut être entendu.

Les communications des dossiers doivent avoir lieu sans déplacement et sans que le travail des Commissions en puisse être entravé.

Tout membre peut faire partie de plusieurs Commissions.

CHAPITRE V

De la Publicité des Séances.

ART. 43. — Les séances du Conseil Général sont publiques. Des places seront réservées pour les représentants de la presse.

Néanmoins, sur la demande de cinq membres, du Président ou du Préfet, le Conseil Général, par assis et levé, sans débats, décide s'il se formera en comité secret, conformément aux prescriptions de l'article 28 du décret précité.

Art. 44. — Le Conseil Général devra établir, jour par jour, un compte rendu sommaire et officiel de ses séances, qui sera tenu à la disposition de tous les journaux du département, dans les quarante-huit heures qui suivront la séance.

Art. 45. — A l'ouverture de la session budgétaire, le projet de budget devra être envoyé, par les soins du Président du Conseil Général, à tous les journaux du département.

Art. 46. — Les procès-verbaux des séances, rédigés par un des secrétaires, sont lus au commencement de la séance suivante, et, après approbation du Conseil, ils sont signés par le Président et le secrétaire.

Ils contiennent les rapports, les noms des membres qui ont pris part à la discussion et l'analyse de leurs opinions.

Art. 47. — Tout électeur ou contribuable du département a le droit de demander communication sans déplacement, et de prendre copie de toutes les délibérations du Conseil Général, ainsi que des procès-verbaux des séances publiques, et de les reproduire par la voie de la presse.

Art. 48. — Les procès-verbaux des séances du Conseil Général sont en outre rendus publics par la voie de l'impression; ils sont envoyés à tous les membres des Conseils Généraux de l'Algérie et à tous les maires du département.

CHAPITRE VI

Police intérieure et extérieure.

Art. 49. — Le Président a seul la police de l'assemblée.

Il peut faire expulser de l'auditoire ou arrêter tout individu qui trouble l'ordre.

Il peut également faire expulser toute personne qui donne des marques d'approbation ou d'improbation.

En cas de crime ou de délit, il en dresse procès-verbal et le Procureur de la République en est immédiatement saisi. (Art. 29 du décret du 23 septembre 1875.)

Art. 50. — Nulle personne étrangère au Conseil, autre que le Préfet, le Général commandant la division ou le Directeur des fortifications, le Secrétaire général et les employés appelés à donner des renseignements ou à y faire un service autorisé, ne peut, sous aucun prétexte, s'introduire dans l'enceinte réservée où siègent les membres du Conseil Général.

Art. 51. — Les congés seront demandés par lettres au Président qui les soumettra à l'approbation de l'assemblée, qui en jugera.

DÉCRET DU 23 SEPTEMBRE 1875

RAPPORT AU PRÉSIDENT DE LA RÉPUBLIQUE

Paris, le 23 septembre 1875.

Monsieur le Président,

L'établissement prochain de l'impôt foncier devant permettre de constituer d'une manière normale les budgets départementaux de l'Algérie à l'aide de centimes additionnels, le moment paraît venu d'organiser les Conseils Généraux de la Colonie d'après les principes qui ont prévalu dans la Métropole. Une promulgation spéciale des lois des 10 août 1871 et 31 juillet 1875 est dès lors nécessaire, car, bien que la loi organique leur ait été appliquée en fait dans ses parties essentielles, les Conseils Généraux des trois départements algériens n'en demeurent pas moins, en droit, régis par leur législation particulière, c'est-à-dire :

Pour leur composition, par les décrets des 28 décembre 1870 et 12 octobre 1871, et par la loi du 22 novembre 1872 (article 4) ;

Pour l'époque des sessions, par la loi du 26 juillet 1873 ;

Et pour le fonctionnement et les attributions, par le décret du 27 octobre 1858 dont les dispositions à cet égard n'ont été ni abrogées, ni remplacées [1].

En vue de placer dans une situation régulière les assemblées départementales de la Colonie, j'ai préparé un projet de décret qui est, pour ainsi dire, calqué sur les lois des 10 août 1871 et 31 juillet 1875 ; les modifications que je propose d'y apporter sont empruntées à la législation actuelle de l'Algérie, ou sont motivées soit par l'organisation administrative du pays, soit par la composition de sa population qui comprend, en très grande majorité, des indigènes musulmans soumis, sous quelques rapports, à un régime transitoire. Les plus importantes de ces modifications ont trait :

1° A la participation du Général commandant la division aux travaux du Conseil Général pour les affaires concernant le territoire de commandement (articles 2, 27, 57 et 76 du projet) ;

---

1. Avis du Conseil d'Etat des 28 janvier et 4 février 1875.

2° A la présence, au sein des Conseils Généraux, d'assesseurs musulmans conservant la voix délibérative qu'ils tiennent du décret du 28 décembre 1870 et de la loi du 22 novembre 1872 (articles 1, 5 26, 69 et 91 du projet).

D'accord avec M. le Gouverneur Général civil de l'Algérie, j'ai l'honneur de vous prier, Monsieur le Président, de vouloir bien revêtir ce projet de décret de votre approbation.

Le Vice-Président du Conseil,
Ministre de l'Intérieur,

Signé : L. BUFFET.

DÉCRET

· Le Président de la République française,

Vu les lois des 10 août 1871 et 31 juillet 1875 sur les Conseils Généraux de la Métropole ;

Vu les dispositions du décret du 28 décembre 1870 et de la loi du 22 novembre 1872 concernant les assesseurs musulmans des Conseils Généraux de l'Algérie ;

Vu la loi du 26 juillet 1873 relative aux sessions desdits Conseils Généraux ;

Vu l'article 4 de l'ordonnance du 22 juillet 1834 ;

Sur le rapport du Ministre de l'Intérieur, d'après les propositions du Gouverneur Général civil de l'Algérie,

DÉCRÈTE :

TITRE PREMIER

Dispositions générales.

ARTICLE PREMIER. — Il y a, dans chaque département de l'Algérie, un Conseil Général composé de membres français et d'assesseurs musulmans[1].

ART. 2. — Le Conseil Général élit dans son sein une Commission départementale.

ART. 3. — Le Préfet est le représentant du Pouvoir exécutif dans le territoire civil du département.

Il est, en outre, chargé de l'instruction préalable des affaires, ainsi

---

1. Modifié par le décret du 24 septembre 1908. (Voir page 75.)

que de l'exécution des décisions du Conseil Général et de la Commission départementale.

Les pouvoirs administratifs du Général commandant la division sont limités aux territoires de commandement.

Le Général exerce dans ce territoire toutes les attributions dévolues à l'autorité préfectorale.

TITRE II

De la formation des Conseils Généraux.

ART. 4.[1] — Un arrêté du Gouverneur Général, en Conseil de Gouvernement, désigne le chef-lieu et la composition des circonscriptions appelées à élire chacune un Conseiller général français, en tenant compte du chiffre de la population et de la superficie du territoire de chaque circonscription.

Pour toutes les opérations électorales, le chef-lieu de la circonscription tient lieu du chef-lieu de canton de France.

ART. 5.[1] — L'élection des Conseillers généraux français se fait au suffrage universel, dans chaque commune, sur les listes des électeurs français dressées pour les élections municipales.

Les assesseurs musulmans sont choisis parmi les notables indigènes domiciliés dans le département et y possédant des propriétés. Ils sont nommés par le Gouverneur Général et siègent au même titre que les membres élus.

ART. 6.[1] — Sont éligibles au Conseil Général, tous les citoyens inscrits sur une liste d'électeurs ou justifiant qu'ils devaient y être inscrits avant le jour de l'élection, âgés de vingt-cinq ans accomplis, qui sont domiciliés dans le département, et ceux qui, sans y être domiciliés, y sont inscrits au rôle d'une des contributions directes, au 1er janvier de l'année dans laquelle se fait l'élection, ou justifient qu'ils devaient y être inscrits à ce jour ou qu'ils ont acquis dans le département, par héritage ou autrement, une propriété foncière avant le jour fixé pour l'élection.

Toutefois, le nombre des Conseillers Généraux non domiciliés ne pourra dépasser le quart du nombre total dont le Conseil doit être composé.

ART. 7. — Ne peuvent être élus au Conseil Général, les citoyens qui sont pourvus d'un conseil judiciaire.

ART. 8.[2] — Ne peuvent être élus membres des Conseils Généraux de l'Algérie :

---

1. Modifié par le décret du 24 septembre 1908. (Voir page 75.)

2. Abrogé et remplacé par l'article 8 de la loi du 10 août 1871 (voir décrets du 3 août 1880, page 66 et du 23 mars 1883, page 68) ; complété par la loi du 23 juillet 1891 (voir page 68).

1° Les membres du Conseil de Gouvernement, les Préfets, sous-préfets, secrétaires généraux et conseillers de préfecture, les commissaires civils ;

2° Le procureur général, les avocats généraux et substituts du procureur général près la Cour d'Alger ;

3° Les présidents, vice-présidents, juges titulaires et suppléants salariés, juges d'instruction et membres du parquet des tribunaux de première instance, dans l'arrondissement du tribunal ;

4° Les juges de paix et les suppléants salariés, dans leur circonscription ;

5° Les officiers de l'armée de terre et de mer en activité de service en Algérie ;

6° Les commissaires et agents de police ;

7° Les ingénieurs des ponts et chaussées et des mines ;

8° Le recteur et les inspecteurs d'académie, les inspecteurs des écoles primaires ;

9° Les ministres des différents cultes, dans les circonscriptions de leur ressort ;

10° Les employés des bureaux de la Direction générale des affaires civiles et financières, et généralement les employés de l'Administration rétribués sur les fonds de l'État.

Art. 9.[1] — Le mandat de Conseiller général est incompatible, dans le département, avec les fonctions d'architecte départemental, d'agent-voyer, et généralement de tous les agents salariés ou subventionnés sur les fonds départementaux.

Art. 10.[2] — La même incompatibilité existe à l'égard des entrepreneurs des services départementaux, y compris les voies ferrées pour lesquelles le département assure des garanties d'intérêt.

Art. 11. — Nul ne peut être membre de plusieurs Conseils Généraux.

Art. 12. — Les collèges électoraux sont convoqués par le pouvoir exécutif.

Il doit y avoir un intervalle de quinze jours francs, au moins, entre la date du décret de convocation et le jour de l'élection qui sera toujours un dimanche. Le scrutin est ouvert à sept heures du matin et clos le même jour à six heures. Le dépouillement a lieu immédiatement.

Lorsqu'un second tour de scrutin est nécessaire, il y est procédé le dimanche suivant.

Art. 13. — Immédiatement après le dépouillement du scrutin, les procès-verbaux de chaque commune, arrêtés et signés, sont envoyés

1 et 2. Abrogés et remplacés par les articles 9 et 10 de la loi du 10 août 1871. (Voir décrets du 3 août 1880, page 66, et du 23 mars 1883, page 68.)

au chef-lieu de la circonscription par les membres du bureau. Le recensement général des votes est fait par le bureau du chef-lieu et le résultat est proclamé par son président, qui adresse tous les procès-verbaux et les pièces au Préfet.

Art. 14. — Nul n'est élu membre du Conseil Général au premier tour de scrutin, s'il n'a réuni :

1° La majorité absolue des suffrages exprimés ;

2° Un nombre de suffrages égal au quart de celui des électeurs inscrits.

Au second tour de scrutin, l'élection a lieu à la majorité relative, quel que soit le nombre des votants. Si plusieurs candidats obtiennent le même nombre de suffrages, l'élection est acquise au plus âgé.

Art. 15. — Les élections pourront être arguées de nullité par tout électeur de la circonscription, par les candidats et par les membres du Conseil Général. Si la réclamation n'a pas été consignée dans le procès-verbal, elle doit être déposée dans les dix jours qui suivent l'élection, soit au secrétariat de la section du contentieux du Conseil d'Etat, soit au secrétariat général de la préfecture du département où l'élection a eu lieu. Il en sera donné récépissé.

La réclamation sera, dans tous les cas, notifiée à la partie intéressée dans le délai d'un mois à compter du jour de l'élection. Le Préfet transmettra au Conseil d'Etat, dans les dix jours qui suivront leur réception, les réclamations consignées au procès-verbal ou déposées au secrétariat général de la préfecture. Le Préfet aura, pour réclamer contre les élections, un délai de vingt jours à partir du jour où il aura reçu les procès-verbaux des opérations électorales ; il enverra sa réclamation au Conseil d'Etat ; elle ne pourra être fondée que sur l'inobservation des conditions et formalités prescrites par les lois.

Art. 16. — Les réclamations seront examinées au Conseil d'Etat suivant les formes adoptées pour le jugement des affaires contentieuses. Elles seront jugées sans frais, dispensées du timbre et du ministère des avocats au Conseil d'Etat ; elles seront jugées dans le délai de trois mois à partir de l'arrivée des pièces au secrétariat du Conseil d'Etat. Lorsqu'il y aura lieu à renvoi devant les tribunaux, le délai de trois mois ne courra que du jour où la décision judiciaire sera devenue définitive. Le débat ne pourra porter que sur les griefs relevés dans les réclamations, à l'exception des moyens d'ordre public qui pourront être produits en tout état de cause. Lorsque la réclamation est fondée sur l'incapacité légale de l'élu, le Conseil d'Etat sursoit à statuer jusqu'à ce que la question préjudicielle ait été jugée par les tribunaux compétents, et fixe un bref délai dans lequel la partie qui aura élevé la question préjudicielle doit justifier de ses diligences. S'il y a appel, l'acte d'appel doit, sous peine de nullité, être notifié à la partie dans les dix jours du jugement, quelle que soit la distance des lieux. Les questions préjudicielles seront jugées sommairement par les tribunaux et conformément au paragraphe 4 de l'article 33 de la loi du 19 avril 1831.

Art. 17. — Le Conseiller général élu dans plusieurs circonscriptions est tenu de déclarer son option au Président du Conseil Général dans les trois jours qui suivront l'ouverture de la session, et, en cas de contestation, à partir de la notification de la décision du Conseil d'Etat.

A défaut d'option dans ce délai, le Conseil Général déterminera, en séance publique et par la voie du sort, à quelle circonscription le Conseiller appartiendra. Lorsque le nombre des Conseillers non domiciliés dans le département dépasse le quart du Conseil, le Conseil Général procède de la même façon pour désigner celui ou ceux dont l'élection doit être annulée. Si une question préjudicielle s'élève sur le domicile, le Conseil Général surseoit, et le tirage au sort est fait par la Commission départementale pendant l'intervalle des sessions.

Art. 18. — Tout Conseiller général qui, pour une cause survenue postérieurement à son élection, se trouve dans un des cas prévus par les articles 7, 8, 9 et 10, ou se trouve frappé de l'une des incapacités qui font perdre la qualité d'électeur, est déclaré démissionnaire par le Conseil Général, soit d'office, soit sur les réclamations de tout électeur.

Art. 19. — Lorsqu'un Conseiller aura manqué à une session ordinaire sans excuse légitime admise par le Conseil, il sera déclaré démissionnaire par le Conseil Général dans la dernière séance de la session.

Art. 20. — Lorsqu'un Conseiller général donne sa démission, il l'adresse au Président du Conseil Général ou au Président de la Commission départementale, qui en donne immédiatement avis au Préfet.

Art. 21[1]. — Les Conseillers généraux sont nommés pour six ans ; ils sont renouvelés par moitié tous les trois ans et sont indéfiniment rééligibles. En cas de renouvellement intégral, à la session qui suit ce renouvellement, le Conseil Général divise les circonscriptions du département en deux séries, en répartissant autant que possible, dans une proportion égale, les circonscriptions de chaque arrondissement dans chacune des séries, et il procède ensuite à un tirage au sort pour régler l'ordre du renouvellement des séries.

Les assesseurs musulmans sont nommés pour six ans, renouvelables par moitié aux mêmes époques que les Conseillers généraux élus.

---

1. Modifié par le décret du 24 septembre 1908. (Voir page 75.)

Art. 22. — En cas de vacance par décès, option, démission, pour une des causes énumérées aux articles 17, 18 et 19, ou pour toute autre cause, les électeurs devront être réunis dans le délai de trois mois.

Toutefois, si le renouvellement légal de la série à laquelle appartient le siège vacant doit avoir lieu avant la prochaine session ordinaire du Conseil Général, l'élection partielle se fera à la même époque.

La Commission départementale est chargée de veiller à l'exécution du présent article. Elle adresse ses réquisitions au Préfet, et, s'il y a lieu, au Gouverneur Général civil de l'Algérie.

TITRE III
Des Sessions des Conseils Généraux.

Art. 23. — Les Conseils Généraux ont, chaque année, deux sessions ordinaires.

La session dans laquelle sont délibérés le budget et les comptes commence de plein droit le premier lundi qui suit le 1er octobre et ne pourra être retardée que par un décret[1].

L'ouverture de l'autre session a lieu au jour fixé par le Conseil Général dans la session du mois d'octobre précédent. Dans le cas où le Conseil Général se serait séparé sans avoir pris aucune décision à cet égard, le jour sera fixé et la convocation sera faite par la Commission départementale, qui en donnera avis au Préfet et au Général commandant la division[2].

La durée de la session d'octobre ne pourra excéder un mois ; celle de l'autre session ordinaire ne pourra excéder quinze jours.

Art. 24. — Les Conseils Généraux peuvent être réunis extraordinairement :

1° Par décret du Chef du Pouvoir exécutif ;

2° Si les deux tiers des membres en adressent la demande écrite au Président.

Dans ce cas, le Président est tenu d'en donner avis immédiatement au Préfet, qui devra convoquer d'urgence et informer le Général commandant la division.

La durée des sessions extraordinaires ne pourra excéder huit jours.

Art. 25. — A l'ouverture de la session d'octobre, le Conseil Général, réuni sous la présidence du doyen d'âge des Conseillers généraux élus, le plus jeune membre élu faisant fonctions de secré-

---

1. Paragraphe modifié par décret du 7 juillet 1906. (Voir page 74.)
2. Paragraphe modifié par décret du 30 septembre 1876. (Voir page 65.)

taire, nomme au scrutin secret et à la majorité absolue, son président, un ou plusieurs vice-présidents et ses secrétaires.

Leurs fonctions durent jusqu'à la session d'octobre de l'année suivante [1].

ART. 26 [2]. — Le Conseil Général fait son règlement intérieur. Toutefois, lorsque le Conseil Général nomme des Commissions pour l'examen des affaires qui lui sont soumises, un assesseur musulman au moins fait partie de chaque Commission. A défaut de désignation par le Conseil Général d'un assesseur musulman par Commission, cette désignation est faite d'office par le Préfet du département.

ART. 27. — Le Préfet du département et le Général commandant la division ont entrée au Conseil Général ; ils sont entendus quand ils le demandent et assistent aux délibérations, excepté lorsqu'il s'agit de l'apurement du compte administratif. Le Général commandant la division peut toujours se faire représenter au Conseil Général par le Directeur des fortifications.

ART. 28. — Les séances des Conseils Généraux sont publiques.

Néanmoins, sur la demande de cinq membres, du Président ou du Préfet, le Conseil Général, par assis et levé, sans débat, décide s'il se formera en comité secret.

ART. 29. — Le Président a seul la police de l'assemblée.

Il peut faire expulser de l'auditoire ou arrêter tout individu qui trouble l'ordre.

En cas de crime ou de délit, il en dresse procès-verbal et le Procureur de la République en est immédiatement saisi.

ART. 30 [3]. — Le Conseil Général ne peut délibérer si la moitié plus un des membres dont il doit être composé n'est présent.

Les votes sont recueillis au scrutin public, toutes les fois que le sixième des membres présents le demandent. En cas de partage, la voix du Président est prépondérante.

Néanmoins, les votes sur les nominations ont toujours lieu au scrutin secret.

Le résultat des scrutins publics, énonçant les noms des votants, est reproduit au procès-verbal.

ART. 31. — Les Conseils Généraux devront établir jour par jour un compte rendu sommaire et officiel de leurs séances, qui sera tenu à la disposition de tous les journaux du département, dans les quarante-huit heures qui suivront la séance.

Les journaux ne pourront apprécier une discussion du Conseil

---

1. Voir les dérogations indiquées par les décrets des 6 et 24 juin 1901, page 73.
2. Modifié par le décret du 24 septembre 1908. (Voir page 75.)
3. Complété par le décret du 1er avril 1892. (Voir page 69.)

Général sans reproduire en même temps la portion du compte rendu afférente à cette discussion.

Toute contravention à cette disposition sera punie d'une amende de cinquante à cinq cents francs.

Art. 32. — Les procès-verbaux des séances, rédigés par un des secrétaires, sont arrêtés au commencement de chaque séance, et signés par le Président et le Secrétaire.

Ils contiennent les rapports, les noms des membres qui ont pris part à la discussion et l'analyse de leurs opinions.

Tout électeur ou contribuable du département a le droit de demander la communication sans déplacement et de prendre copie de toutes les délibérations du Conseil Général ainsi que des procès-verbaux des séances publiques, et de les reproduire par la voie de la presse.

Art. 33. — Tout acte et toute délibération d'un Conseil Général, relatifs à des objets qui ne sont pas légalement compris dans ses attributions, sont nuls et de nul effet.

La nullité est prononcée par un décret rendu dans la forme des règlements d'administration publique.

Art. 34. — Toute délibération prise hors des réunions du Conseil, prévues ou autorisées par le présent décret, est nulle et de nul effet.

Le Préfet, par un arrêté motivé, déclare la réunion illégale, prononce la nullité des actes, prend toutes les mesures nécessaires pour que l'Assemblée se sépare immédiatement, et transmet son arrêté au Procureur Général pour l'exécution des lois et l'application, s'il y a lieu, des peines déterminées par l'article 258 du Code pénal. En cas de condamnation, les membres condamnés sont déclarés, par le jugement, exclus du Conseil et inéligibles pendant les trois années qui suivront la condamnation.

Art. 35. — Pendant les sessions de l'Assemblée nationale, la dissolution d'un Conseil Général ne peut être prononcée par le Chef du Pouvoir exécutif, que sous l'obligation expresse d'en rendre compte à l'Assemblée dans le plus bref délai possible. En ce cas, une loi fixe la date de la nouvelle élection, et décide si la Commission départementale doit conserver son mandat jusqu'à la réunion du nouveau Conseil Général, ou autorise le Pouvoir exécutif à en nommer provisoirement une autre.

Art. 36. — Dans l'intervalle des sessions de l'Assemblée nationale, le Chef du Pouvoir exécutif peut prononcer la dissolution d'un Conseil Général, pour des causes spéciales à ce conseil.

Le décret de dissolution doit être motivé.

Il ne peut jamais être rendu par voie de mesure générale. Il convoque, en même temps, les électeurs du département, pour le quatrième dimanche qui suivra sa date. Le nouveau Conseil Général se réunit, de plein droit, le deuxième lundi après l'élection, et nomme sa Commission départementale.

TITRE IV

Des Attributions des Conseils Généraux.

Art. 37. — Le Conseil Général répartit chaque année, à sa session d'octobre, les contributions directes, conformément aux règles établies par les lois.

Avant d'effectuer cette répartition, il statue sur les demandes délibérées par les Conseils compétents, en réduction de contingent.

Art. 38. — Le Conseil Général prononce définitivement sur les demandes en réduction de contingent, formées par les communes et préalablement soumises aux Conseils compétents.

Art. 39. — Si le Conseil Général ne se réunissait pas, ou s'il se séparait sans avoir arrêté la répartition des contributions directes, il y serait pourvu par le Gouverneur Général, en Conseil de Gouvernement.

Art. 40.[1] — Le Conseil Général vote les centimes additionnels dans les conditions déterminées par la loi relative à l'établissement de l'impôt direct en Algérie.

Il peut voter également les emprunts départementaux remboursables dans un délai qui ne pourra excéder quinze années, sur les ressources ordinaires et extraordinaires.

Art. 41.[1] — Dans le cas où le Conseil Général voterait une contribution extraordinaire ou un emprunt au delà des limites déterminées dans l'article précédent, cette contribution ou cet emprunt ne pourrait être autorisé que par une loi.

Art. 42. — Le Conseil Général arrête, chaque année, à sa session d'octobre, dans les limites fixées annuellement par la loi de finances, le maximum du nombre des centimes extraordinaires que les conseils municipaux sont autorisés à voter pour en affecter le produit à des dépenses extraordinaires d'utilité communale.

Si le Conseil Général se sépare sans l'avoir arrêté, le maximum fixé pour l'année précédente est maintenu jusqu'à la session d'octobre de l'année suivante.

Art. 43. — Chaque année, dans sa session d'octobre, le Conseil Général, par un travail d'ensemble comprenant toutes les communes du département, procède à la révision des sections électorales et en dresse le tableau.

---

1. Abrogé et remplacé par le texte du décret du 17 septembre 1898. (Voir page 70.)

Art. 44. — Le Conseil Général opère la reconnaissance, détermine la largeur et prescrit l'ouverture et le redressement des chemins vicinaux de grande communication et d'intérêt commun.

Les délibérations qu'il prend à cet égard produisent les effets spécifiés aux articles 15 et 16 de la loi du 21 mars 1836.

Art. 45. — Le Conseil Général, sur l'avis motivé du Directeur et de la Commission de surveillance, pour les écoles normales ; du proviseur ou du principal et du bureau d'administration, pour les lycées ou collèges ; du chef d'institution pour les institutions d'enseignement libre, nomme et révoque les titulaires des bourses entretenues sur les fonds départementaux.

L'autorité universitaire, ou le chef d'institution libre, peut prononcer la révocation dans les cas d'urgence ; ils en donnent avis immédiatement au Président de la Commission départementale et en font connaître les motifs.

Le Conseil Général détermine les conditions auxquelles seront tenus de satisfaire les candidats aux fonctions rétribuées exclusivement sur les fonds départementaux et les règles des concours d'après lesquelles les nominations devront être faites.

Néanmoins, sont maintenus les droits des archivistes paléographes tels qu'ils sont réglés par le décret du 4 février 1850.

Art. 46. — Le Conseil Général statue définitivement sur les objets ci-après désignés, savoir :

1° Acquisition, aliénation et échange des propriétés départementales, mobilières ou immobilières, quand ces propriétés ne sont pas affectées à l'un des services énumérés au n° 4 ;

2° Mode de gestion des propriétés départementales ;

3° Baux des biens donnés ou pris à ferme ou à loyer, quelle qu'en soit la durée ;

4° Changement de destination des propriétés et édifices départementaux autres que les hôtels de préfecture et de sous-préfecture, et des locaux affectés aux cours d'assises, aux tribunaux, aux écoles normales, au casernement de la gendarmerie et aux prisons ;

5° Acceptation ou refus de dons et de legs faits au département, quand ils ne donnent pas lieu à réclamation ;

6° Classement et direction des routes départementales ;

Projets, plans et devis des travaux à exécuter pour la construction, la rectification ou l'entretien des dites routes ;

Désignation des services qui seront chargés de leur construction et de leur entretien ;

7° Classement et direction des chemins vicinaux de grande communication et d'intérêt commun ; désignation des communes qui doivent concourir à la construction et à l'entretien des dits chemins, et fixation du contingent annuel de chaque commune ; le tout sur l'avis des conseils compétents ;

4

Répartition des subventions accordées sur les fonds de l'État ou du département, aux chemins vicinaux de toute catégorie ;

Désignation des services auxquels sera confiée l'exécution des travaux sur les chemins vicinaux de grande communication et d'intérêt commun, et mode d'exécution des travaux à la charge du département ;

Taux de la conversion en argent des journées de prestation ;

8° Déclassement des routes départementales, des chemins vicinaux de grande communication et d'intérêt commun ;

9° Projets, plans et devis de tous autres travaux à exécuter sur les fonds départementaux, et désignation des services auxquels ces travaux seront confiés ;

10° Offres faites par les communes, les associations ou les particuliers, pour concourir à des dépenses quelconques d'intérêt départemental ;

11° Concessions à des associations, à des compagnies ou à des particuliers de travaux d'intérêt départemental ;

12° Direction des chemins de fer d'intérêt local ; mode et conditions de leur construction ; traités et dispositions nécessaires pour en assurer l'exploitation ;

13° Établissement et entretien des bacs et passages d'eau sur les routes et chemins à la charge du département ; fixation des tarifs de péage ;

14° Assurance des bâtiments départementaux ;

15° Actions à intenter ou à soutenir au nom du département, sauf les cas d'urgence, dans lesquels la Commission départementale pourra statuer ;

16° Transactions concernant les droits des départements ;

17° Recettes de toute nature et dépenses des établissements d'aliénés appartenant au département ; approbation des traités passés avec des établissements privés ou publics pour le traitement des aliénés du département ;

18° Service des enfants assistés ;

19° Part de la dépense des aliénés et des enfants assistés qui sera mise à la charge des communes, et bases de la répartition à faire entre elles ;

20° Créations d'institutions départementales d'assistance publique, et service de l'assistance publique dans les établissements départementaux ;

21° Établissement et organisation des caisses de retraites ou tout autre mode de rémunération en faveur des agents salariés sur les fonds départementaux ;

22° Part contributive du département aux dépenses des travaux qui intéressent à la fois le département et les communes ;

23° Difficultés élevées relativement à la répartition de la dépense des travaux qui intéressent plusieurs communes du département ;

24° Délibérations des Conseils municipaux ayant pour but l'établissement, la suppression ou les changements de foires et marchés ;

25° Changements à la circonscription des communes des mêmes arrondissements ou districts et à la désignation de leurs chefs-lieux, lorsqu'il y a accord entre les Conseils municipaux.

Art. 47. — Les délibérations par lesquelles les Conseils Généraux statuent définitivement, sont exécutoires si, dans le délai de vingt jours, à partir de la clôture de la session, le Préfet n'en a pas demandé l'annulation pour excès de pouvoir ou pour violation d'une disposition légale.

Le recours formé par le Préfet doit être notifié au Président du Conseil Général et au Président de la Commission départementale. Si, dans le délai de deux mois, à partir de la notification, l'annulation n'a pas été prononcée, la délibération est exécutoire.

Cette annulation ne peut être prononcée que par un décret rendu dans la forme des règlements d'administration publique.

Art. 48. — Le Conseil Général délibère :

1° Sur l'acquisition, l'aliénation et l'échange des propriétés départementales affectées aux hôtels de préfecture et de sous-préfectures, aux écoles normales, aux cours d'assises et tribunaux, au casernement de la gendarmerie et aux prisons ;

2° Sur le changement de destination des propriétés départementales affectées à l'un des services ci-dessus énumérés ;

3° Sur la part contributive à imposer au département dans les travaux exécutés par l'État, qui intéressent le département ;

4° Sur tous les autres objets sur lesquels il est appelé à délibérer par les lois et règlements, et généralement sur tous les objets d'intérêt départemental dont il est saisi, soit par une proposition du Préfet, soit sur l'initiative d'un de ses membres.

Art. 49. — Les délibérations prises par le Conseil Général sur les matières énumérées à l'article précédent sont exécutoires si, dans le délai de trois mois à partir de la clôture de la session, un décret motivé n'en a pas suspendu l'exécution.

Art. 50. — Le Conseil Général donne son avis :

1° Sur les changements proposés à la circonscription du territoire du département, des arrondissements, des districts et des communes, et sur la désignation des chefs-lieux, sauf le cas où il statue définitivement, conformément à l'article 46, n° 25 ;

2° Sur l'application des dispositions de l'article 90 du Code forestier, relatives à la soumission au régime forestier des bois, taillis ou futaies appartenant aux communes, et à la conversion en bois de terrains en pâturages ;

3° Sur les délibérations des Conseils municipaux, relatives à l'aménagement, au mode d'exploitation, à l'aliénation et au défrichement des bois communaux ;

4° Sur les modifications à apporter au tarif de perception de l'octroi de mer, et généralement sur tous les objets sur lesquels il est appelé à donner son avis, en vertu des lois et règlements, ou sur lesquels il est consulté par les Ministres compétents ou par le Gouverneur Général.

Art. 51. — Le Conseil Général peut adresser directement au Ministre compétent ou au Gouverneur Général, par l'intermédiaire de son Président, les réclamations qu'il aurait à présenter dans l'intérêt spécial du département, ainsi que son opinion sur l'état et les besoins des différents services publics, en ce qui touche le département.

Il peut charger un ou plusieurs de ses membres de recueillir sur les lieux les renseignements qui lui sont nécessaires pour statuer sur les affaires qui sont placées dans ses attributions.

Tous vœux politiques lui sont interdits. Néanmoins, il peut émettre des vœux sur toutes les questions économiques, d'administration générale et de colonisation.

Art. 52. — Les chefs de service des Administrations publiques dans le département sont tenus de fournir verbalement ou par écrit tous les renseignements qui leur seraient réclamés par le Conseil Général, sur les questions qui intéressent le département.

Art. 53. — Le Préfet accepte ou refuse les dons et legs faits au département en vertu, soit de la décision du Conseil Général quand il n'y a pas de réclamation des familles, soit de la décision du Gouvernement quand il y a réclamation.

Le Préfet peut toujours, à titre conservatoire, accepter les dons et legs. La décision du Conseil Général ou du Gouvernement, qui intervient ensuite, a effet du jour de son acceptation.

Art. 54. — Le Préfet intente les actions en vertu de la décision du Conseil Général, et il peut, sur l'avis conforme de la Commission départementale, défendre à toute action intentée contre le département.

Il fait tous actes conservatoires et interruptifs de déchéance.

En cas de litige entre l'Etat et le département, l'action est intentée ou soutenue, au nom du département, par un membre de la Commission départementale désigné par elle.

Le Préfet, sur l'avis conforme de la Commission départementale, passe les contrats au nom du département.

Art. 55. — Aucune action judiciaire, autre que les actions possessoires, ne peut, à peine de nullité, être intentée contre un département qu'autant que le demandeur a préalablement adressé au Préfet un mémoire exposant l'objet et les motifs de sa réclamation.

Il lui en est donné récépissé.

L'action ne peut être portée devant les tribunaux que deux mois après la date du récépissé, sans préjudice des actes conservatoires.

La remise du mémoire interrompra la prescription, si elle est suivie d'une demande en justice dans le délai de trois mois.

ART. 56. — A la session d'octobre, le Préfet rend compte au Conseil Général, par un rapport spécial et détaillé, de la situation du département et de l'état des différents services publics.

A l'autre session ordinaire, il présente au Conseil Général un rapport sur les affaires qui doivent lui être soumises pendant cette session.

Ces rapports sont imprimés et distribués à tous les membres du Conseil Général huit jours au moins avant l'ouverture de la session.

TITRE V

Du Budget et des Comptes du Département.

ART. 57. — Le projet de budget du département est préparé par le Préfet, de concert avec le Général commandant la division, et présenté par le Préfet, qui est tenu de le communiquer à la Commission départementale, avec les pièces à l'appui, dix jours au moins avant l'ouverture de la session d'octobre. Le budget comprend les recettes et dépenses des deux territoires du département.

Le budget, délibéré par le Conseil Général, est définitivement réglé par décret.

Il se divise en budget ordinaire et budget extraordinaire.

ART. 58. — Les recettes du budget ordinaire se composent :

1° Du produit des centimes ordinaires additionnels, dont le nombre est fixé annuellement par la loi de finances ;

2° Du produit des centimes autorisés pour les dépenses des chemins vicinaux et de l'instruction primaire par les lois des 21 mai 1836, 15 mars 1850 et 10 avril 1867, dont l'affectation spéciale est maintenue ;

3° Du produit des centimes spéciaux affectés à la confection du cadastre par la loi du 2 août 1839 ;

4° Du revenu et du produit des propriétés départementales ;

5° Du produit des expéditions d'anciennes pièces ou d'actes de la préfecture déposés aux archives ;

6° Du produit des droits de péage des bacs et passages d'eau sur les routes et chemins à la charge du département, des autres droits de péage et de tous autres droits concédés au département par les lois ;

7° Des contingents de l'Etat et des communes pour le service des aliénés et des enfants assistés, et de toute autre subvention applicable au budget ordinaire ;

8° Du contingent des communes et autres ressources éventuelles pour le service vicinal et pour les chemins de fer d'intérêt local.

Art. 59. — Les recettes du budget extraordinaire se composent :

1° Du produit des centimes extraordinaires votés annuellement par le Conseil Général, dans les limites déterminées par des lois spéciales ;

2° Du produit des emprunts ;

3° Des dons et legs ;

4° Du produit des biens aliénés ;

5° Du remboursement des capitaux exigibles et des rentes rachetées ;

6° De toutes autres recettes accidentelles.

Art. 60. — Le budget ordinaire comprend les dépenses suivantes :

1° Loyer des hôtels de préfecture et de sous-préfectures ; ameublement et entretien du mobilier des dits hôtels ; ameublement des bureaux des affaires civiles du territoire de commandement dans les chefs-lieux de division et de subdivision ; loyer, mobilier et entretien du local nécessaire à la réunion du Conseil départemental de l'Instruction publique et du bureau de l'Inspecteur de l'Académie ;

2° Casernement ordinaire des brigades de gendarmerie ;

3° Loyer, entretien, mobilier et menues dépenses des cours d'assises, tribunaux civils, tribunaux de commerce et tribunaux musulmans, et menues dépenses des justices de paix ;

4° Frais d'impression et de publication de listes pour les élections consulaires ; frais d'impression des cadres pour la formation des listes électorales et des listes du jury ;

5° Dépenses ordinaires d'utilité départementale ;

6° Dépenses imputées sur les centimes spéciaux établis en vertu des lois du 2 août 1829, 21 mai 1836, 15 mars 1850 et 10 avril 1867.

Néanmoins, les départements qui, pour assurer le service des chemins vicinaux et de l'instruction primaire, n'auront pas besoin de faire emploi de la totalité des centimes spéciaux, pourront en appliquer le surplus aux autres dépenses de leur budget ordinaire. L'affectation de l'excédent du produit des trois centimes spéciaux de l'instruction primaire à des dépenses étrangères à ce service ne pourra avoir lieu qu'à l'une des sessions de l'année suivante et lorsque cet excédent aura été constaté en fin d'exercice.

Art. 61 [1]. — Si un Conseil Général omet d'inscrire au budget un crédit suffisant pour l'acquittement des dépenses énoncées aux nos 1, 2, 3 et 4 de l'article précédent, ou pour l'acquittement des dettes exigibles, il y est pourvu au moyen d'une contribution spéciale, portant sur les quatre contributions directes et établie par un décret, si elle est dans les limites du maximum fixé annuellement par la loi de finances, ou par une loi, si elle doit excéder ce maximum.

---

1. Modifié par le décret du 21 septembre 1899. (Voir page 71).

Le décret est rendu dans la forme des règlements d'administration publique et inséré au *Bulletin des Lois*.

Aucune autre dépense ne peut être inscrite d'office dans le budget ordinaire, et les allocations qui y sont portées par le Conseil Général ne peuvent être ni changées ni modifiées par le décret qui règle le budget.

Art. 62. — Le budget extraordinaire comprend les dépenses qui sont imputées sur les recettes énumérées à l'article 59.

Art. 63 [1]. — Les fonds qui n'auront pu recevoir leur emploi dans le cours de l'exercice seront reportés, après clôture, sur l'exercice en cours d'exécution, avec l'affectation qu'ils avaient au budget voté par le Conseil Général.

Les fonds libres provenant d'emprunts, de centimes ordinaires et extraordinaires recouvrés ou à recouvrer dans le cours de l'exercice, ou de toute autre recette, seront cumulés suivant la nature de leur origine, avec les ressources de l'exercice en cours d'exécution, pour recevoir l'affectation nouvelle qui pourra leur être donnée par le Conseil Général dans le budget rectificatif de l'exercice courant.

Les Conseils Généraux peuvent porter au budget un crédit pour dépenses imprévues.

Art. 64. — Le comptable chargé du recouvrement des ressources éventuelles est tenu de faire, sous sa responsabilité, toutes les diligences nécessaires pour la rentrée de ces produits.

Les rôles et états des produits sont rendus exécutoires par le Préfet et par lui remis au comptable.

Les oppositions, lorsque la matière est de la compétence des tribunaux ordinaires, sont jugées comme affaires sommaires.

Art. 65. — Le comptable chargé du service des dépenses départementales ne peut payer que sur les mandats délivrés par le Préfet, dans la limite des crédits ouverts par les budgets du département.

Art. 66. — Le Conseil Général entend et débat les comptes d'administration qui lui sont présentés par le Préfet, concernant les recettes et les dépenses du budget départemental.

Les comptes doivent être communiqués à la Commission départementale, avec les pièces à l'appui, dix jours au moins avant l'ouverture de la session d'octobre.

Les observations du Conseil Général sur les comptes présentés à son examen sont adressées directement par son Président au Gouverneur Général civil de l'Algérie.

Ces comptes, provisoirement arrêtés par le Conseil Général, sont définitivement réglés par décret.

A la session d'octobre, le Préfet soumet au Conseil Général le

---

1. Modifié par le décret du 21 septembre 1899. (Voir page 71).

compte annuel de l'emploi des ressources municipales affectées aux chemins de grande communication et d'intérêt commun.

ART. 67. — Les budgets et les comptes du département, définitivement réglés, sont rendus publics par la voie de l'impression.

ART. 68. — Les secours pour travaux concernant les églises et les presbytères ; les secours généraux à des établissements et institutions de bienfaisance ; les subventions aux communes pour acquisition, construction et réparation de maisons d'école et de salles d'asile ; les subventions aux comices et associations agricoles ne pourront être alloués par le Gouverneur Général civil de l'Algérie que sur la proposition du Conseil Général du département. A cet effet, le Conseil Général dressera un tableau collectif des propositions en les classant par ordre d'urgence.

TITRE VI

De la Commission départementale.

ART. 69. — La Commission départementale est élue chaque année, à la fin de la session d'octobre [1].

Elle se compose de cinq membres français et d'un membre musulman désigné par le Gouverneur Général civil de l'Algérie ; elle comprend un membre choisi, autant que possible, parmi les conseillers élus ou domiciliés dans chaque arrondissement.

Les membres de la Commission sont indéfiniment rééligibles.

ART. 70. — Les fonctions de membres de la Commission départementale sont incompatibles avec celles de maire du chef-lieu du département et avec le mandat de député [2].

ART. 71.[3] — La Commission départementale est présidée par le plus âgé des membres élus. Elle élit elle-même son secrétaire. Elle siège à la préfecture, et prend, sous l'approbation du Conseil Général et avec le concours du Préfet, toutes les mesures nécessaires pour assurer son service.

ART. 72. — La Commission départementale ne peut délibérer si la majorité de ses membres n'est présente.

Les décisions sont prises à la majorité absolue des voix.

En cas de partage, la voix du Président est prépondérante.

Il est tenu procès-verbal des délibérations. Les procès verbaux font mention du nom des membres présents.

---

1. Voir les dérogations indiquées par les décrets des 6 et 24 juin 1901, page 73. L'article 69 a été modifié par le décret du 24 septembre 1908. (Voir page 75).

2. Ou de sénateur. (Ainsi complété par le décret du 6 mars 1877. Voir page 65).

3. Modifié par le décret du 20 octobre 1899. (Voir page 72).

Art. 73. — La Commission départementale se réunit au moins une fois par mois, aux époques et pour le nombre de jours qu'elle détermine elle-même, sans préjudice du droit qui appartient à son Président et au Préfet de la convoquer extraordinairement.

Art. 74. — Tout membre de la Commission départementale qui s'absente des séances pendant deux mois consécutifs, sans excuse légitime admise par la Commission, est réputé démissionnaire.

Il est pourvu à son remplacement à la plus prochaine session du Conseil Général.

Art. 75. — Les membres de la Commission départementale ne reçoivent pas de traitement[1].

Art. 76. — Le Préfet ou son représentant assiste aux séances de la Commission; ils sont entendus quand ils le demandent. Il en est de même du Général commandant la division ou de son représentant lorsque la Commission départementale est saisie d'une affaire concernant le territoire de commandement.

Les chefs de service des Administrations publiques dans le département sont tenus de fournir, verbalement ou par écrit, tous les renseignements qui leur seraient réclamés par la Commission départetale, sur les affaires placées dans ses attributions.

Art. 77. — La Commission départementale règle les affaires qui lui sont renvoyées par le Conseil Général, dans les limites de la délégation qui lui est faite.

Elle délibère sur toutes les questions qui lui sont déférées par la loi, et elle donne son avis au Préfet sur toutes les questions qu'il lui soumet ou sur lesquelles elle croit devoir appeler son attention dans l'intérêt du département.

Art. 78. — Le Préfet est tenu d'adresser à la Commission départementale, au commencement de chaque mois, l'état détaillé des ordonnances de délégation qu'il a reçues et des mandats de paiement qu'il a délivrés pendant le mois précédent, concernant le budget départemental.

La même obligation existe pour les Ingénieurs en chef, sous-ordonnateurs délégués.

Art. 79. — A l'ouverture de chaque session ordinaire du Conseil Général, la Commission départementale lui fait un rapport sur l'ensemble de ses travaux et lui soumet toutes les propositions qu'elle croit utiles.

A l'ouverture de la session d'octobre, elle lui présente dans un rapport sommaire ses observations sur le budget proposé par le Préfet.

---

1. Voir la loi du 27 février 1912 et le décret du 25 mai 1912 (page 78)

Ces rapports sont imprimés et distribués, à moins que la Commission n'en décide autrement.

Art. 80. — Chaque année, à la session d'octobre, la Commission départementale présente au Conseil Général le relevé de tous les emprunts communaux et de toutes les contributions extraordinaires communales qui ont été votés depuis la précédente session d'octobre, avec indication du chiffre total des centimes extraordinaires et des dettes dont chaque commune est grevée.

Art. 81. — La Commission départementale, après avoir entendu l'avis ou les propositions du Préfet :

1° Répartit les subventions diverses portées au budget départemental et dont le Conseil Général ne s'est pas réservé la distribution, les fonds provenant des amendes de police correctionnelle et les fonds provenant du rachat des prestations en nature sur les lignes que ces prestations concernent ;

2° Détermine l'ordre de priorité des travaux à la charge du département, lorsque cet ordre n'a pas été fixé par le Conseil Général ;

3° Fixe l'époque et le mode d'adjudication ou de réalisation des emprunts départementaux lorsqu'ils n'ont pas été fixés par le Conseil Général ;

4° Fixe l'époque de l'adjudication des travaux d'utilité départementale.

Art. 82. — La Commission départementale vérifie l'état des archives et celui du mobilier appartenant au département.

Art. 83. — La Commission départementale peut charger un ou plusieurs de ses membres d'une mission relative à des objets compris dans ses attributions.

Art. 84. — En cas de désaccord entre la Commission départementale et le Préfet, l'affaire peut être renvoyée à la plus prochaine session du Conseil Général qui statuera définitivement.

En cas de conflit entre la Commission départementale et le Préfet, comme aussi dans le cas où la Commission aurait outrepassé ses attributions, le Conseil Général sera immédiatement convoqué, conformément aux dispositions de l'article 24 du présent décret, et statuera sur les faits qui lui auront été soumis.

Le Conseil Général pourra, s'il le juge convenable, procéder dès lors à la nomination d'une nouvelle Commission départementale.

Art. 85. — La Commission départementale prononce, sur l'avis des Conseils municipaux, la déclaration de vicinalité, le classement, l'ouverture et le redressement des chemins vicinaux ordinaires, la fixation de la largeur et de la limite des dits chemins.

Elle exerce, à cet égard, les pouvoirs conférés au Préfet par les articles 15 et 16 de la loi du 21 mai 1836.

Elle approuve les abonnements relatifs aux subventions spéciales pour la dégradation des chemins vicinaux, conformément au dernier paragraphe de l'article 15 de la même loi.

Art. 86. — La Commission départementale approuve le tarif des évaluations cadastrales, et elle exerce à cet égard les pouvoirs attribués au Préfet en Conseil de Préfecture par la loi du 15 septembre 1807 et le règlement du 15 mars 1827.

Elle nomme les membres des Commissions syndicales, dans le cas où il s'agit d'entreprises subventionnées par le département, conformément à l'article 23 de la loi du 21 juin 1865.

Art. 87. — Les décisions prises par la Commission départementale, sur les matières énumérées aux articles 85 et 86 du présent décret, seront communiquées aux Préfets en même temps qu'aux Conseils municipaux et aux autres parties intéressées.

Elles pourront être frappées d'appel devant le Conseil Général, pour cause d'inopportunité ou de fausse appréciation des faits, soit par le Préfet, soit par les Conseils municipaux ou par toute autre partie intéressée. L'appel doit être notifié au Président de la Commission dans le délai d'un mois à partir de la communication de la décision. Le Conseil Général statuera définitivement à sa plus prochaine session.

Elles pourront aussi être déférées au Conseil d'Etat, statuant au contentieux, pour cause d'excès de pouvoir ou de violation de la loi ou d'un règlement d'administration publique.

Le recours au Conseil d'Etat doit avoir lieu dans le délai de deux mois, à partir de la communication de la décision attaquée. Il peut être formé sans frais et il est suspensif dans tous les cas.

TITRE VII

Des intérêts communs à plusieurs départements.

Art. 88. — Deux ou plusieurs Conseils Généraux peuvent provoquer entre eux, par l'entremise de leurs Présidents, et après en avoir averti les Préfets, une entente sur les objets d'utilité départementale compris dans leurs attributions et qui intéressent à la fois leurs départements respectifs.

Ils peuvent faire des conventions à l'effet d'entreprendre ou de conserver, à frais communs, des ouvrages ou des institutions d'utilité commune.

Art. 89. — Les questions d'intérêt commun seront débattues dans des conférences, où chaque Conseil Général sera représenté, soit par sa Commission départementale, soit par une Commission spéciale nommée à cet effet.

Les Préfets des départements intéressés pourront toujours assister à ces conférences.

Les décisions qui y seront prises ne seront exécutoires qu'après avoir été ratifiées par tous les Conseils Généraux intéressés, et sous les réserves énoncées aux articles 47 et 49 du présent décret.

Aʀᴛ. 90. — Si des questions autres que celles que prévoit l'article 88 étaient mises en discussion, le Préfet du département où la conférence a lieu déclarerait la réunion dissoute.

Toute délibération prise après cette déclaration donnerait lieu à l'application des dispositions et pénalités énoncées à l'article 34 du présent décret.

Aʀᴛ. 91. — Lors de l'ouverture de chaque session, le Préfet du département désigne un interprète qui assiste aux séances du Conseil Général et de la Commission départementale.

L'interprète désigné, avant d'entrer en fonctions, prête serment entre les mains du Président.

Dispositions spéciales ou transitoires.

Aʀᴛ. 92. — Sont et demeurent abrogées les dispositions du décret du 27 octobre 1858 relatives aux Conseils Généraux et généralement toutes les dispositions contraires au présent décret.

Aʀᴛ. 93. — Pour les élections qui ont eu lieu avant le présent décret, les réclamations pourront être faites par les électeurs de la circonscription, les candidats, les membres du Conseil Général et le Préfet, dans les vingt jours, à partir de la promulgation.

Aʀᴛ. 94. — Les Conseils Généraux sont dessaisis des réclamations qui ont été portées devant eux dans les sessions précédentes.

Les ayants droit pourront se pourvoir au Conseil d'Etat dans les délais de l'article précédent.

Aʀᴛ. 95. — Le Ministre de l'Intérieur et le Gouverneur Général civil de l'Algérie sont chargés de l'exécution du présent décret.

Fait à Paris, le 23 septembre 1875.

Signé : Mˡ Mᴀᴄ-Mᴀʜᴏɴ,
Dᴜᴄ ᴅᴇ Mᴀɢᴇɴᴛᴀ.

Par le Président de la République :
Le Vice-Président du Conseil, Ministre de l'Intérieur,
Signé : Bᴜғғᴇᴛ.

DÉCRET [1]

SUR L'ORGANISATION DU CONSEIL SUPÉRIEUR

Le Président de la République française,

Vu les décrets des 10 décembre 1860, 30 avril 1861 et 7 juillet 1864, et l'arrêté du Chef du Pouvoir exécutif, en date du 29 mars 1871, sur le Gouvernement et la haute administration de l'Algérie;

Vu l'arrêté du Chef du Pouvoir exécutif, en date du 6 mai 1871, relatif au budget du Gouvernement Général de l'Algérie;

Sur le rapport du Ministre de l'Intérieur, d'après les propositions du Gouverneur Général de l'Algérie,

DÉCRÈTE :

TITRE Ier

Conseil de Gouvernement.

. . . .

TITRE II

Conseil Supérieur de Gouvernement.

ART. 6. — Le Conseil Supérieur de Gouvernement se compose :

Des membres du Conseil de Gouvernement;

Des officiers généraux commandant les divisions territoriales ;

Des Préfets des départements ;

De six délégués du Conseil Général de chaque département.

Les délégués des Conseils Généraux sont nommés pour trois ans, à l'élection, dans la session d'octobre.

L'élection a lieu au scrutin de liste et à la majorité absolue des suffrages.

ART. 7. — Le Conseil Supérieur de Gouvernement est chargé d'examiner le projet de budget, l'assiette et la répartition des impôts préparés par les soins du Gouverneur Général.

---

1. Modifié par le décret du 23 août 1898. (Voir note page 73).

Art. 8. — Le Conseil Supérieur de Gouvernement se réunit en session ordinaire, après la session dans laquelle les Conseils Généraux ont été appelés à voter le budget.

Le Gouverneur Général le convoque, en session extraordinaire, toutès les fois qu'il y a lieu.

Art. 9. — La durée des sessions est fixée par le Gouverneur Général. Elle ne peut dépasser 20 jours.

Art. 10. — Les membres. du Conseil Supérieur sont convoqués par lettres closes du Gouverneur Général.

Art. 11. — A l'ouverture de chaque session, le Conseil Supérieur élit un deuxième vice-président.

Art. 12. — Le Conseil Supérieur ne peut délibérer qu'autant qu'il réunit la majorité des membres, soit dix-neuf membres au moins.

Les délibérations sont prises à la majorité des membres présents.

Les votes ont lieu par assis et levé.

Toutefois, il est recouru au scrutin secret, si ce mode est demandé par quatre membres au moins.

Art. 13. — Les procès-verbaux présentent l'analyse des discussions, sans désigner nominativement les membres qui y ont pris part.

Art. 14. — Les procès-verbaux peuvent être publiés après la session, en vertu d'un vote du Conseil-Supérieur de Gouvernement, et avec l'approbation du Gouverneur Général.

Pendant la session, et sous les mêmes conditions, un résumé sommaire des délibérations peut être communiqué à la presse locale.

Art. 15. — Le Ministre de l'Intérieur et le Gouverneur Général civil de l'Algérie sont chargés de l'exécution du présent décret.

Fait à Paris, le 11 août 1875.

Signé : M^{al} DE MAC-MAHON.

Par le Président de la République :

Le Vice-Président du Conseil, Ministre de l'Intérieur,

Signé : BUFFET.

LOI DU 15 FÉVRIER 1872

relative au rôle éventuel des Conseils Généraux dans des circonstances exceptionnelles.

L'Assemblée nationale a adopté,

Le Président de la République promulgue la loi dont la teneur suit :

ARTICLE PREMIER. — Si l'Assemblée nationale ou celles qui lui succèderont viennent à être illégalement dissoutes ou empêchées de se réunir, les Conseils Généraux s'assemblent immédiatement, de plein droit, et sans qu'il soit besoin de convocation spéciale, au chef-lieu de chaque département.

Ils peuvent s'assembler partout ailleurs dans le département, si le lieu habituel de leurs séances ne leur paraît pas offrir des garanties suffisantes pour la liberté de leurs délibérations.

Les Conseils ne sont valablement constitués que par la présence de la majorité de leurs membres.

ART. 2. — Jusqu'au jour où l'Assemblée, dont il sera parlé à l'article 3, aura fait connaître qu'elle est régulièrement constituée, le Conseil Général pourvoira d'urgence au maintien de la tranquillité publique et de l'ordre légal.

ART. 3. — Une assemblée de deux délégués élus par chaque Conseil Général, en comité secret, se réunira dans le lieu où se seront rendus les membres du Gouvernement légal et les députés qui auront pu se soustraire à la violence.

L'assemblée des délégués n'est valablement constituée qu'autant que la moitié des départements, au moins, s'y trouve représentée.

ART. 4. — Cette assemblée est chargée de prendre, par toute la France, les mesures urgentes que nécessite le maintien de l'ordre et spécialement celles qui ont pour objet de rendre à l'Assemblée nationale la plénitude de son indépendance et l'exercice de ses droits.

ART. 5. — Elle doit se dissoudre aussitôt que l'Assemblée nationale se sera reconstituée par la réunion de la majorité sur un point quelconque du territoire.

Si cette reconstitution ne peut se réaliser dans le mois qui suit les événements, l'assemblée des délégués doit décréter un appel à la Nation pour les élections générales.

Ses pouvoirs cessent le jour où la nouvelle Assemblée nationale est constituée.

Art. 6. — Les décisions de l'assemblée des délégués doivent être exécutées, à peine de forfaiture, par tous les fonctionnaires, agents de l'autorité et commandants de la force publique.

LOI DU 7 JUIN 1873

relative aux membres des Conseils Généraux, des Conseils d'Arrondissement et des Conseils municipaux qui se refusent à remplir certaines de leurs fonctions.

L'Assemblée nationale a adopté la loi dont la teneur suit :

ARTICLE PREMIER. — Tout membre d'un Conseil Général de département, d'un Conseil d'Arrondissement ou d'un Conseil municipal, qui, sans excuse valable, aura refusé de remplir une des fonctions qui lui sont dévolues par les lois, sera déclaré démissionnaire.

Art. 2. — Le refus résultera, soit d'une déclaration expresse adressée à qui de droit ou rendue publique par son auteur, soit de l'abstention persistante après avertissement de l'autorité chargée de la convocation.

Art. 3. — Le membre ainsi démissionnaire ne pourra être réélu avant le délai d'un an.

Art. 4. — Les dispositions qui précèdent seront appliquées par le Conseil d'État.

Sur avis transmis au Préfet par l'autorité qui aura donné l'avertissement suivi de refus, le Ministre de l'Intérieur saisira le Conseil d'État dans le délai de trois mois, à peine de déchéance.

La contestation sera instruite et jugée, sans frais, dans le délai de trois mois.

NOTA. — Cette loi a été rendue applicable à l'Algérie par décret du 3 mars 1876.

DÉCRET

fixant l'ouverture de la première session annuelle ordinaire.

Le Président de la République française,

Vu le décret du 23 septembre 1875, sur l'organisation des Conseils Généraux de l'Algérie ;

Vu l'article 4 de l'ordonnance du 22 juillet 1834 ;

Vu l'avis du Conseil de Gouvernement de l'Algérie, en date du 7 septembre 1876 ;

Sur le rapport du Ministre de l'Intérieur, d'après les propositions du Gouverneur Général de l'Algérie,

DÉCRÈTE :

ARTICLE PREMIER. — Le paragraphe 3 de l'article 23 du décret susvisé du 23 septembre 1875 est modifié ainsi qu'il suit :

« L'ouverture de la première session annuelle aura lieu de plein « droit le second lundi qui suit le jour de Pâques. »

ART. 2. — Le Ministre de l'Intérieur et le Gouverneur Général civil de l'Algérie sont chargés de l'exécution du présent décret.

Fait à Versailles, le 30 septembre 1876.

Signé : M^{al} DE MAC-MAHON.

Par le Président de la République :
Le Ministre de l'Intérieur,
Signé : DE MARCÈRE.

DÉCRET DU 6 MARS 1877

qui modifie l'article 70 du Décret du 23 septembre 1875 sur l'organisation des Conseils Généraux de l'Algérie.

Vu le décret du 23 septembre 1875 sur l'organisation des Conseils Généraux de l'Algérie ;

Vu l'article 4 de l'ordonnance du 22 juillet 1834 ;

Vu l'avis du Conseil de Gouvernement de l'Algérie, en date du 25 janvier 1877 ;

Sur le rapport du Ministre de l'Intérieur, d'après la proposition du Gouverneur Général civil de l'Algérie,

ARTICLE PREMIER. — L'article 70 du décret susvisé du 23 septembre 1875 est abrogé et remplacé par la disposition suivante :

« Les fonctions de membre de la Commission départementale sont incompatibles avec celles de maire du chef-lieu du département et avec le mandat de député ou de sénateur. »

DÉCRET DU 3 AOUT 1880

qui abroge les articles 8, 9 et 10 du Décret du 23 septembre 1875 sur les Conseils Généraux et les remplace par les articles 8, 9 et 10 de la loi du 10 août 1871.

Vu le décret du 23 septembre 1875 sur l'organisation des Conseils Généraux de l'Algérie ;

Considérant que les articles 8, 9 et 10 du décret ont ajouté aux cas d'inéligibilité ou d'incompatibilité prévus par la loi organique du 10 août 1871 des dispositions qui excluent des Conseils Généraux des catégories de citoyens qui, dans la Métropole, sont éligibles aux Assemblées départementales ;

Qu'il importe, en attendant les lois à intervenir sur la réorganisation de l'Algérie, de faire disparaître cette exception pour rentrer dans le droit commun ;

Sur le rapport du Ministre de l'Intérieur et des Cultes, d'après les propositions du Gouverneur Général de l'Algérie,

ARTICLE PREMIER. — Les articles 8, 9 et 10 du décret du 23 septembre 1875 sont abrogés et remplacés par le texte des articles 8, 9 et 10 de la loi du 10 août 1871.[1]

Texte des articles 8, 9 et 10 de la loi du 10 août 1871 :

Art. 8. — Ne peuvent être élus membres du Conseil Général :

1° Les préfets, sous-préfets, secrétaires généraux et conseillers de préfecture, dans le département où ils exercent leurs fonctions ;

2° Les procureurs généraux, avocats généraux et substituts du procureur général près les Cours d'appel, dans l'étendue du ressort de la cour ;

3° Les présidents, vice-présidents, juges titulaires, juges d'ins-

---

1. Ce texte a été modifié et complété par un décret et une loi insérés à leur date dans le présent recueil. (Voir décret du 23 mars 1883 et loi du 23 juillet 1891, page 68).

truction et membres du parquet des tribunaux de première instance, dans l'arrondissement du tribunal ;

4° Les juges de paix, dans leurs cantons ;

5° Les généraux commandant les divisions ou les subdivisions territoriales, dans l'étendue de leurs commandements ;

6° Les préfets maritimes, majors généraux de la Marine et commissaires de l'Inscription maritime, dans les départements où ils résident ;

7° Les commissaires et agents de police, dans les cantons de leur ressort ;

8° Les ingénieurs en chef du département et les ingénieurs ordinaires d'arrondissement, dans le département où ils exercent leurs fonctions ;

9° Les ingénieurs du service ordinaire des Mines, dans les cantons de leur ressort ;

10° Les recteurs d'Académie, dans le ressort de l'Académie ;

11° Les inspecteurs d'Académie et les inspecteurs des écoles primaires, dans le département où ils exercent leurs fonctions ;

12° Les ministres des différents cultes, dans les cantons de leur ressort ;

13° Les agents et comptables de tout ordre, employés à l'assiette, à la perception et au recouvrement des contributions directes ou indirectes, et au paiement des dépenses publiques de toute nature, dans le département où ils exercent leurs fonctions ;

14° Les directeurs et inspecteurs des Postes et des Télégraphes et des Manufactures de tabac, dans le département où ils exercent leurs fonctions ;

15° Les conservateurs, inspecteurs et autres agents des Eaux et Forêts, dans les cantons de leur ressort ;

16° Les vérificateurs des Poids et Mesures, dans les cantons de leur ressort.

Art. 9. — Le mandat de Conseiller général est incompatible, dans toute la France, avec les fonctions énumérées aux numéros 1 et 7 de l'article 8.

Art. 10. — Le mandat de Conseiller général est incompatible, dans le département, avec les fonctions d'architecte départemental, d'agent-voyer, d'employé des bureaux de la préfecture ou d'une sous-préfecture et généralement de tous les agents salariés ou subventionnés sur les fonds départementaux.

DECRET DU 23 MARS 1883

qui étend à certains fonctionnaires et agents spéciaux à l'Algérie les incompatibilités prévues par la loi du 10 août 1871 sur les Conseils généraux.

Vu le décret du 23 septembre 1875 sur l'organisation des Conseils Généraux de l'Algérie ;

Vu le décret du 3 août 1880 qui a abrogé les articles 8, 9 et 10 du décret précité et les a remplacés par le texte des articles 8, 9 et 10 de la loi du 10 août 1871 ;

Considérant que, pour assimiler l'Algérie à la Métropole en ce qui concerne les cas d'inéligibilité et d'incompatibilité en matière d'élections aux Conseils Généraux, il est nécessaire d'étendre les exclusions prononcées par les articles 8, 9 et 10 susvisés à certains fonctionnaires et agents spéciaux à l'Algérie, qui occupent des situations analogues à celles visées par la loi de 1871 ;

Vu la délibération du Conseil de Gouvernement en date du 13 octobre 1882 ;

Vu l'avis du Conseil supérieur de Gouvernement de l'Algérie ;

Vu les propositions du Gouverneur Général de l'Algérie ;

Sur le rapport du Ministre de l'Intérieur,

ARTICLE PREMIER. — Ne peuvent être élus membres du Conseil Général dans le département où ils exercent leurs fonctions, les répartiteurs des contributions directes et les géomètres du service topographique, agents appelés à concourir à l'assiette des contributions directes.

ART. 2. — Le mandat de Conseiller général est incompatible :

1° Dans toute l'Algérie, avec les fonctions d'employé des bureaux du Gouvernement général et avec celles de médecin de colonisation ;

2° Dans le département, avec les fonctions d'administrateur et d'adjoint à l'administrateur d'une commune mixte.

LOI DU 23 JUILLET 1891

étendant les cas d'inéligibilité au Conseil Général et au Conseil d'Arrondissement.

ARTICLE PREMIER. — L'article 8 de la loi du 10 août 1871 est modifié comme suit :

« Ne peuvent être élus membres du Conseil Général ou du Conseil d'Arrondissement :

« 2° Les premiers présidents, présidents de chambre, conseillers à la Cour d'appel, procureurs généraux, avocats généraux et substituts du procureur général, dans l'étendue du ressort de la Cour... ;

« 5° et 6° Les militaires des armées de terre et de mer en activité de service. Cette disposition n'est applicable ni à la réserve de l'armée active, ni à l'armée territoriale, ni aux officiers maintenus dans la première section du cadre de l'état-major général comme ayant commandé en chef devant l'ennemi. »

ART. 2. — Les dispositions de la présente loi n'auront pas d'effet rétroactif. Les magistrats et militaires actuellement investis du mandat de Conseiller général ou de Conseiller d'Arrondissement pourront le conserver jusqu'à l'expiration légale de ce mandat.

DÉCRET DU 1er AVRIL 1892

qui complète l'article 30 du Décret du 23 septembre 1875 sur l'organisation des Conseils Généraux de l'Algérie.

Vu le décret du 23 septembre 1875 sur l'organisation des Conseils Généraux de l'Algérie ;
Vu la loi du 31 mars 1886 ; [1]
Vu les propositions du Gouverneur Général de l'Algérie ;
Sur le rapport du Président du Conseil, Ministre de l'Intérieur,

ARTICLE PREMIER. — L'article 30 du décret susvisé du 23 septembre 1875 est complété par l'addition des paragraphes suivants, qui prendront place entre le premier et le second alinéa de la disposition actuelle :

« Toutefois, si le Conseil Général ne se réunit pas au jour fixé par la loi ou par le décret de convocation, en nombre suffisant pour délibérer, la session sera renvoyée de plein droit au lundi suivant ; une convocation spéciale sera faite d'urgence par le Préfet.

« Les délibérations, alors, seront valables, quel que soit le nombre des membres présents. La durée légale de la session courra à partir du jour fixé pour la seconde réunion.

« Lorsque, en cours de session, les membres présents ne forme-

---

1. Le texte de la loi du 31 mars 1886 est intégralement reproduit par le décret du 1er avril 1892.

ront pas la majorité du Conseil, les délibérations seront renvoyées au surlendemain, et alors, elles seront valables, quel que soit le nombre des votants.

« Dans les deux cas, les noms des absents seront inscrits au procès-verbal. »

DECRET DU 17 SEPTEMBRE 1898

qui rend applicables aux Conseils Généraux de l'Algérie les dispositions de la loi du 12 juillet 1898[1], relatives au vote des centimes additionnels et extraordinaires et des emprunts départementaux.

Sur le rapport du Président du Conseil, Ministre de l'Intérieur,

Vu le décret du 31 décembre 1896 sur l'organisation du Gouvernement et de la haute administration de l'Algérie ;

Vu le décret du 23 septembre 1875 sur l'organisation des Conseils Généraux de l'Algérie ;

Vu l'ordonnance du 22 juillet 1834, article 4 ;

Vu l'avis du Conseil de Gouvernement de l'Algérie, en date du 5 août 1898 ;

Vu les propositions du Gouverneur Général de l'Algérie,

ARTICLE PREMIER. — Les articles 40 et 41 du décret du 23 septembre 1875 sont abrogés ; ils sont remplacés par les dispositions suivantes :

« *Art. 40.* — Le Conseil Général vote les centimes additionnels dont la perception est autorisée par les lois.

« Il peut voter les centimes extraordinaires dans les limites du maximum fixé annuellement par la loi de finances.

« Il peut voter également les emprunts départementaux, remboursables dans un délai qui ne pourra excéder trente années, sur les ressources ordinaires et extraordinaires.

« *Art. 41.* — Dans le cas où le Conseil Général voterait une contribution extraordinaire ou un emprunt au delà des limites déterminées dans l'article précédent, cette contribution ou cet emprunt ne pourra être autorisé que par un décret rendu en Conseil d'État. »

---

1. Le texte de la loi du 12 juillet 1898 est intégralement reproduit par le décret du 17 septembre 1898.

DÉCRET DU 21 SEPTEMBRE 1899

qui modifie les articles 61 et 63 du Décret du 23 septembre 1875 sur l'organisation des Conseils Généraux de l'Algérie.

Sur le rapport du Président du Conseil, Ministre de l'Intérieur et des Cultes,

Vu l'avis du Conseil de Gouvernement de l'Algérie en date du 11 août 1899 ;

Vu les propositions du Gouverneur Général de l'Algérie ;

Vu l'ordonnance du 22 juillet 1834, article 4 ;

Vu le décret du 23 août 1898 sur l'organisation et la haute administration de l'Algérie ;

Vu le décret du 23 septembre 1875 sur l'organisation des Conseils Généraux ;

ARTICLE PREMIER. — Les articles 61 et 63 du décret du 23 septembre 1875 sont modifiés ainsi qu'il suit :

« *Art. 61.* — Si un Conseil Général omet ou refuse d'inscrire au budget un crédit suffisant pour l'acquittement des dépenses énoncées aux numéros 1, 2, 3 et 4 de l'article 60, à l'article 2 de la loi du 9 août 1879 sur les écoles primaires, à l'article 38 de la loi du 21 juillet 1881 sur la police sanitaire des animaux, à l'article 25 de la loi du 8 août 1885 relatif à l'inspection des écoles maternelles, aux articles 3 et 23 de la loi du 19 juillet 1889 sur les dépenses de l'enseignement primaire qui seraient déclarées obligatoires pour le département par les lois spéciales ou, enfin, pour l'acquittement des dettes exigibles, le crédit nécessaire est inscrit d'office au budget par un décret rendu dans la forme des règlements d'administration publique et inséré au *Bulletin des Lois.*

« Il est pourvu au paiement de ces dépenses inscrites d'office au moyen de prélèvements effectués, soit sur les excédents de recettes, soit sur le crédit pour dépenses imprévues et, à défaut, au moyen d'une contribution spéciale portant sur la contribution des patentes et sur la contribution foncière qui frappe les propriétés bâties et établie par le décret d'inscription d'office, si elle est dans les limites du maximum fixé annuellement par la loi de finances, ou par une loi, si elle doit excéder ce maximum.

« Aucune autre dépense ne peut être inscrite d'office dans le budget et les allocations qui y sont portées par le Conseil Général ne peuvent être ni changées ni modifiées par le décret qui règle le budget, sauf le cas prévu au paragraphe 2 du présent article.

« *Art. 63.* — Les fonds libres de l'exercice antérieur et de l'exercice courant et provenant d'emprunts, de centimes ordinaires et extraordinaires recouvrés ou à recouvrer dans le courant de l'exercice ou de toute autre recette, seront annulés suivant la nature de leur origine, avec les ressources en cours d'exécution, pour recevoir l'affectation nouvelle qui pourra leur être donnée par le Conseil Général dans le budget supplémentaire de l'exercice courant, sous réserve, toutefois, du maintien des crédits nécessaires à l'acquittement des restes à payer de l'exercice précédent.

« Le budget supplémentaire est voté par le Conseil Général dans sa première session ordinaire et définitivement réglé par décret.

« Le Conseil Général peut porter au budget un crédit pour dépenses imprévues. »

DÉCRET DU 20 OCTOBRE 1899

qui modifie l'article 71 du Décret du 23 septembre 1875 sur l'organisation des Conseils Généraux de l'Algérie.

Sur le rapport du Président du Conseil, Ministre de l'Intérieur et des Cultes,

Vu le décret du 23 août 1898 sur l'organisation du Gouvernement et de la haute administration de l'Algérie ;

Le décret du 23 septembre 1875 sur l'organisation des Conseils Généraux de l'Algérie ;

L'ordonnance du 22 juillet 1834, article 4 ;

Les propositions du Gouverneur Général de l'Algérie,

ARTICLE PREMIER. — L'article 71 du décret du 23 septembre 1875 susvisé est modifié ainsi qu'il suit :

« *Art. 71.* — La Commission départementale élit son président et son secrétaire.

« Elle siège à la préfecture et prend, sous l'approbation du Conseil Général et avec le concours du Préfet, toutes les mesures nécessaires pour assurer son service. »

DECRET DU 6 JUIN 1901

qui porte fixation des élections pour le renouvellement des séries sortantes des Conseils Généraux de l'Algérie.

———

Sur le rapport du Président du Conseil, Ministre de l'Intérieur et des Cultes,

Vu le décret du 23 septembre 1875 sur les Conseils Généraux de l'Algérie ;

Vu les propositions du Gouverneur Général de l'Algérie ;

ARTICLE PREMIER. — Les élections pour le renouvellement des séries sortantes des Conseils Généraux de l'Algérie auront lieu le dernier dimanche de juin.

ART. 2. — Par dérogation aux dispositions des articles 25 et 69 du décret du 23 septembre 1875, les Conseils Généraux, dans l'année où il est procédé au renouvellement de la série sortante, se réunissent extraordinairement le samedi qui suit le deuxième tour de scrutin pour nommer les membres du bureau et élire la Commission départementale [1].

———

DECRET DU 24 JUIN 1901

qui complète le Décret du 6 juin 1901 relatif aux élections des Conseils Généraux de l'Algérie.

———

Sur le rapport du Président du Conseil, Ministre de l'Intérieur et des Cultes,

Vu le décret du 23 août 1898 sur la réorganisation du Conseil supérieur de Gouvernement [2] ;

———

1. Complété par le décret ci-après du 24 juin 1901.

2. Extrait du décret du 24 août 1898 portant réorganisation du Conseil supérieur de Gouvernement :

ARTICLE PREMIER. — Le Gouverneur Général de l'Algérie est assisté d'un Conseil supérieur de Gouvernement ainsi composé : ... 2° Quinze membres appartenant aux Conseils Généraux et élus par eux à raison de cinq par Conseil Général ; ...

ART. 2. — Les membres du Conseil supérieur autres que les membres de droit sont élus ou nommés pour trois ans ; leur mandat peut être renouvelé.

En cas de décès ou de démission, il est pourvu à leur remplacement avant l'ouverture

Le décret du 6 juin 1901 modifiant celui du 23 septembre 1875 sur les Conseils Généraux de l'Algérie ;

Les propositions du Gouverneur Général de l'Algérie,

ARTICLE PREMIER. — L'article 2 du décret du 6 juin 1901 est ainsi complété, *in fine*, par les mots suivants : « … et les Conseillers généraux délégués au Conseil supérieur de Gouvernement. »

DÉCRET DU 7 JUILLET 1906

qui modifie l'article 23 du Décret du 23 septembre 1875 sur l'organisation des Conseils Généraux de l'Algérie.

Sur le rapport du Ministre de l'Intérieur,

Vu l'article 23 du décret du 23 septembre 1875 sur l'organisation des Conseils Généraux en Algérie ;

Vu les propositions du Gouverneur Général de l'Algérie ;

ARTICLE PREMIER. — Le paragraphe 2 de l'article 23 du décret susvisé du 23 septembre 1875 est modifié ainsi qu'il suit :

« La session dans laquelle sont délibérés le budget et les comptes commence de plein droit le troisième lundi d'octobre et ne pourra être retardée que par un décret. »

de chaque session ordinaire ; toutefois, il peut être sursis au remplacement d'un conseiller élu, si la vacance s'est produite moins de deux mois avant l'ouverture de la session. Le mandat du nouveau membre prend fin lors du premier renouvellement triennal.

ART. 3. — Les membres du Conseil supérieur qui ont droit à une indemnité, en vertu du décret du 7 mars 1876, ainsi que les membres élus par les délégations et les membres désignés aux paragraphes 4 et 5 de l'article 1ᵉʳ reçoivent les indemnités prévues par le décret précité *(a)*.

(a) Cette indemnité est de 20 francs par jour de présence pendant la durée de la session et de 3 francs par myriamètre parcouru.

DÉCRET DU 24 SEPTEMBRE 1908

modifiant le Décret du 23 septembre 1875
sur l'organisation des Conseils généraux en Algérie.

(Élection des Membres musulmans).

Sur le rapport du Président du Conseil, Ministre de l'Intérieur,

Vu le décret du 23 septembre 1875 sur l'organisation des Conseils Généraux de l'Algérie ;

Vu l'avis du Conseil de Gouvernement et les propositions du Gouverneur Général de l'Algérie ;

ARTICLE PREMIER. — Les articles 1, 4, 5, 6, 21, 26 et 69 du décret du 23 septembre 1875 sont modifiés ainsi qu'il suit :

« *Article premier.* — Il y a, dans chaque département de l'Algérie, un Conseil Général composé de membres français et de membres musulmans.

« *Art. 4.* — Un arrêté du Gouverneur Général en Conseil de Gouvernement fixe le chef-lieu et la composition de chacune des circonscriptions appelées à élire un Conseiller français ou musulman.

« Pour toutes les opérations électorales, le chef-lieu de la circonscription tient lieu de chef-lieu de canton de France.

« *Art. 5.* — L'élection des Conseillers généraux français se fait au suffrage universel dans chaque commune, sur les listes des électeurs français dressées pour les élections municipales.

« Les Conseillers généraux musulmans sont élus au scrutin individuel par les Conseillers municipaux au titre indigène des communes de plein exercice, par les membres indigènes des Commissions municipales des communes mixtes et des communes indigènes et, dans l'arrondissement de Tizi-Ouzou, par les chefs de groupes dits Kharouba.

« *Art. 6.* — Sont éligibles au Conseil Général, comme membres français, tous les citoyens inscrits sur une liste d'électeurs ou justifiant qu'ils devaient y être inscrits avant le jour de l'élection, âgés de 25 ans accomplis, qui sont domiciliés dans le département et ceux qui, sans y être domiciliés, y sont inscrits au rôle des contributions directes au 1ᵉʳ janvier de l'année dans laquelle se fait l'élection, ou justifiant qu'ils devaient y être inscrits à ce jour ou qu'ils ont acquis dans le département, par héritage ou autrement, une propriété foncière avant le jour fixé pour l'élection.

« Toutefois, le nombre des Conseillers généraux non domiciliés ne pourra dépasser le quart du nombre total dont le Conseil doit être composé.

« Sont éligibles au Conseil Général, comme membres musulmans, les indigènes âgés de 25 ans, inscrits sur la liste des électeurs prévus au paragraphe 2 de l'article 5.

« *Art. 21.* — Les Conseillers généraux sont nommés pour six ans : ils sont renouvelés par moitié tous les trois ans et indéfiniment rééligibles. En cas de renouvellement intégral, à la session qui suit ce renouvellement le Conseil Général divise les circonscriptions du département en deux séries, en répartissant, autant que possible, dans une proportion égale, les circonscriptions de chaque arrondissement dans chacune des séries et il procède ensuite à un tirage au sort pour régler l'ordre de renouvellement des séries.

« *Art. 26.* — Le Conseil Général fait son règlement intérieur. Toutefois, lorsque le Conseil Général nomme des Commissions pour l'examen des affaires qui lui sont soumises, un Conseiller musulman au moins fait partie de chaque Commission. A défaut de désignation par le Conseil Général d'un Conseiller musulman par Commission, cette désignation est faite d'office par le Préfet du département.

« *Art. 69.* — La Commission départementale est élue, chaque année, à la fin de la session d'octobre.

« Elle se compose de cinq membres français et d'un membre musulman ; elle comprend un membre choisi, autant que possible, parmi les Conseillers élus ou domiciliés dans chaque arrondissement.

« Les membres de la Commission départementale sont indéfiniment rééligibles. »

DÉCRET DU 11 MARS 1909

relatif aux conditions matérielles du scrutin pour l'élection des Conseillers Généraux musulmans en Algérie.

Sur le rapport du Président du Conseil, Ministre de l'Intérieur,

Vu le décret du 24 septembre 1908 modifiant celui du 23 septembre 1875 sur l'organisation des Conseils Généraux en Algérie ;

Sur la proposition du Gouverneur Général de l'Algérie,

ARTICLE PREMIER. — Un arrêté du Gouverneur Général en Conseil de Gouvernement fixera les conditions matérielles du scrutin pour l'élection des Conseillers généraux musulmans de l'Algérie.

ARRÊTÉ DU GOUVERNEUR GENERAL
du 17 mars 1909
déterminant les formes de l'élection des membres indigènes des Conseils Généraux de l'Algérie.

Vu le décret du 24 septembre 1908 modifiant le décret du 23 septembre 1875 sur l'organisation des Conseils Généraux en Algérie ;

Vu le décret du 11 mars 1909 ;

Le Conseil de Gouvernement entendu,

ARTICLE PREMIER. — L'heure de la réunion des électeurs prévue au paragraphe 2 de l'article 5 du décret du 23 septembre 1875 modifié par celui du 24 septembre 1908 est fixée par le Préfet.

Avis en est donné à chacun des électeurs par les soins de l'autorité locale, au moins dix jours avant le jour de l'élection.

ART. 2. — Les électeurs se réunissent au chef-lieu de la commune, sous la présidence du maire, de l'administrateur ou du commandant supérieur, et, en cas d'empêchement, de leur suppléant légal.

ART. 3. — Le vote a lieu au scrutin secret. Si tous les électeurs sont présents ou si les absents se sont fait excuser, le secrétaire de la mairie, dans les communes de plein exercice ; le secrétaire de la Commission municipale, dans les communes mixtes et indigènes, recueille immédiatement les bulletins de vote et les place, en présence des électeurs, sous une enveloppe scellée, qui est mise, par le Président du Bureau électoral, sous une seconde enveloppe à laquelle il appose le cachet de la commune. Dans le cas contraire, il ne commencera à les recueillir qu'une heure après l'ouverture de la séance.

Les plis, préparés comme il vient d'être dit, ainsi que le procès-verbal de la réunion, sont immédiatement transmis au chef-lieu de la circonscription électorale, par les soins de l'autorité locale.

ART. 4. — Le dépouillement est opéré au chef-lieu de la circonscription par une Commission composée du Président, du plus âgé et du plus jeune des électeurs présents et du secrétaire de la mairie. Le Président désigne des interprètes pour traduire les bulletins qui pourraient ne pas être écrits en langue française. Chaque interprète, avant d'entrer en fonctions, prêtera serment entre les mains du Président.

Le résultat du dépouillement est proclamé par le Président qui adresse tous les procès-verbaux et les pièces au Préfet.

Extrait de la LOI DU 27 FEVRIER 1912

portant fixation du Budget général des Dépenses et des Recettes de l'Exercice 1912.

(Loi de Finances).

ART. 38. — Les Conseillers généraux et les Conseillers d'arrondissement, autres que les Députés et Sénateurs, pourront recevoir, sur les ressources ordinaires du budget du département, une indemnité de déplacement lorsque, pour prendre part aux réunions du Conseil Général, de la Commission départementale et du Conseil d'Arrondissement, ils seront obligés de se transporter à plus de deux kilomètres de leur résidence ; il pourra également leur être alloué, pendant la durée des sessions de ces assemblées et pour chaque journée, une indemnité de séjour. Ils auront droit au remboursement des frais résultant de l'exécution des mandats spéciaux dont ils seront chargés par leurs assemblées respectives [1].

Dans les trois mois de la promulgation de la présente loi, un règlement d'administration publique déterminera le montant de ces indemnités.

Chaque année, le total des indemnités allouées à chacun des membres du Conseil Général et du Conseil d'Arrondissement, pendant l'exercice budgétaire précédent, sera inséré au rapport présenté par le Préfet pour la première session ordinaire.

Toute disposition contraire est abrogée.

DECRET DU 25 MAI 1912

portant règlement d'administration publique, en ce qui concerne le montant des indemnités de déplacement et de séjour qui peuvent être allouées aux Conseillers généraux et d'Arrondissement.

Sur le rapport du Ministre de l'Intérieur,

Vu l'article 38 de la loi du 27 février 1912 portant fixation du budget général des dépenses et des recettes de l'exercice 1912 ;

---

1. Modifié par la loi de finances du 31 juillet 1913, art. 49. (Voir page 79).

Le Conseil d'Etat entendu,

ARTICLE PREMIER. — L'indemnité de déplacement qui, par application de l'article 38 de la loi du 27 février 1912, peut être accordée aux Conseillers généraux et aux Conseillers d'arrondissement lorsque, pour se rendre aux réunions du Conseil Général, de la Commission départementale et du Conseil d'Arrondissement, ils sont obligés de se transporter dans leur département à plus de deux kilomètres de leur résidence, est fixée à dix centimes par kilomètre parcouru, tant au retour qu'à l'aller, à raison d'un voyage seulement par session.

L'indemnité de séjour qui peut leur être accordée, conformément aux dispositions du même article de la loi, pendant la durée des sessions du Conseil Général, de la Commission départementale et du Conseil d'Arrondissement, est fixée pour chaque journée de présence : à Paris, à 20 francs ; dans les villes de 100,000 habitants et au-dessus, à 18 francs ; dans les villes de 40,000 à 100,000 habitants, à 15 francs ; et dans les autres villes, à 12 francs.

EXTRAIT DE LA LOI DU 31 JUILLET 1913

portant fixation du Budget général des Dépenses et des Recettes de l'Exercice 1913.

(Loi de Finances).

ART. 49. — Le paragraphe 1er de l'article 38 de la loi de finances du 27 février 1912 est ainsi modifié :

« Les Conseillers généraux et les Conseillers d'Arrondissement, autres que les députés et sénateurs, pourront recevoir, sur les ressources ordinaires du budget du département, une indemnité de déplacement, lorsque, pour prendre part aux réunions du Conseil Général, de la Commission départementale et du Conseil d'Arrondissement, ils seront obligés de se transporter à plus de deux kilomètres de leur résidence.

« Il pourra, d'autre part, être alloué aux Conseillers généraux et aux Conseillers d'Arrondissement, pendant la durée des sessions, une indemnité pour chaque journée de présence à l'assemblée. Ils auront droit au remboursement des frais résultant de l'exécution des mandats spéciaux dont ils seront chargés par leurs assemblées respectives. »

ANNUAIRE

LISTE CHRONOLOGIQUE GÉNÉRALE

DES

MEMBRES FRANÇAIS ET INDIGÈNES DU CONSEIL GÉNÉRAL D'ALGER

nommés par le Gouvernement

DEPUIS 1858 JUSQU'EN 1870

ANNÉE 1858

MM. le baron VIALAR, propriétaire.
le baron BOISSONNET, propriétaire.
IMBERTIS (André), président de Chambre à la Cour impériale d'Alger.
AYMES, propriétaire.
BELLE, officier de Marine en retraite.
CAILLEBAR, conseiller à la Cour impériale de Pau, propriétaire à Alger.
COCQUEREL, ingénieur civil.
DUBOIS, chef de bataillon en retraite, propriétaire à Médéa.
JAUBERT, négociant et propriétaire.
LICHTLIN, directeur de la Banque de l'Algérie et propriétaire.
LOCRÉ, propriétaire à Douéra.
POBEGUIN, propriétaire à Miliana.
POMMEREAU, membre de la Chambre consultative d'Agriculture et propriétaire à Ténès.
SARLANDE jeune, propriétaire.
WEYER, propriétaire.
ROBERT, banquier.
SÉROR (Moïse), négociant.
MANAUD, propriétaire à Aumale.
AHMED BOU KANDOURA, assesseur à la Cour impériale.
HASSAN OULED CAÏD AHMED, propriétaire.

SESSION DE 1859

MM. AYMES, propriétaire.
BELLE, officier de Marine en retraite.
le baron BOISSONNET, propriétaire.

MM. CAILLEBAR, conseiller à la Cour impériale de Pau, propriétaire
    à Alger.
COCQUEREL, ingénieur civil.
DUBOIS, chef de bataillon en retraite, propriétaire à Médéa.
IMBERTIS (André), président de Chambre à la Cour impériale
    d'Alger.
JAUBERT, négociant et propriétaire.
LICHTLIN, directeur de la Banque de l'Algérie et propriétaire.
LOCHÉ, propriétaire à Douéra.
MANAUD, propriétaire à Aumale.
POREGUIN, propriétaire à Miliana.
POMMEREAU, membre de la Chambre consultative d'Agriculture,
    propriétaire à Ténès.
ROBERT, banquier.
SARLANDE jeune, propriétaire.
SEROR (Moïse), négociant.
le baron VIALAR, propriétaire.
WEYER, propriétaire.
AHMED BOU KANDOURA, assesseur à la Cour impériale.
HASSAN OULED CAÏD AHMED, propriétaire.

SESSION DE 1860

MM. AUPIED.
AYMES, propriétaire.
BASTIDE, propriétaire, vice-président de la Chambre d'Agricul-
    ture, adjoint au Maire d'Alger.
BENNIS, vétérinaire principal de l'Armée en retraite, propriétaire
    à la Rassauta.
le baron BOISSONNET, propriétaire.
BORÉLY LA SAPIE, propriétaire à Souk-Ali, maire de Boufarik.
CAILLEBAR, conseiller à la Cour impériale de Pau, propriétaire
    à Alger.
ELLIE, notaire, propriétaire, membre du Conseil municipal de
    Blida.
LESCANNE, propriétaire à Oued-el-Alleug.
LOCHÉ, propriétaire à Douéra.
MARTIN.
MANAUD, propriétaire à Aumale.
POMMEREAU, membre de la Chambre consultative d'Agriculture,
    propriétaire à Ténès.
l'Amiral RIGODIT.
le Docteur ROBAT, propriétaire à Duperré, membre de la Cham-
    bre consultative d'Agriculture.

MM. Robert, banquier.

Sarlande jeune, propriétaire, maire d'Alger.

Séror (Moïse), négociant.

de Vaulx, premier président de la Cour impériale d'Alger.

Sarlande aîné, propriétaire.

le baron Vialar, propriétaire.

Weyer, propriétaire.

Ahmed Bou Kandoura, assesseur à la Cour impériale d'Alger.

Hassan Ouled Caïd Ahmed, propriétaire.

Session de 1861

MM. Aupied.

Aymes, propriétaire.

Bastide, propriétaire, vice-président de la Chambre d'Agriculture, adjoint au Maire d'Alger.

Barny, conseiller à la Cour impériale d'Alger, propriétaire, membre du Conseil municipal de Chebli.

Bernis, vétérinaire principal de l'Armée en retraite, propriétaire à la Rassauta.

le baron Boissonnet, propriétaire.

Borély la Sapie, propriétaire à Souk-Ali, maire de Boufarik.

Bréauté, chef d'escadron, commandant la Place de Médéa.

Cailleban, conseiller à la Cour impériale de Pau, propriétaire à Alger.

Ellie, notaire, propriétaire, membre du Conseil municipal de Blida.

Lescanne, propriétaire à Oued-el-Alleug.

de Malglaive, officier supérieur du Génie, en retraite, propriétaire à Marengo.

Martin.

Pommereau, membre de la Chambre consultative d'Agriculture, propriétaire à Ténès.

l'Amiral Rigodit.

le Docteur Robat, propriétaire à Duperré, membre de la Chambre consultative d'Agriculture.

Robert, banquier.

Sarlande jeune, propriétaire, maire d'Alger.

Sarlande aîné, propriétaire.

Séror (Moïse), négociant.

de Vaulx, premier président de la Cour impériale d'Alger.

le baron Vialar, propriétaire.

Weyer, propriétaire.

Ahmed bou Kandoura, assesseur à la Cour impériale d'Alger.

Hassan Ouled Caïd Ahmed, propriétaire.

SESSION DE 1862

MM. AUPIED.

BARNY, conseiller à la Cour impériale d'Alger, propriétaire, membre du Conseil municipal de Chebli.

BASTIDE, propriétaire, vice-président de la Chambre d'Agriculture, adjoint au Maire d'Alger.

DE BELLEROCHE, propriétaire à Birkadem, membre de la Chambre consultative d'Agriculture.

BERNIS, vétérinaire principal de l'Armée en retraite, propriétaire à la Rassauta.

le baron BOISSONNET, propriétaire.

BORÉLY LA SAPIE, propriétaire à Souk-Ali, maire de Boufarik.

BRÉAUTÉ, chef d'escadron, commandant la Place de Médéa.

CAILLEBAR, conseiller à la Cour impériale de Pau, propriétaire à Alger.

ELLIE, notaire, propriétaire, membre du Conseil municipal de Blida.

JOUNXÈS, défenseur près la Cour impériale d'Alger, propriétaire, membre de la Commission administrative des Hospices.

LESCANNE, propriétaire à Oued-el-Alleug.

DE MALGLAIVE, officier supérieur du Génie, en retraite, propriétaire à Marengo.

MARTIN.

le Docteur ROBAT, propriétaire à Duperré, membre de la Chambre consultative d'Agriculture.

ROBERT, banquier.

SARLANDE aîné, propriétaire.

SARLANDE jeune, propriétaire, maire d'Alger.

SÉROR (Moïse), négociant à Alger.

DE VAULX, premier président de la Cour impériale d'Alger.

le baron VIALAR, propriétaire.

WEYER, propriétaire.

ADDA BEN FOUDDA, caïd des Ouled Kosseïr, propri taire, membre du Conseil municipal d'Orléansville et de la Chambre consultative d'Agriculture.

AHMED BOU KANDOURA, assesseur près la Cour impériale d'Alger.

HASSAN OULD CAÏD AHMED, propriétaire.

SESSION DE 1863

MM. ARNOULD, propriétaire à Birkadem, membre de la Chambre consultative d'Agriculture.

BARNY, conseiller à la Cour impériale d'Alger, propriétaire, membre du Conseil municipal de Chebli.

MM. BASTIDE, propriétaire, vice-président de la Chambre consultative d'Agriculture, adjoint au Maire d'Alger.

DE BELLEROCHE, propriétaire à Birkadem, membre de la Chambre consultative d'Agriculture.

BERBRUGGER, conservateur de la Bibliothèque et du Musée d'Alger, colonel de la Milice.

BERNIS, vétérinaire principal de l'Armée, en retraite, propriétaire à la Rassauta.

le baron BOISSONNET, colonel d'Artillerie à Perpignan, propriétaire à Dély-Ibrahim.

BORÉLY LA SAPIE, propriétaire à Souk-Ali, ancien Maire de Boufarik, membre de la Chambre consultative d'Agriculture.

BRÉAUTÉ, chef d'escadron, commandant la Place de Médéa, propriétaire à Médéa.

ELLIE, notaire, propriétaire, membre du Conseil municipal de Blida.

JOURNÈS, défenseur près la Cour impériale d'Alger, propriétaire, membre de la Commission administrative des Hospices.

LESCANNE, propriétaire à Oued el-Alleug.

DE MALGLAIVE, officier supérieur du Génie, en retraite, propriétaire à Marengo.

RAHEL DE MONTAGNY, défenseur, propriétaire, maire de Blida.

le Docteur ROBAT, propriétaire à Duperré, membre de la Chambre consultative d'Agriculture.

ROBERT (Emile), propriétaire à Koléa.

SARLANDE jeune, propriétaire, maire d'Alger.

SÉNON (Moïse), négociant à Alger.

VAN MASEYCK, propriétaire, maire de la Rassauta.

DE VAULX, premier président de la Cour impériale d'Alger.

le baron VIALAR, président de la Chambre consultative d'Agriculture, membre du Conseil municipal et du Bureau de Bienfaisance musulman d'Alger.

WEYER, propriétaire, membre de la Chambre consultative d'Agriculture, adjoint au Maire d'Alger pour la section de Mustapha.

ADDA BEN FOUDDA, caïd des Ouled Kossoïr, propriétaire, membre du Conseil municipal d'Orléansville et de la Chambre consultative d'Agriculture.

AHMED BOU KANDOURA, assesseur près la Cour impériale, membre du Conseil municipal d'Alger et des Commissions administratives du Mont-de-Piété et de la Caisse d'épargne.

HASSAN OULD CAÏD AHMED, propriétaire, membre du Conseil municipal de Blida et de la Chambre consultative d'Agriculture.

SESSION DE 1864

MM. ARNOULD, propriétaire à Birkadem, membre de la Chambre consultative d'Agriculture.

MM. Barny, conseiller à la Cour impériale d'Alger, propriétaire, membre du Conseil municipal de Chebli.

Bastide, propriétaire, vice-président de la Chambre consultative d'Agriculture, adjoint au Maire d'Alger.

de Belleroche, propriétaire à Birkadem, membre de la Chambre consultative d'Agriculture.

Berbrugger, conservateur de la Bibliothèque et du Musée d'Alger, colonel de la Milice.

Bernis, vétérinaire principal de l'Armée, en retraite, propriétaire à la Rassauta.

le baron Boissonnet, colonel d'Artillerie à Perpignan, propriétaire à Dély-Ibrahim.

Borély la Sapie, propriétaire à Souk-Ali, ancien Maire de Boufarik, membre de la Chambre consultative d'Agriculture.

Bréauté, chef d'escadron, commandant la Place de Médéa, propriétaire à Médéa.

Ellie, notaire, propriétaire, membre du Conseil municipal de Blida.

Journès, défenseur près la Cour impériale d'Alger, propriétaire, membre de la Commission administrative des Hospices.

Lescanne, propriétaire à Oued-el-Alleug.

de Malglaive, officier supérieur du Génie, en retraite, propriétaire à Marengo.

le Docteur Robat, propriétaire à Duperré, membre de la Chambre consultative d'Agriculture.

Sénor (Moïse), négociant à Alger.

Sarlande jeune, propriétaire, maire d'Alger.

le baron Vialar, propriétaire, président de la Chambre consultative d'Agriculture, membre du Conseil municipal et du Bureau de Bienfaisance musulman d'Alger.

Van Maseyck, propriétaire, maire de la Rassauta.

Weyer, propriétaire, membre de la Chambre consultative d'Agriculture, adjoint au Maire d'Alger pour la section de Mustapha.

Adda ben Foudda, caïd des Ouled Kosseïr, propriétaire, membre du Conseil municipal d'Orléansville et de la Chambre consultative d'Agriculture.

Ahmed bou Kandoura, assesseur près la Cour impériale, membre du Conseil municipal d'Alger et des Commissions administratives du Mont-de-Piété et de la Caisse d'épargne.

Bou Alem ben Cherifa, bach agha du Djendel, propriétaire.

Hassen Ould Caïd Ahmed, propriétaire, membre du Conseil municipal de Blida et de la Chambre consultative d'Agriculture.

Hassen ben Brihmat, directeur de la Médersa d'Alger.

Tahar ben Mahi Eddin, bach agha des Beni Sliman, propriétaire.

Session de 1865

MM. Arnould, propriétaire à Birkadem, membre de la Chambre consultative d'Agriculture.

Barny, conseiller à la Cour impériale d'Alger, propriétaire, membre de la Chambre consultative d'Agriculture et du Conseil municipal de Chebli.

de Belleroche, propriétaire à Birkadem, membre de la Chambre consultative d'Agriculture.

Berbrugger, conservateur de la Bibliothèque et du Musée d'Alger, colonel de la Milice.

Bernis, vétérinaire principal de l'Armée, en retraite, propriétaire à la Rassauta.

le baron Boissonnet, colonel d'Artillerie, propriétaire à Dély-Ibrahim.

Borély la Sapie, propriétaire à Souk-Ali, ancien maire de Boufarik, membre de la Chambre consultative d'Agriculture.

Bréauté, chef d'escadron, commandant la Place de Médéa, propriétaire à Médéa.

Ellie, notaire, propriétaire, membre du Conseil municipal de Blida.

Genella père, notaire et propriétaire.

Journès, défenseur près la Cour impériale d'Alger, propriétaire, membre de la Commission administrative des Hospices.

Lair, ancien inspecteur général des Lignes télégraphiques, propriétaire à Mustapha.

Lescanne, propriétaire à Oued-el-Alleug.

de Malglaive, officier supérieur du Génie, en retraite, propriétaire à Marengo.

le Docteur Robat, propriétaire à Duperré, membre de la Chambre consultative d'Agriculture.

Sarlande jeune, propriétaire, maire d'Alger.

Sénon (Moïse), négociant à Alger.

le baron Vialar, propriétaire, président de la Chambre consultative d'Agriculture, membre du Conseil municipal et du Bureau de Bienfaisance musulman d'Alger.

Van Maseyck, propriétaire, maire de la Rassauta.

Adda ben Foudda, caïd des Ouled Kosseïr, propriétaire, membre du Conseil municipal d'Orléansville et de la Chambre consultative d'Agriculture.

Ahmed bou Kandoura, assesseur près la Cour impériale, membre du Conseil municipal d'Alger et des Commissions administratives du Mont-de-Piété et de la Caisse d'épargne.

Bou Alem ben Cherifa, bach agha du Djendel, propriétaire.

Hassen Ould Caïd Ahmed, propriétaire, membre du Conseil municipal de Blida et de la Chambre consultative d'Agriculture.

MM. Hassen ben Brihmat, directeur de la Médersa d'Alger.

Tahar ben Mahi Eddine, bach agha des Beni Sliman, propriétaire.

Session de 1866

MM. Arnould, propriétaire à Birkadem, membre de la Chambre consultative d'Agriculture.

Barny, conseiller à la Cour impériale d'Alger, membre de la Chambre consultative d'Agriculture et du Conseil municipal de Chebli.

de Bellerociie, propriétaire à Birkadem, membre de la Chambre consultative d'Agriculture.

Berbrugger, conservateur de la Bibliothèque et du Musée d'Alger, colonel de la Milice.

le baron Boissonnet, colonel d'Artillerie, propriétaire à Dély-Ibrahim.

Bonély la Sapie, propriétaire à Souk-Ali, Maire de Blida, membre de la Chambre consultative d'Agriculture.

Bréauté, chef d'escadron, commandant la Place de Médéa, propriétaire à Médéa.

Ellie, notaire, propriétaire, membre du Conseil municipal de Blida,

Genella père, notaire et propriétaire.

Lair, ancien inspecteur général des Lignes télégraphiques, propriétaire à Mustapha.

Lescanne, propriétaire à Oued-el-Alleug.

de Malglaive, officier supérieur du Génie, en retraite, propriétaire à Marengo.

le Docteur Robat, propriétaire à Duperré.

Sablande jeune, propriétaire, maire d'Alger.

le baron de Schonen, propriétaire et membre du Conseil municipal de l'Alma, membre de la Chambre consultative d'Agriculture.

Séron (Moïse), négociant à Alger.

Vallier propriétaire au lac Halloula, négociant en cotons à l'Agha, membre secrétaire de la Chambre consultative d'Agriculture.

Van Maséyck, propriétaire, maire de la Rassauta.

le baron Vialar, propriétaire, président de la Chambre consultative d'Agriculture, membre du Conseil municipal et du Bureau de Bienfaisance musulman d'Alger.

Adda ben Foudda, caïd des Ouled Kosseïr, membre du Conseil municipal d'Orléansville.

Ahmed bou Kandoura, assesseur près la Cour impériale, membre du Conseil municipal et des Commissions administratives du Mont-de-Piété et de la Caisse d'épargne.

MM. Ahmed ben Abdelkader, caïd des Beni Miscera, lieutenant de spahis.

Bou Alem ben Cherifa, bach agha du Djendel, propriétaire.

Hassen ben Brihmat, directeur de la Médersa d'Alger.

Hassen Ould Caïd Ahmed, propriétaire, membre du Conseil municipal de Blida et de la Chambre consultative d'Agriculture.

Session de 1867

MM. Barny, conseiller à la Cour impériale d'Alger, propriétaire, membre de la Chambre consultative d'Agriculture.

de Belleroche, propriétaire à Birkadem, membre de la Chambre consultative d'Agriculture.

Berbrugger, conservateur de la Bibliothèque et du Musée d'Alger, colonel de la Milice.

le baron Boissonnet, colonel d'Artillerie, propriétaire à Dély-Ibrahim.

Borély la Sapie, propriétaire à Souk-Ali, maire de Blida, membre de la Chambre consultative d'Agriculture.

Bréauté, chef d'escadron, commandant la Place de Médéa, propriétaire à Médéa.

Ellie, notaire et propriétaire à Blida.

Dasnières de Veigy, adjoint au Maire d'Aumale, propriétaire.

Genella père, notaire, propriétaire, membre de la Chambre consultative d'Agriculture.

Lair, ancien inspecteur général des Lignes télégraphiques, propriétaire à Mustapha, adjoint au Maire d'Alger.

Lescanne, propriétaire à Oued-el-Alleug.

de Malglaive, officier supérieur du Génie, en retraite, propriétaire à Marengo.

le Docteur Robat, propriétaire à Duperré.

Robe (Eugène), avocat, adjoint au Maire d'Alger, propriétaire à Mustapha.

Sarlande jeune, propriétaire, maire d'Alger.

le baron de Schonen, maire de l'Alma, propriétaire, membre de la Chambre consultative d'Agriculture.

Séror (Moïse), négociant à Alger.

Vallier, propriétaire au lac Halloula, négociant en cotons à l'Agha, membre secrétaire de la Chambre consultative d'Agriculture.

Van Maseyck, propriétaire, maire de la Rassauta.

Adda ben Foudda, caïd des Ouled Kosseïr, propriétaire à Orléansville.

Ahmed bou Kandoura, assesseur près la Cour impériale, membre du Conseil municipal d'Alger et des Commissions administratives du Mont-de-Piété et de la Caisse d'épargne.

MM. Ahmed ben Abdelkader, caïd des Beni Miscera, lieutenant de spahis, membre de la Chambre consultative d'Agriculture.

Bou Alem ben Cherifa, bach agha du Djendel, propriétaire.

Hassen ben Brihmat, directeur de la Médersa d'Alger.

Hassen Ould Caïd Ahmed, propriétaire, membre du Conseil municipal de Blida.

Session de 1868

MM. Barny, conseiller à la Cour impériale d'Alger, propriétaire, membre de la Chambre consultative d'Agriculture.

Berbrugger, conservateur de la Bibliothèque et du Musée d'Alger, colonel de la Milice.

Bocquet, intendant militaire du cadre de réserve, propriétaire à Cherchell.

le baron Boissonnet, colonel d'Artillerie, propriétaire à Dély-Ibrahim.

Borély la Sapie, propriétaire à Souk-Ali, maire de Blida, membre de la Chambre consultative d'Agriculture.

Dasnières de Veigy, adjoint au Maire d'Aumale, propriétaire.

Ellie, notaire, propriétaire à Blida.

Genella père, notaire, propriétaire, membre de la Chambre consultative d'Agriculture.

Lair, ancien inspecteur général des Lignes télégraphiques, propriétaire à Mustapha, adjoint au Maire d'Alger.

Lépiney, propriétaire à Médéa.

Lescanne, propriétaire à Oued-el-Alleug.

de Malglaive, officier supérieur du Génie, en retraite, propriétaire à Marengo.

Robe (Eugène), avocat, adjoint au Maire d'Alger, propriétaire à Mustapha.

Sarlande jeune, propriétaire, maire d'Alger.

le baron de Schonen, maire de l'Alma, propriétaire, membre de la Chambre consultative d'Agriculture.

Sénon (Moïse), négociant à Alger.

Vallier, propriétaire au lac Halloula, négociant en cotons à l'Agha, membre secrétaire de la Chambre consultative d'Agriculture.

Van Maseyck, propriétaire, maire de la Rassauta.

de Belleroche, propriétaire à Birkadem, membre de la Chambre consultative d'Agriculture.

Adda ben Foudda, caïd des Ouled Kosseïr, propriétaire à Orléansville.

Ahmed bou Kandoura, assesseur près la Cour impériale, membre du Conseil municipal et des Commissions administratives du Mont-de-Piété et de la Caisse d'épargne.

MM. Ahmed ben Abdelkader, caïd des Beni Miscera, lieutenant de
spahis, membre de la Chambre consultative d'Agriculture.

Boualem ben Cherifa, bach agha du Djendel, propriétaire.

Hassen ben Brihmat, directeur de la Médersa d'Alger.

Hassen Ould Caïd Ahmed, propriétaire, membre du Conseil
municipal de Blida.

Session de 1869

MM. Barny, conseiller à la Cour impériale d'Alger, propriétaire,
membre de la Chambre consultative d'Agriculture.

de Belleroche, propriétaire à Birkadem, membre de la Chambre consultative d'Agriculture.

Bocquet, intendant militaire du cadre de réserve, propriétaire
à Cherchell.

le baron Boissonnet, colonel d'Artillerie, propriétaire à Dély-
Ibrahim.

Borély la Sapie, propriétaire à Souk-Ali, maire de Blida,
membre de la Chambre consultative d'Agriculture.

Ellie, notaire, propriétaire à Blida.

Dasnières de Veigy, adjoint au Maire d'Aumale, propriétaire.

Genella père, notaire, propriétaire, membre de la Chambre
consultative d'Agriculture.

Lam, ancien inspecteur général des Lignes télégraphiques,
propriétaire à Mustapha, adjoint au Maire d'Alger.

Lescanne, propriétaire à Oued-el-Alleug.

de Malglaive, officier supérieur du Génie, en retraite, propriétaire à Marengo.

Lépiney, propriétaire à Médéa.

Pommereau, propriétaire et négociant à Ténès.

Robe (Eugène), avocat, adjoint au Maire d'Alger, propriétaire
à Mustapha.

Sablande jeune. propriétaire, maire d'Alger.

le baron de Schonen, maire de l'Alma, propriétaire, membre
de la Chambre consultative d'Agriculture.

Sénor (Moïse), négociant à Alger.

Vallier, propriétaire au lac Halloula, négociant en cotons à
l'Agha, membre secrétaire de la Chambre consultative d'Agriculture.

Van Maseyck, propriétaire, maire de la Rassauta.

Ahmed bou Kandoura, assesseur près la Cour impériale, membre du Conseil municipal et des Commissions administratives
du Mont-de-Piété et de la Caisse d'épargne.

Ahmed ben Adelkader, caïd des Beni Miscera, lieutenant de
spahis, membre de la Chambre consultative d'Agriculture.

Ali ou Kassy, caïd honoraire de Tizi-Ouzou.

MM. Bou Alem ben Cherifa, bach agha du Djendel, propriétaire.
Hassen ben Brihmat, directeur de la Médersa d'Alger.
Hassen Ould Caïd Ahmed, propriétaire, membre du Conseil municipal de Blida.

SESSION DE 1870

Pas de Conseil Général.

LISTE DES CONSEILLERS GÉNÉRAUX FRANÇAIS

PAR CIRCONSCRIPTION

DEPUIS 1871 JUSQU'A NOS JOURS

TABLEAU DES CIRCONSCRIPTIONS

DE 1871 A 1879

Le nombre des circonscriptions, de 1871 à 1879 inclus, a été fixé à 26 pour le département d'Alger, suivant arrêté de M. le Gouverneur général en date du 24 octobre 1871.

La composition de chacune de ces circonscriptions a été reproduite ci-dessous.

NUMÉRO DES CIRCONSCRIPTIONS	CHEFS-LIEUX	LOCALITÉS OU SECTIONS FIGURANT DANS CHAQUE CIRCONSCRIPTION
1	Alger.........	**Partie du canton nord et faubourg Bab-el-Oued.** A partir de la porte de France ; rue de la Marine (côté nord) jusqu'à sa rencontre avec la rue Bab-el-Oued, au coin de l'hôtel de la Régence ; rue Bab-el-Oued, sur les deux côtés, jusqu'à la place Bab-el-Oued ; enceinte du Lycée ; boulevard et rampe Valée ; faubourg Bab-el-Oued, cité Bugeaud comprise, jusqu'à la mer.
2	Alger.........	Le reste du canton nord.
3	Alger.........	**Partie du canton sud *intra muros*.** Rue de la Marine (côté sud) ; place du Gouvernement jusqu'à l'entrée de la rue Vialard ; rue Vialard (côté sud) jusqu'à sa rencontre avec la rue de la Lyre ; rue de la Lyre jusqu'à sa rencontre avec la rue Porte-Neuve ; rue Porte-Neuve jusqu'aux anciens remparts ; de ceux-ci à la rue du Centaure ; place de la Lyre ; descendre l'escalier monumental du Théâtre ; rue Corneille ; place Bresson jusqu'à l'escalier qui conduit à la mer.
4	Alger.........	Le reste du canton sud.
5	Mustapha.....	Mustapha, El-Biar.

NUMÉRO DES CIRCONSCRIPTIONS	CHEFS-LIEUX	LOCALITÉS OU SECTIONS FIGURANT DANS CHAQUE CIRCONSCRIPTION
6	Saint-Eugène..	Saint-Eugène, Bouzaréah.
7	Chéragas......	Chéragas, Drariah, Dély-Ibrahim.
8	Hussein-Dey...	Hussein-Dey, Kouba, Birkadem, Birmandreïs.
9	Douéra........	Douéra, Mahelma.
10	Maison-Carrée.	Maison-Carrée, Alma, Réghaïa, Saint-Pierre-Saint-Paul, Fondouk, Rassauta, Rouïba, Aïn-Taya.
11	L'Arba........	L'Arba, Rovigo, Sidi-Moussa.
12	Dellys	Dellys et ses annexes.
13	Bordj-Ménaïel..	Bordj-Ménaïel, Tizi-Ouzou, Drâ-el-Mizan, Fort-National, isolés de la subdivision.
14	Aumale........	Aumale et ses annexes.
15	Blida	Blida, Béni-Méred.
16	Boufarik	Boufarik, Chebli, Souma.
17	Coléa........	Coléa, Castiglione, Attatba.
18	Mouzaïaville...	Mouzaïaville, La Chiffa, Oued-el-Alleug.
19	Marengo......	Marengo, Vesoul-Bénian, Bou-Medfa, Ameur-el-Aïn, isolés.
20	Cherchell	Cherchell.
21	Miliana	Miliana.
22	Orléansville...	Orléansville, isolés de la subdivision d'Orléansville.
23	Affreville......	Affreville, Téniet-el-Haâd, Duperré, Aïn-Sultan, isolés de la subdivision.
24	Ténès........	Ténès, Montenotte.
25	Médéa	Médéa, Berrouaghia.
26	Boghari.......	Boghari, Boghar, Djelfa, Laghouat, isolés.

LISTE DES CONSEILLERS GÉNÉRAUX FRANÇAIS

DE 1871 A 1879

SESSION DE 1871

1ʳᵉ Circ.	*Alger*.........	MM.	GASTU, avocat, adj. au Maire d'Alger.
2ᵉ	—	—	RANC.
3ᵉ	—	—	ALLIER (Amédée), avocat.
4ᵉ	—	—	ARNAC, architecte.
5ᵉ	—	*Mustapha*.....	BRU, maire de Mustapha.
6ᵉ	—	*Saint-Eugène*..	BORDET.
7ᵉ	—	*Chéragas*.....	MERCURIN, propriétaire.
8ᵉ	—	*Hussein-Dey* ..	HERPIN.
9ᵉ	—	*Douéra*.......	ALLIER (Bernard).
10ᵉ	—	*Maison-Carrée*.	Baron DE SCHONEN, propriétaire.
11ᵉ	—	*Arba*.........	MONGELLAS (Eugène), propriétaire.
12ᵉ	—	*Dellys*	JANNIN père.
13ᵉ	—	*Bordj-Ménaïel*.	N...
14ᵉ	—	*Aumale*.......	MERCIER (Gustave), pharmacien.
15ᵉ	—	*Blida*	FOURRIER, avocat, maire de Blida.
16ᵉ	—	*Boufarik*.....	BOUTEMAILLE, propriétaire.
17ᵉ	—	*Koléa*	GÉRY.
18ᵉ	—	*Mouzaïaville*..	LAPÉROUSE, maire de la Chiffa.
19ᵉ	—	*Marengo*.	le Docteur CHARBONNIER, médecin de colonisation.
20ᵉ	—	*Cherchell*	LAFITTE, maire de Cherchell.
21ᵉ	—	*Miliana*......	PIEDNOIR, maire de Miliana.
22ᵉ	—	*Orléansville*...	GUIGNETTE.
23ᵉ	—	*Affreville*.....	MICHEL
24ᵉ	—	*Ténès*	DESSSOLIERS, propriétaire.
25ᵉ	—	*Médéa*........	DAUDET, maire de Médéa.
26ᵉ	—	*Boghari*......	HÉRAIL, propriétaire.

SESSION DE 1872

Observations. — Le Conseil Général ayant protesté contre la présence d'assesseurs musulmans au sein de l'Assemblée départementale, et refusé de les admettre à l'exercice du droit de vote, a été dissous par décret du 20 décembre 1871 ; il a été procédé à de nouvelles élections en vue de sa reconstitution en vertu du décret du 22 novembre 1872.

1re Circ.	Alger.........	MM.	Gastu, avocat, adj. au maire d'Alger.
2e	—	—	Lelièvre, propriétaire, membre du Conseil municipal d'Alger.
3e	—	—	Allier (Amédée), avocat.
4e	—	—	Arnac, architecte.
5e	—	Mustapha.....	Bru, maire de Mustapha.
6e	—	Saint-Eugène..	Robe (Eugène), avocat.
7e	—	Chéragas.....	Mercurin, propriétaire.
8e	—	Hussein-Dey..	Leroux, réd' en chef de la *Solidarité*.
9e	—	Douéra.......	Docteur Marès, président de la Société d'Agriculture d'Alger.
10e	—	Maison-Carrée.	Bourlier, maire de S¹-Pierre-S¹-Paul.
11e	—	Arba.........	Mongellas (Eugène), propriétaire.
12e	—	Dellys........	Colonel Fourchault.
13e	—	Bordj-Ménaïel.	Dubreuil, chef de brigade du Service topographique.
14e	—	Aumale	Gobel, propriétaire.
15e	—	Blida	Fournier, avocat, maire de Blida.
16e	—	Boufarik	Parodi, maire de Boufarik.
17e	—	Koléa........	Pancheret, membre du Conseil municipal de Koléa.
18e	—	Mouzaïaville..	Lapérouse, maire de la Chiffa.
19e	—	Marengo......	de Malglaive, propriétaire.
20e	—	Cherchell.....	Lafitte, maire de Cherchell.
21e	—	Miliana.......	Piednoir, maire de Miliana.
22e	—	Orléansville...	Boudet, propriétaire.
23e	—	Affreville.....	Demoly, ingénieur. (Invalidé.)
24e	—	Ténès	Dessoliers, propriétaire.
25e	—	Médéa........	Daudet, maire de Médéa.
26e	—	Boghari......	Hérail, propriétaire.

Session de 1873

1re Circ.	Alger.........	MM.	Gastu, avocat, adj. au Maire d'Alger.
2e	—	—	Lelièvre, propriétaire, membre du Conseil municipal d'Alger.
3e	—	—	Blanc (Paul). (Élu le 16 mars 1873 en remplacement de M. Allier, décédé.)
4e	—	—	Arnac, architecte.
5e	—	Mustapha	Bru, maire de Mustapha.

6ᵉ Circ.   *Saint-Eugène* . MM. Robe (Eugène), avocat.
7ᵉ   —   *Chéragas* . . . .   Mercurin, propriétaire.
8ᵉ   —   *Hussein-Dey* . .   Leroux, rédᵣ en chef de la *Solidarité*.
9ᵉ   —   *Douéra* . . . .   Docteur Marès, président de la Société d'Agriculture d'Alger.
10ᵉ   —   *Maison-Carrée.*   Bourlier, maire de Sᵗ-Pierre-Sᵗ-Paul.
11ᵉ   —   *Arba* . . . .   Mongellas (Eugène), propriétaire.
12ᵉ   —   *Dellys* . . . .   Colonel Fourchault.
13ᵉ   —   *Bordj-Ménaïel.*   Dubreuil, chef de brigade du Service topographique.
14ᵉ   —   *Aumale* . . . .   Gobel, propriétaire.
15ᵉ   —   *Blida* . . . .   Fournier, avocat, maire de Blida.
16ᵉ   —   *Boufarik* . . . . .   Parodi, maire de Boufarik.
17ᵉ   —   *Koléa* . . . .   Pancheret, membre du Conseil municipal de Koléa.
18ᵉ   —   *Mouzaïaville* . .   Lapérouse, maire de la Chiffa.
19ᵉ   —   *Marengo* . . . . . .   de Malglaive, propriétaire.
20ᵉ   —   *Cherchell* . . . .   Lafitte, maire de Cherchell.
21ᵉ   —   *Miliana* . . . . . .   Piednoir, maire de Miliana.
22ᵉ   —   *Orléansville* . . .   Boudet, propriétaire.
23ᵉ   —   *Affreville* . . . . .   Demoly, ingénieur. (Avait été invalidé en 1872, réélu en 1873.)
24ᵉ   —   *Ténès* . . . .   Dessoliers, propriétaire.
25ᵉ   —   *Médéa* . . . .   Daudet, maire de Médéa.
26ᵉ   —   *Boghari* . . . . . .   Hérail, propriétaire.

Session de 1874

1ʳᵉ Circ.   *Alger* . . . . MM. Gastu, avocat, adj. au Maire d'Alger.
2ᵉ   —   —   Lelièvre, propriétaire, membre du Conseil municipal d'Alger.
3ᵉ   —   —   Blanc (Paul).
4ᵉ   —   —   Arnac, architecte.
5ᵉ   —   *Mustapha* . . . . .   Bru, maire de Mustapha.
6ᵉ   —   *Saint-Eugène* .   Robe (Eugène), avocat.
7ᵉ   —   *Chéragas* . . . . .   Mercurin, propriétaire.
8ᵉ   —   *Hussein-Dey* . . .   Leroux, rédᵣ en chef de la *Solidarité*.
9ᵉ   —   *Douéra* . . . .   Docteur Marès, président de la Société d'Agriculture d'Alger. (Remplacé par M. Alphandéry.)
10ᵉ   —   *Maison-Carrée.*   Bourlier, maire de Sᵗ-Pierre-Sᵗ-Paul.
11ᵉ   —   *Arba* . . . .   Mongellas (Eugène), propriétaire.
12ᵉ   —   *Dellys* . . . .   Colonel Fourchault.
13ᵉ   —   *Bordj-Ménaïel.*   Dubreuil, chef de brigade du Service topographique. (Remplacé par M. Henri Féraud.)

14ᵉ Circ.	*Aumale*	MM.	GOBEL, propriétaire.
15ᵉ —	*Blida*		PAGÈS (Pierre), avocat, propriétaire à Blida..(Elu le 19 avril 1874 en remplacement de M. Fourrier.)
16ᵉ —	*Boufarik*		PARODI, maire de Boufarik.
17ᵉ —	*Koléa*		PANCHERET, membre du Conseil municipal de Koléa.
18ᵉ —	*Mouzaïaville*		LAPÉROUSE, maire de la Chiffa.
19ᵉ —	*Marengo*		DE MALGLAIVE, propriétaire.
20ᵉ —	*Cherchell*		LAFITTE, maire de Cherchell.
21ᵉ —	*Miliana*		PIEDNOIR, maire de Miliana.
22ᵉ —	*Orléansville*		BOUDET, propriétaire.
23ᵉ —	*Affreville*		DEMOLY, ingénieur.
24ᵉ —	*Ténès*		DESSOLIERS. propriétaire.
25ᵉ —	*Médéa*		DAUDET, maire de Médéa.
26ᵉ —	*Boghari*		HÉRAIL, propriétaire.

SESSION DE 1875

1ʳᵉ Circ.	*Alger*	MM.	GASTU, avocat, adj. au Maire d'Alger.
2ᵉ —	—		LELIÈVRE, membre du Conseil municipal d'Alger.
3ᵉ —	—		BLANC (Paul).
4ᵉ —	—		ARNAC, architecte.
5ᵉ —	*Mustapha*		BRU, maire de Mustapha.
6ᵉ —	*Saint-Eugène*		ROBE (Eugène), avocat.
7ᵉ —	*Chéragas*		MERCURIN, propriétaire.
8ᵉ —	*Hussein-Dey*		LEROUX, réd' en chef de la *Solidarité*.
9ᵉ —	*Douéra*		ALPHANDÉRY (Alfred), banquier.
10ᵉ —	*Maison-Carrée*		BOURLIER, maire de Sᵗ-Pierre-Sᵗ-Paul.
11ᵉ —	*Arba*		MONGELLAS (Eugène), propriétaire.
12ᵉ —	*Dellys*		N... (M. Fourchault démissionnaire.)
13ᵉ —	*Bordj-Menaïel.*		FÉRAUD (Henri), entrepreneur de travaux publics.
14ᵉ —	*Aumale*		GOBEL, propriétaire.
15ᵉ —	*Blida*		PAGÈS (Pierre), propriétaire à Blida.
16ᵉ —	*Boufarik*		PARODI, maire de Boufarik.
17ᵉ —	*Koléa*		MAUGUIN, imprimeur. (Elu en remplacement de M. Pancheret, démissionnaire.)
18ᵉ —	*Mouzaïaville*		LAPÉROUSE, maire de la Chiffa.
19ᵉ —	*Marengo*		DE MALGLAIVE, propriétaire.
20ᵉ —	*Cherchell*		LAFITTE, maire de Cherchell.
21ᵉ —	*Miliana*		PIEDNOIR, maire de Miliana.
22ᵉ —	*Orléansville*		VILLENAVE (Jules), propriétaire.

23ᵉ Circ. *Affreville* ..... MM. DEMOLY, ingénieur.
24ᵉ   —   *Ténès* ....   DESSOLIERS, propriétaire.
25ᵉ   —   *Médéa* ....   DAUDET, maire de Médéa.
26ᵉ   —   *Boghari* ......   N... (M. Hérail, démissionnaire.)

SESSION DE 1876

1ʳᵉ Circ. *Alger* .... MM. GASTU, avocat, adj. au Maire d'Alger.
2ᵉ   —   —   LELIÈVRE, membre du Conseil mu-
                                    nicipal d'Alger.
3ᵉ   —   —   BLANC (Paul).
4ᵉ   —   —   ARNAC, architecte.
5ᵉ   —   *Mustapha* .....   BRU, maire de Mustapha.
6ᵉ   —   *Saint-Eugène* ..   ROBE (Eugène), avocat.
7ᵉ   —   *Chéragas* .....   MERCURIN, propriétaire.
8ᵉ   —   *Hussein-Dey* ...   LEROUX, réd' en chef de la *Solidarité.*
9ᵉ   —   *Douéra* ....   ALPHANDÉRY (Alfred), banquier.
10ᵉ   —   *Maison-Carrée.*   BOURLIER, maire de Sᵗ-Pierre-Sᵗ-Paul.
11ᵉ   —   *Arba* ....   MONGELLAS (Eugène), propriétaire.
12ᵉ   —   *Dellys* ....   FRANCESCHI, agent maritime. (Élu en
                                    remplac' du colonel Fourchault.)
13ᵉ   —   *Bordj-Ménaïel.*   FÉRAUD (Henri), entrepreneur de
                                    travaux publics.
14ᵉ   —   *Aumale.* ......   GOBEL, propriétaire.
15ᵉ   —   *Blida* ....   PAGÈS (Pierre), avocat, propriétaire
                                    à Blida.
16ᵉ   —   *Boufarik* .....   PARODI, maire de Boufarik.
17ᵉ   —   *Koléa* ....   MAUGUIN, imprimeur.
18ᵉ   —   *Mouzaïaville* ..   LAPÉROUSE, maire de la Chiffa.
19ᵉ   —   *Marengo* .....   DE MALGLAIVE, propriétaire.
20ᵉ   —   *Cherchell* ....   LAFITTE, maire de Cherchell.
21ᵉ   —   *Miliana* ......   PIEDNOIR, maire de Miliana.
22ᵉ   —   *Orléansville* ... VILLENAVE (Jules), propriétaire.
23ᵉ   —   *Affreville* ....   DEMOLY, ingénieur.
24ᵉ   —   *Ténès* ....   DESSOLIERS, propriétaire.
25ᵉ   —   *Médéa* ....   DAUDET, maire de Médéa.
26ᵉ   —   *Boghari* ......   BONIFAY, entrepreneur de message-
                                    ries. (Élu en remp' de M. Hérail.)

Session de 1877

1ʳ Circ.	*Alger*	MM.	Gastu, avocat, adj. au Maire d'Alger.
2ᵉ	—	—	Lelièvre, sénateur.
3ᵉ	—	—	Blanc (Paul).
4ᵉ	—	—	Arnac, architecte.
5ᵉ	—	*Mustapha*	Bru, maire de Mustapha.
6ᵉ	—	*Saint-Eugène*	Robe (Eugène), avocat.
7ᵉ	—	*Chéragas*	Mercurin, propriétaire.
8ᵉ	—	*Hussein-Dey*	Leroux, rédacteur au *Réveil*.
9ᵉ	—	*Douéra*	Alphandéry (Alfred), banquier.
10ᵉ	—	*Maison-Carrée*.	Arlès-Dufour (Alphonse), propriétaire. (Elu en remplacement de M. Bourlier.)
11ᵉ	—	*Arba*	Mongellas (Eugène), propriétaire.
12ᵉ	—	*Dellys*	Bourlier, propriétaire. (Elu en remplacement de M. Franceschi.)
13ᵉ	—	*Bordj-Ménaïel*.	Féraud (Henri), entrepreneur de travaux publics.
14ᵉ	—	*Aumale*	Mercier (Gustave), pharmacien. (Elu en remplacemᵗ de M. Gobel.)
15ᵉ	—	*Blida*	Doctʳ Marcailhou-d'Aymeric. (Elu en remplacement de M. Pagès.)
16ᵉ	—	*Boufarik*	Boutemaille, propriétaire. (Elu en remplacement de M. Parodi.)
17ᵉ	—	*Koléa*	Mauguin, imprimeur.
18ᵉ	—	*Mouzaïaville*..	Lapérouse, maire de la Chiffa.
19ᵉ	—	*Marengo*	de Malglaive, propriétaire.
20ᵉ	—	*Cherchell*	Lafitte, maire de Cherchell.
21ᵉ	—	*Miliana*	Piednoir, maire de Miliana.
22ᵉ	—	*Orléansville*...	Villenave (Jules), propriétaire.
23ᵉ	—	*Affreville*	Génella (Léon), rédacteur en chef de la *Vigie Algérienne*. (Elu en remplacement de M. Demoly.)
24ᵉ	—	*Ténès*	Nérat de Lesguisé, maire de Ténès. (Elu en remplᵗ de M. Dessoliers.)
25ᵉ	—	*Médéa*	Daudet, maire de Médéa.
26ᵉ	—	*Boghari*	Duchemin, propriétaire. (Elu en remplacement de M. Bonifay.)

Session de 1878

1re Circ.	Alger.........	MM.	GASTU, avocat, adj. au Maire d'Alger.
2e	--	--	LELIÈVRE, sénateur.
3e	--	--	N... (M. Blanc (Paul), décédé.)
4e	--	--	ARNAC, architecte.
5e	Mustapha.....		BRU, maire de Mustapha.
6e	Saint-Eugène .		ROBE (Eugène), avocat.
7e	Chéragas.....		MERCURIN, propriétaire.
8e	Hussein-Dey ..		LEROUX, rédacteur au Réveil.
9e	Douéra.......		ALPHANDÉRY (Alfred), banquier.
10e	Maison-Carrée.		ARLÈS-DUFOUR (Alphonse), propriét.
11e	Arba........		MONGELLAS (Eugène), propriétaire.
12e	Dellys........		BOURLIER, propriétaire.
13e	Bordj-Ménaïel.		FÉRAUD (Henri), entrepreneur de travaux publics.
14e	Aumale		MERCIER (Gustave), pharmacien.
15e	Blida		Docteur PANIER. (Remplace M. Marcailhou-d'Aymeric, démission.)
16e	Boufarik.....		BOUTEMAILLE, propriétaire.
17e	Koléa		MAUGUIN, imprimeur.
18e	Mouzaïaville..		LAPÉROUSE, maire de la Chiffa.
19e	Marengo......		DE MALGLAIVE, propriétaire.
20e	Cherchell		LAFITTE, maire de Cherchell.
21e	Miliana......		Général LIÉBERT. (Élu en remplacement de M. Piednoir, décédé.)
22e	Orléansville...		VILLENAVE (Jules), propriétaire.
23e	Affreville.....		GÉNELLA (Léon), rédacteur en chef de la Vigie Algérienne.
24e	Ténès		NÉRAT DE LESGUISÉ, maire de Ténès.
25e	Médéa........		LÉPINEY, avocat. (Élu le 12 mai 1878 en remplacement de M. Daudet, démissionnaire.)
26e	Boghari......		DUCHEMIN, propriétaire.

Session de 1879

1re Circ.	Alger.........	MM.	GASTU, député.
2e	--	--	LELIÈVRE, sénateur.
3e	--	--	LETELLIER, avocat-défenseur. (Élu en remplacement de M. Blanc.)
4e	--	--	TRECH, avocat-défenseur. (Élu en remplacement de M. Arnac.)

5ᵉ Circ. *Mustapha* .... MM. Bru, maire de Mustapha.
6ᵉ — *Saint-Eugène* . Robe (Eugène), avocat.
7ᵉ — *Chéragas*..... Mercurin, maire de Chéragas.
8ᵉ — *Hussein-Dey*... Leroux, réd' en chef de la *Solidarité*.
9ᵉ — *Douéra*....... Alphandéry (Alfred), 1ᵉʳ adjoint au Maire d'Alger.
10ᵉ — *Maison-Carrée*. Arlès-Dufour (Alphonse), administrateur du Crédit Lyonnais.
11ᵉ — *Arba*........ Mongellas (Eugène), propriétaire.
12ᵉ — *Dellys*........ Bourlier, maire de Sᵗ-Pierre-Sᵗ-Paul.
13ᵉ — *Bordj-Ménaïel*. Obitz (Georges), propriétaire. (Élu le 22 décembre 1878 en remplacement de M. Féraud.)
14ᵉ — *Aumale*...... Mercier (Gustave), pharmacien.
15ᵉ — *Blida*........ Docteur Panier.
16ᵉ — *Boufarik*..... Boutemaille, agriculteur.
17ᵉ — *Koléa*........ Mauguin, directeur du *Tell*.
18ᵉ — *Mouzaïaville*.. Lapérouse, maire de la Chiffa.
19ᵉ — *Marengo*...... Docteur Garny. (Élu le 29 décembre 1878 en remplacement de M. de Malglaive, démissionnaire.)
20ᵉ — *Cherchell*..... Lafitte, maire de Cherchell.
21ᵉ — *Miliana*....... Général Liébert.
22ᵉ — *Orléansville*... Villenave (Jules), propriétaire.
23ᵉ — *Affreville*..... Marchal (Charles), rédacteur en chef du *Petit Colon*. (Élu en remplacement de M. Génella.)
24ᵉ — *Ténès*........ Nérat de Lesguisé, maire de Ténès.
25ᵉ — *Médéa*........ Lépiney, avocat.
26ᵉ — *Boghari*...... Duchemin, propriétaire.

NOTICE CONCERNANT LA CRÉATION

DE LA 27ᵉ CIRCONSCRIPTION

Par décret du 29 juillet 1880, le nombre des membres français du Conseil Général du département d'Alger a été porté à 27.

Suivant arrêté de M. le Gouverneur Général, en date du 5 août 1880, la nouvelle circonscription a été formée par le dédoublement de la 13ᵉ (Bordj-Ménaïel).

La première, dont le chef-lieu a été maintenu à Bordj-Ménaïel, a conservé le nᵒ 13 et comprend les communes et territoires ci-après :

Commune de plein exercice de Bordj-Ménaïel avec les sections d'Isserville, de Béni-Mokla et de Chabet-el-Ameur ;

Commune de plein exercice de Palestro ;

Commune de plein exercice de Dra-el-Mizan ;

Commune mixte de Beni-Mansour ;

Zamouri, Isserbourg et Isser-el-Ouidan (sections de la commune de plein exercice de Blad-Guitoun).

La seconde, qui a pris le nᵒ 27, et dont le chef-lieu est fixé à Tizi-Ouzou, comprend les communes et territoires ci-après :

Commune de plein exercice de Tizi-Ouzou, y compris les douars de Sick-ou-Meddour et de Dra-ben-Khedda ;

Commune de plein exercice de Fort-National ;

Commune mixte des Issers ;

Commune indigène de Fort-National ;

Ouled-Aïssa-Mimou (section de la commune mixte de Dellys).

LISTE DES CONSEILLERS GÉNÉRAUX FRANÇAIS

DE 1880 A 1883

SESSION DE 1880

1re Circ. *Alger* .... MM. Docteur TROLARD.
> Élu en remplacement de M. Gastu, le 26 septembre 1880, en 2e tour de scrutin.

2e — — Docteur FEUILLET.
> Élu en remplacement de M. Lellèvre, le 26 septembre 1880, en 2e tour de scrutin.

3e — — LETELLIER, avocat-défenseur.
> Réélu en 1er tour de scrutin, le 19 septembre 1880.

4e — — TRECH, avocat-défenseur.

5e — *Mustapha* .... BRU, maire de Mustapha.
> Réélu en 1er tour de scrutin, le 19 septembre 1880.

6e — *Saint-Eugène*.. ROBE (Eugène), avocat.

Colonel FOURCHAULT.
> Élu le 28 mars 1880, en remplacement de M. Mercurin, décédé.

7e — *Chéragas* .... FÉRAUD (Henri), entrepreneur de travaux publics.
> Élu en remplacement du colonel Fourchault en 1er tour de scrutin, le 19 septembre 1880.

8e — *Hussein-Dey* .. LEROUX, réd^r en chef de la *Solidarité*.

9e — *Douéra* .... GOETZMANN, notaire.
> Élu en remplacement de M. Alphandéry, le 19 septembre 1880, en 1er tour de scrutin.

10e — *Maison-Carrée*. ARLÈS-DUFOUR (Alphonse), administrateur du Crédit Lyonnais.

11e — *Arba* .... MONGELLAS (Eugène), propriétaire.
> Réélu en 1er tour de scrutin, le 19 septembre 1880.

12e — *Dellys* .... BOURLIER, maire de St-Pierre-St-Paul.

13e — *Bordj-Ménaïel*. RAUZIÈRES, médecin de colonisation.
> Élu en remplacement de M. Obitz, en 1er tour de scrutin, le 19 septembre 1880.

14e — *Aumale* ...... VALÉRY BLANC, propriétaire.
> Élu le 25 janvier 1880 en remplacement de M. Mercier; réélu, en 1er tour de scrutin, le 19 septembre 1880.

15ᵉ Circ. *Blida* .... MM. Locquet, propriétaire.
> Élu en remplacement de M. Panier, en 1ᵉʳ tour de scrutin, le 19 septembre 1880.

16ᵉ — *Boufarik* ..... Boutemaille, agriculteur.

17ᵉ — *Koléa* .... Mauguin, directeur du *Tell*.
> Réélu, en 1ᵉʳ tour de scrutin, le 19 septembre 1880.

18ᵉ — *Mouzaïaville* .. Lapérouse, maire de la Chiffa.

19ᵉ — *Marengo* ...... Docteur Garny.
> Réélu le 19 septembre 1880 en 1ᵉʳ tour de scrutin.

20ᵉ — *Cherchell* ..... Lafitte, maire de Cherchell.

21ᵉ — *Miliana* ...... Pichon, maire de Miliana.
> Élu en remplacement du général Liébert, en 1ᵉʳ tour de scrutin, le 19 septemb. 1880.

22ᵉ — *Orléansville* ... Sarda, inspecteur central des établissements de bienfaisance.
> Élu en remplacement de M. Villenave, en 1ᵉʳ tour de scrutin, le 19 septembre 1880.

23ᵉ — *Affreville* ..... Marchal (Charles), rédacteur en chef du *Petit Colon*.

24ᵉ — *Ténès* .... Nérat de Lesguisé, maire de Ténès.

25ᵉ — *Médéa* .... Lépiney, avocat.
> Réélu, en 1ᵉʳ tour de scrutin, le 19 septembre 1880.

26ᵉ — *Boghari* ...... Vignard, propriétaire.
> Élu en remplacement de M. Duchemin, en 2ᵉ tour de scrutin, le 26 septembre 1880.

27ᵉ — *Tizi-Ouzou* ... Obitz (Georges), propriétaire.
> Élu en 1ᵉʳ tour de scrutin, le 19 septembre 1880.

Session de 1881

1ʳᵉ Circ. *Alger*. .... MM. Samary (Paul), architecte. (Élu en remplacement du Docteur Trolard, démissionnaire.)

2ᵉ — Docteur Feuillet.

3ᵉ — Alphandéry (Alfred), banquier. (Élu en remplacement de M. Letellier, démissionnaire).

4ᵉ — Trech, avocat-défenseur.

5ᵉ — *Mustapha* .... Bru, maire de Mustapha.

6ᵉ — *Saint-Eugène* .. Robe (Eugène), avocat.

7ᵉ — *Chéragas* ..... Féraud (Henri), entrepreneur de travaux publics.

8ᵉ — *Hussein-Dey* .. Leroux, réd́ʳ en chef de la *Solidarité*.

9ᵉ — *Douéra* .... Goetzmann, notaire.

10ᵉ Circ.   *Maison-Carrée.* MM. ARLÈS-DUFOUR (Alphonse), propriét.
11ᵉ   —   *Arba* . . . .   MONGELLAS (Eugène), propriétaire.
12ᵉ   —   *Dellys* . . . .   BOURLIER, maire de Sᵗ-Pierre-Sᵗ-Paul.
13ᵉ   —   *Bordj-Ménaïel.*   RAUZIÈRES, médecin de colonisation.
14ᵉ   —   *Aumale* . . . .   VALÉRY BLANC, propriétaire.
15ᵉ   —   *Blida* . . . .   LOCQUET, propriétaire.
16ᵉ   —   *Boufarik* . . . .   BOUTEMAILLE, propriétaire.
17ᵉ   —   *Koléa* . . . .   MAUGUIN, directeur du *Tell.*
18ᵉ   —   *Mouzaïaville* . .   LAPÉROUSE, maire de la Chiffa.
19ᵉ   —   *Marengo* . . . . . .   Docteur GARNY.
20ᵉ   —   *Cherchell* . . . . .   LAFITTE, maire de Cherchell.
21ᵉ   —   *Miliana* . . . . . .   PICHON, maire de Miliana.
22ᵉ   —   *Orléansville* . . .   SARDA, inspecteur central des établissements de bienfaisance.
23ᵉ   —   *Affreville* . . . . .   MARCHAL (Charles), rédacteur en chef du *Petit Colon.*
24ᵉ   —   *Ténès* . . . .   NÉRAT DE LESGUISÉ, maire de Ténès.
25ᵉ   —   *Médéa* . . . .   LÉPINEY, avocat.
26ᵉ   —   *Boghari* . . . . . .   VIGNARD, propriétaire.
27ᵉ   —   *Tizi-Ouzou* . . .   ORTZ (Georges), propriétaire.

SESSION DE 1882

1ʳᵉ Circ.   *Alger* . . . . MM. SAMARY (Paul), architecte.
2ᵉ   —   —   Docteur FEUILLET.
3ᵉ   —   . . . . .   ALPHANDÉRY (Alfred), banquier.
4ᵉ   —   —   TRECH, avocat-défenseur.
5ᵉ   —   *Mustapha* . . . . .   BRU, maire de Mustapha.
6ᵉ   —   *Saint-Eugène* . .   ROBE (Eugène), avocat.
7ᵉ   —   *Chéragas* . . . . .   FÉRAUD (Henri), entrepreneur de travaux publics.
8ᵉ   —   *Hussein-Dey* . .   LEROUX, réd⁺ en chef de la *Solidarité.*
9ᵉ   —   *Douéra* . . . .   STOTZ, propriétaire. (Élu le 8 janvier 1882, en remplacem. de M. Gœtzmann, démissionnaire.)
10ᵉ   —   *Maison-Carrée.*   Colonel FOURCHAULT. (Élu le 12 novembre 1882 en remplacement de M. Arlès-Dufour, démissionnaire.)
11ᵉ   —   *Arba* . . . .   MONGELLAS (Eugène), propriétaire.
12ᵉ   —   *Dellys* . . . .   BOURLIER, maire de Sᵗ-Pierre-Sᵗ-Paul.
13ᵉ   —   *Bordj-Ménaïel.*   RAUZIÈRES, médecin de colonisation.
14ᵉ   —   *Aumale* . . . .   VALÉRY BLANC, propriétaire.
15ᵉ   —   *Blida* . . . .   LOCQUET, propriétaire.
16ᵉ   —   *Boufarik* . . . . .   BOUTEMAILLE, propriétaire.
17ᵉ   —   *Koléa* . . . .   MAUGUIN, député.

| 18ᵉ Circ. | Mouzaïaville.. | MM. | Lapérouse, maire de la Chiffa. |

18ᵉ Circ. *Mouzaïaville*.. MM. Lapérouse, maire de la Chiffa.
19ᵉ — *Marengo*...... Docteur Garny.
20ᵉ — *Cherchell*..... Lafitte, maire de Cherchell.
21ᵉ — *Miliana*...... Pichon, propriétaire.
22ᵉ — *Orléansville*... Lubac, géomètre. (Élu le 6 septembre 1882, en remplacement de M. Sarda, démissionnaire.)
23 — *Affreville*..... Marchal (Charles), rédacteur en chef du *Petit Colon*.
24 — *Ténès*......... Fourrier, avocat-défenseur. (Élu le 19 mars 1882, en remplacement de M. Nérat de Lesguisé, décédé.)
25 — *Médéa*........ Lépiney, avocat.
26 — *Boghari*...... Vignard, négociant.
27 — *Tizi-Ouzou*... Obitz (Georges).

NOTICES ET TABLEAUX CONCERNANT LA CRÉATION DES 28ᵉ, 29ᵉ ET 30ᵉ CIRCONSCRIPTIONS

Par décret du 18 août 1883, le nombre des circonscriptions du Conseil Général du département d'Alger a été porté de 27 à 30.

La répartition des circonscriptions a été fixée comme suit par arrêté de M. le Gouverneur Général en date 23 août 1883 :

N° D'ORDRE DES CIRCONSCRIPTIONS	CHEFS-LIEUX	COMPOSITION TERRITORIALE DES CIRCONSCRIPTIONS
1	Alger.........	Première partie du canton nord et faubourg Bab-el-Oued. A partir de la porte de France, rue de la Marine (côté nord) jusqu'à sa rencontre avec la rue Bab-el-Oued, au coin de l'hôtel de la Régence; rue Bab-el-Oued, sur les deux côtés, jusqu'à la place Bab-el-Oued ; enceinte du Lycée ; boulevard et rampe Valée ; faubourg Bab-el-Oued, cité Bugeaud comprise, jusqu'à la mer.
2	Alger.........	Deuxième partie du canton nord.
3	Alger.........	Première partie du canton sud *intra muros*. Rue de la Marine (côté sud); place du Gouvernement jusqu'à la rentrée de la rue Vialar ; rue Vialar (côté sud) jusqu'à sa rencontre avec la rue de la Lyre ; rue de la Lyre jusqu'à sa rencontre avec la rue Porte-Neuve ; rue Porte-Neuve jusqu'aux anciens remparts ; de ceux-ci à la rue du Centaure ; place de la Lyre ; descente de l'escalier monumental du Théâtre ; rue Corneille ; place Bresson jusqu'à l'escalier qui conduit à la mer.
4	Alger.........	Deuxième partie du canton sud.
5	Mustapha.....	Communes de plein exercice de Mustapha et d'El-Biar.
6	Saint-Eugène..	Communes de plein exercice de Saint-Eugène et de la Bouzaréa.
7	Chéragas......	Communes de plein exercice de Chéragas, Guyotville, Dély-Ibrahim, El-Achour et Draria.
8	Hussein-Dey...	Communes de plein exercice d'Hussein-Dey, Birkadem, Birmandreïs, Kouba.
9	Douéra........	Communes de plein exercice de Douéra, Baba-Hassen, Crescia, Mahelma.

N° D'ORDRE DES CIRCONSCRIPTIONS	CHEFS-LIEUX	COMPOSITION TERRITORIALE DES CIRCONSCRIPTIONS
10	Maison-Carrée.	Communes de plein exercice de Maison-Carrée, Aïn-Taya, Fort-de-l'Eau, Maison-Blanche, Rouïba, Réghaïa.
11	Arba	Communes de plein exercice de l'Arba, Rivet, Rovigo, Sidi-Moussa.
12	Dellys	Communes de plein exercice de Dellys, Bois-Sacré ; commune mixte de Dellys.
13	Bordj-Ménaïel..	Communes de plein exercice de Bordj-Ménaïel, Isserville, Dra-el-Mizan, Palestro, Blad-Guitoun (village de Zamouri, fermes d'Isserbourg et douar d'Isser-el-Ouidan) ; communes mixtes de Dra-el-Mizan et Palestro.
14	Aumale.......	Commune de plein exercice d'Aumale ; commune mixte d'Aumale ; commune indigène d'Aumale ; commune mixte de Bou-Saâda ; commune indigène de Bou-Saâda.
15	Blida	Communes de plein exercice de Blida, Beni-Méred.
16	Boufarik......	Communes de plein exercice de Boufarik, Birtouta, Chebli, Souma.
17	Koléa........	Communes de plein exercice de Koléa, Castiglione, Attatba.
18	Mouzaïaville...	Communes de plein exercice de Mouzaïaville, El-Affroun, la Chiffa, Oued-el-Alleug.
19	Marengo......	Communes de plein exercice de Marengo, Bourkika, Bou-Medfa, Vesoul-Benian, Ameur-el-Aïn ; commune mixte d'Hammam-Righa (centre de population européenne de Meurad, douar de Sahel, douars d'Oued-Sebt, El-Hammam et Beni-Méril, centre de population d'Hammam-Righa).
20	Cherchell.....	Communes de plein exercice de Cherchell, Gouraya ; commune mixte de Gouraya.
21	Miliana	Commune de plein exercice de Miliana ; commune mixte d'Hammam-Righa (village d'Oued-Zeboudj, fermes d'Adélia, douars de Bou-Hallouan, Adélia, Zaccar et Bou-Mad.)

N° D'ORDRE DES CIRCONSCRIPTIONS	CHEFS-LIEUX	COMPOSITION TERRITORIALE DES CIRCONSCRIPTIONS
22	Orléansville...	Commune de plein exercice d'Orléansville.
23	Affreville......	Communes de plein exercice d'Affreville, Aïn-Sultan, Duperré, Teniet-el-Haâd, Saint-Cyprien-des-Attafs, Lavarande ; communes mixtes des Braz, Djendel, Teniet-el-Haâd.
24	Ténès........	Communes de plein exercice de Ténès, Montenotte ; commune mixte de Ténès.
25	Médéa.......	Communes de plein exercice de Médéa, Berrouaghia ; communes mixtes de Ben-Chicao, Berrouaghia.
26	Boghari......	Communes de plein exercice de Boghari, Boghar ; commune mixte de Boghari ; commune indigène de Boghar ; communes mixte et indigène de Djelfa ; communes mixte et indigène de Laghouat.
27	Tizi-Ouzou....	Communes de plein exercice de Tizi-Ouzou, Fort-National ; communes mixtes des Issers, Djurdjura, Haut-Sebaou, Fort-National, Azeffoun.
28	Bouïra.......	Communes de plein exercice de Bouïra, Bir-Rabalou ; communes mixtes de Beni-Mansour, Aïn-Bessem, Tablat.
29	Alma........	Communes de plein exercice de l'Alma, Fondouk et le douar d'Arbatache, Saint-Pierre-Saint-Paul et le douar de Bou-Zegza, Ménerville, Blad-Guitoun (centres de Blad-Guitoun et de Zaâtra).
30	Oued-Fodda...	Commune de plein exercice d'Oued-Fodda ; communes mixtes d'Oued-Fodda, Malakoff, Aïn-Merane, Ouarsenis.

Le nombre des circonscriptions du Conseil Général d'Alger est demeuré fixé à 30 jusqu'à ce jour ; leur composition actuelle est reproduite ci-après, observation faite que depuis l'année 1886 le numéro d'ordre des circonscriptions d'Affreville et d'Orléansville a été interverti ; que la 5e circonscription est rattachée à Alger depuis la suppression de la commune de Mustapha (décret du 10 avril 1904) ; et que de 1901 à 1904 la circonscription de l'Alma, qui avait le n° 29, a pris le n° 11, entraînant ainsi le changement du numéro des circonscriptions de l'Arba, Dellys, Bordj-Ménaïel, Aumale, Blida, Boufarik, Koléa, Mouzaïaville, Marengo, Cherchell, Miliana, Affreville, Orléansville, Ténès, Médéa, Boghari, Tizi-Ouzou et Bouïra, qui ont pris respectivement les nᵒˢ 12, 13, 14, 15, 16, 17, 18, 19, 20, 21, 22, 23, 24, 25, 26, 27, 28 et 29 (l'ordre des numéros a été rétabli dès 1904).

Nᵒ D'ORDRE DES CIRCONSCRIPTIONS	CHEFS-LIEUX	COMPOSITION TERRITORIALE DES CIRCONSCRIPTIONS
1	Alger.........	A partir de la porte de France, rue de la Marine (côté nord), jusqu'à sa rencontre avec la rue Bab-el-Oued au coin de l'hôtel de la Régence ; rue Bab-el-Oued sur les deux côtés jusqu'à la place Bab-el-Oued, enceinte du Lycée ; boulevard et rampe Valée ; faubourg Bab-el-Oued, cité Bugeaud comprise, jusqu'à la mer ; Ermitage et village Guerret-Victor.
2	Alger.........	Circonscription limitée par la rue Bab-el-Oued exclusivement, la rue de la Fonderie inclusivement, le boulevard Valée, le chemin de grande communication nᵒ 12 d'Alger à Douéra (côté nord), jusqu'à la Caserne d'Orléans, tournants Rovigo (partie nord) jusqu'à l'ancienne Porte Neuve ; la rue Porte-Neuve exclusivement, jusqu'à sa rencontre avec la rue de la Lyre et la rue Vialar (côté nord).
3	Alger.........	Rue de la Marine (côté sud) ; place du Gouvernement jusqu'à l'entrée de la rue Vialar ; rue Vialar (côté sud) jusqu'à sa rencontre avec la rue de la Lyre ; rue de la Lyre, sur les deux côtés, jusqu'à sa rencontre avec la rue Porte-Neuve ; rue Porte-Neuve jusqu'aux anciens remparts ; de ceux-ci au boulevard Gambetta ; place de la Lyre ; descente de l'escalier du Théâtre ; rue Corneille ; place Bresson jusqu'à l'escalier qui conduit à la mer.
4	Alger.........	Circonscription limitée à l'ouest par le chemin de grande communication nᵒ 12 d'Alger à Douéra (côté sud) ; tournants Rovigo (partie sud) jusqu'à l'ancienne Porte Neuve ; la rue du Rempart-Médée jusqu'à la place de la Lyre, une ligne droite partant de l'axe de l'escalier monumental, traversant le théâtre et le square, jusqu'au boulevard et toute la partie sud

8

N° D'ORDRE DES CIRCONSCRIPTIONS	CHEFS-LIEUX	COMPOSITION TERRITORIALE DES CIRCONSCRIPTIONS
		du boulevard jusqu'au Lazaret; avenue de la gare de l'Agha (partie droite); rue Charras (partie droite); chemin des Sciences (partie droite); ravin des Sept-Merveilles (partie droite).
5	Alger........	1° Partie de la commune d'Alger, limitée par l'avenue de la gare de l'Agha (partie gauche); la rue Charras (partie gauche); le chemin des Sciences (partie gauche); limites des communes d'El-Biar, de Birmandreïs, de Kouba et d'Hussein-Dey; 2° Commune d'El-Biar.
6	Saint-Eugène..	Communes de plein exercice de Saint-Eugène et de la Bouzaréa.
7	Chéragas	Communes de plein exercice de Chéragas, Staouéli, Zéralda, Guyotville, Dély-Ibrahim, Ouled-Fayet, Draria et El-Achour.
8	Hussein-Dey ..	Communes de plein exercice d'Hussein-Dey, Birkadem, Birmandreïs, Kouba et Saoula.
9	Douéra	Communes de plein exercice de Douéra, Baba-Hassen, Crescia, Mahelma et Saint-Ferdinand.
10	Maison-Carrée.	Communes de plein exercice de Maison-Carrée, Aïn-Taya, Fort-de-l'Eau, Maison-Blanche, Rouïba et Réghaïa.
11	Arba........	Communes de plein exercice de l'Arba, Rivet, Rovigo et Sidi-Moussa; commune mixte de Tablat.
12	Dellys	Communes de plein exercice de Dellys, Abbo et Rebeval; commune mixte de la Mizrana.
13	Bordj-Ménaïel..	Communes de plein exercice de Bordj-Ménaïel, Isserville, Dra-el-Mizan, Haussonvillers, Palestro et Tizi-Reniff; communes mixtes de Dra-el-Mizan et Palestro.
14	Aumale.......	Commune de plein exercice d'Aumale; communes mixtes d'Aumale, Sidi-Aïssa et Bou-Saâda.
15	Blida........	Communes de plein exercice de Blida et Beni-Méred.

N° D'ORDRE DES CIRCONSCRIPTIONS	CHEFS-LIEUX	COMPOSITION TERRITORIALE DES CIRCONSCRIPTIONS
16	Boufarik......	Communes de plein exercice de Boufarik, Birtouta, Chebli, Souma et Bouïnan.
17	Koléa........	Communes de plein exercice de Koléa, Castiglione, Attatba, Fouka, Bérard, Téfeschoun et Douaouda.
18	Mouzaïaville...	Communes de plein exercice de Mouzaïaville, El-Affroun, la Chiffa et Oued-el-Alleug.
19	Marengo......	Communes de plein exercice de Marengo, Tipaza, Meurad, Bourkika et Ameur-el-Aïn.
20	Cherchell.....	Communes de plein exercice de Cherchell, Gouraya et Novi ; commune mixte de Gouraya.
21	Miliana.......	Communes de plein exercice de Miliana, Bou-Medfa et Vesoul-Benian ; commune mixte des Braz (Hammam-Rhira, fermes de Bou-Hallouane, Margueritte, Levacher et fermes du douar Zaccar, Changarnier, Adélia, fermes du douar Bou-Mad, douar et fermes Zaccar, douar El-Hammam et fermes) ; commune mixte du Djendel (Oued-Djer douar et fermes, Oued-Sebt douar et fermes).
22	Affreville.....	Communes de plein exercice d'Affreville, Aïn-Sultan, Duperré, Teniet-el-Haâd, Rouïna, Lavarande, Littré et Kherba ; commune mixte des Braz (moins la partie provenant de l'ancienne commune mixte d'Hammam-Righa); commune mixte du Djendel (moins la partie provenant de l'ancienne commune mixte d'Hammam-Righa); communes mixtes de Téniet-el-Haâd et du Sersou.
23	Orléansville...	Commune de plein exercice d'Orléansville.
24	Ténès........	Communes de plein exercice de Ténès, Montenotte et Cavaignac ; commune mixte de Ténès.
25	Médéa........	Communes de plein exercice de Médéa, Damiette, Lodi et Berrouaghia ; commune mixte de Berrouaghia.

N° D'ORDRE DES CIRCONSCRIPTIONS	CHEFS-LIEUX	COMPOSITION TERRITORIALE DES CIRCONSCRIPTIONS
26	Boghari.......	Communes de plein exercice de Boghari et Boghar ; communes mixtes de Boghari, Aïn-Boucif et Chellala.
27	Tizi-Ouzou	Communes de plein exercice de Tizi-Ouzou, Fort-National, Mekla, Mirabeau et Camp-du-Maréchal ; communes mixtes du Djurdjura, Haut-Sebaou, Fort-National et Azeffoun.
28	Bouïra........	Communes de plein exercice de Bouïra, Aïn-Bessem et Bir-Rabalou ; communes mixtes de Beni-Mansour et Aïn-Bessem.
29	Alma.........	Communes de plein exercice de l'Alma, Fondouck, Arbatache, Saint-Pierre-Saint-Paul, Ménerville, Félix-Faure et Courbet.
30	Oued-Fodda ...	Communes de plein exercice d'Oued-Fodda, Charon, Carnot et les Attafs ; commune mixte du Chélif.

LISTE DES CONSEILLERS GÉNÉRAUX FRANÇAIS

DE 1883 A NOS JOURS

ANNÉE 1883

1re Circ.	*Alger*	MM.	SAMARY (Paul), ingénieur-architecte.
2e	—	—	AUMERAT, rédacteur de la *Solidarité*.

Élu en remplacement de M. le Dr Feuillet, le 23 septembre, en 2e tour de scrutin.

3e	—	—	ALPHANDÉRY (Alfred), banquier.
4e	—	—	Docteur TROLARD.

Élu en remplacement de M. Trech, le 23 septembre, en 2e tour de scrutin.

5e	— *Mustapha*	BRU, maire de Mustapha.
6e	— *Saint-Eugène*..	ROBE (Eugène), avocat.

Réélu en 1er tour de scrutin, le 16 septembre.

7e	—' *Chéragas*	FÉRAUD (Henri), entrepreneur de travaux publics.
8e	— *Hussein-Dey* ..	LEROUX, rédacteur de la *Solidarité*.

Réélu en 1er tour de scrutin, le 16 septembre.

9e	— *Douéra*	STOTZ, propriétaire.
10e	— *Maison-Carrée*.	PANCHIONI, architecte.

Élu en remplacement de M. le Colonel Fourchault, le 23 septembre, en 2e tour de scrutin.

11e	— *Arba*	MONGELLAS (Eugène), propriétaire.
12e	— *Dellys*	BOURLIER, maire de St-Pierre-St-Paul.

Réélu en 1er tour de scrutin, le 16 septembre.

13e	— *Bordj-Ménaïel*.	Docteur RAUZIÈRES, médecin de colonisation.
14e	— *Aumale*	SAPOR, maire d'Aumale.

Élu en remplacement de M. Valéry Blanc, le 16 septembre, en 1er tour de scrutin.

15e	— *Blida*	LOCQUET, propriétaire.
16e	— *Boufarik*	BORÉLY LA SAPIE, maire de Boufarik.

Élu en remplacement de M. Boutemaille, le 23 septembre, en 2e tour de scrutin.

17e	— *Koléa*	MAUGUIN, député.
18e	— *Mouzaïaville*..	HOUBÉ (Charles) père, propriétaire.

Élu en remplacement de M. Lapérouse, le 16 septembre, en 1er tour de scrutin.

19e	— *Marengo*......	Docteur GARNY.

20ᵉ Circ. *Cherchell* ..... MM. BARNAUD, maire de Cherchell.
Élu en remplacement de M. Lafitte, le 16 septembre, en 1ᵉʳ tour de scrutin.

21ᵉ — *Miliana* .... PICHON, propriétaire.

22ᵉ — *Affreville* ..... MARCHAL (Charles), rédacteur en chef du *Petit Colon.*
Réélu le 16 septembre 1883.

23ᵉ — *Orléansville*... FOURRIER, avocat-défenseur.
Élu en remplacement de M. Lubac, démissionnaire, le 16 septembre, en 1ᵉʳ tour de scrutin.

24ᵉ — *Ténès* .... PAIGNON, maire de Ténès.
Élu en remplacement de M. Fourrier, le 16 septembre 1883.

25ᵉ — *Médéa* .... LÉPINEY, avocat.

26ᵉ — *Boghari* ...... ALLAN, rédacteur en chef de la *Vigie Algérienne.*
Élu en remplacement de M. Vignard, le 23 septembre, en 2ᵉ tour de scrutin.

27ᵉ — *Tizi-Ouzou* ... ORTZ (Georges), propriétaire.

28ᵉ — *Bouïra* ...... GOBEL, directeur de la Colonie pénitentiaire de M'Zéra.
Élu, en 2ᵉ tour de scrutin, le 23 septembre.

29ᵉ — *Alma* .... WAGNER, maire de l'Alma.
Élu, en 2ᵉ tour de scrutin, le 23 septembre.

30ᵉ — *Oued-Fodda* .. KOZIELL, sous-ingénieur à la Compagnie des Chemins de fer P.-L.-M.
Élu, en 1ᵉʳ tour de scrutin, le 16 septembre.

ANNÉE 1884

1ʳᵉ Circ. *Alger.* .... MM. SAMARY (Paul), ingénieur-architecte.

2ᵉ — AUMERAT, rédacteur de la *Solidarité.*

3ᵉ — ALPHANDÉRY (Alfred), banquier.

4ᵉ — Docteur TROLARD.

5ᵉ — *Mustapha* .... Docteur MARTIN.
Élu en remplacement de M. Bru, décédé.

6ᵉ — *Saint-Eugène* .. ROBE (Eugène), avocat.

7ᵉ — *Chéragas* ..... FÉRAUD (Henri), entrepreneur de travaux publics.

8ᵉ — *Hussein-Dey* .. LEROUX, rédacteur de la *Solidarité.*

9ᵉ — *Douéra* .... STOTZ, propriétaire.

10ᵉ — *Maison-Carrée.* ALTAIRAC (Frédéric) père, manufacturier.
Élu en remplacement de M. Panchioni, invalidé, le 6 avril 1884.

11ᵉ — *Arba.* .... MONGELLAS (Eugène), propriétaire.

12ᵉ — *Dellys* .... BOURLIER, maire de Sᵗ-Pierre-Sᵗ-Paul.

13ᵉ Circ.	Bordj-Ménaïel.	MM.	Docteur RAUZIÈRES, médecin de colonisation.
14ᵉ	Aumale		SAPOR, maire d'Aumale.
15ᵉ	Blida		LOCQUET, propriétaire.
16ᵉ	Boufarik		BORÉLY LA SAPIE, maire de Boufarik.
17ᵉ	Koléa		MAUGUIN, député.
18ᵉ	Mouzaïaville		HOUBÉ (Charles) père, propriétaire.
19ᵉ	Marengo		Docteur GARNY.
20ᵉ	Cherchell		BARNAUD, maire de Cherchell.
21ᵉ	Miliana		POURAILLY, maire de Miliana.

Élu en remplacement de M. Pichon, décédé.

22ᵉ	Affreville		MARCHAL (Charles), rédacteur en chef du *Petit Colon*.
23ᵉ	Orléansville		FOURRIER, avocat-défenseur.
24ᵉ	Ténès		PAIGNON, maire de Ténès.
25ᵉ	Médéa		LÉPINEY, avocat.
26ᵉ	Boghari		ALLAN, rédacteur en chef de la *Vigie Algérienne*.
27ᵉ	Tizi-Ouzou		OBITZ (Georges), propriétaire.
28ᵉ	Bouïra		GOBEL, directeur de la Colonie pénitentiaire de M'Zéra.
29ᵉ	Alma		WAGNER, maire de l'Alma.
30ᵉ	Oued-Fodda		KOZIELL, sous-ingénieur à la Compagnie des Chemins de fer P.-L.-M.

ANNÉE 1885

1ʳᵉ Circ.	Alger	MM.	SAMARY (Paul), ingénieur-architecte.
2ᵉ	—		AUMERAT, rédacteur en chef de la *Dépêche Algérienne*.
3ᵉ	—		ALPHANDÉRY (Alfred), banquier.
4ᵉ	—		Docteur TROLARD.
5ᵉ	Mustapha		Docteur MARTIN.
6ᵉ	Saint-Eugène		ROBE (Eugène), avocat.
7ᵉ	Chéragas		FÉRAUD (Henri), entrepreneur de travaux publics.
8ᵉ	Hussein-Dey		LEROUX, publiciste.
9ᵉ	Douéra		STOTZ, maire de Crescia.
10ᵉ	Maison-Carrée		ALTAIRAC (Frédéric) père, manufacturier.
11ᵉ	Arba		MONGELLAS (Eugène), propriétaire.
12ᵉ	Dellys		BOURLIER, maire de Sᵗ-Pierre-Sᵗ-Paul.
13ᵉ	Bordj-Ménaïel.		Docteur RAUZIÈRES, médecin de colonisation.

14ᵉ Circ. *Aumale*....... MM. SAPOR, maire d'Aumale.
15ᵉ — *Blida*........ LOCQUET, propriétaire.
16ᵉ — *Boufarik*..... BORÉLY LA SAPIE, propriétaire.
17ᵉ — *Koléa*........ MAUGUIN, sénateur.
18ᵉ — *Mouzaïaville*.. HOUBÉ (Charles) père, maire de la Chiffa.
19ᵉ — *Marengo*...... Docteur GARNY.
20ᵉ — *Cherchell*..... BARNAUD, maire de Cherchell.
21ᵉ — *Miliana*...... POURAILLY, maire de Miliana.
22ᵉ — *Affreville*..... MARCHAL (Charles), rédacteur en chef du *Petit Golon*.
23ᵉ — *Orléansville*... FOURRIER, maire d'Orléansville.
24ᵉ — *Ténès*......... PAIGNON, maire de Ténès.
25ᵉ — *Médéa*........ Colonel FALLET.
  Élu en remplacement de M. Lépiney, démissionnaire.
26ᵉ — *Boghari*...... ALLAN, rédacteur en chef de la *Vigie Algérienne.*
27ᵉ — *Tizi-Ouzou*... OBITZ (Georges), propriétaire.
28ᵉ — *Bouïra*....... GOBEL, directeur de la Colonie pénitentiaire de M'Zéra.
29ᵉ — *Alma*........ WAGNER, maire de l'Alma.
30ᵉ — *Oued-Fodda*.. KOZIELL, sous-ingénieur à la Compagnie des Chemins de fer P.-L.-M.

ANNÉE 1886

1ʳᵉ Circ. *Alger*......... MM. SAMARY (Paul), ingénieur-architecte.
  Réélu le 19 septembre 1886, en 1ᵉʳ tour de scrutin.
2ᵉ — — AUMERAT, rédacteur en chef de la *Dépêche Algérienne.*
3ᵉ — — ALPHANDÉRY (Alfred), banquier.
  Réélu le 19 septembre 1886, en 1ᵉʳ tour de scrutin.
4ᵉ — — Docteur TROLARD.
5ᵉ — *Mustapha*..... MANTOUT (Prosper), propriétaire.
  Élu en remplacement de M. Martin, le 19 septembre 1886, en 1ᵉʳ tour de scrutin.
6ᵉ — *Saint-Eugène*.. ROBE (Eugène), avocat.
7ᵉ — *Chéragas*..... HUNEBELLE, propriétaire.
  Élu en remplacement de M. Féraud, le 19 septembre 1886, en 1ᵉʳ tour de scrutin.
8ᵉ — *Hussein-Dey*.. LEROUX, publiciste.
9ᵉ — *Douéra*....... STOTZ, maire de Crescia.
  Réélu le 19 septembre 1886, en 1ᵉʳ tour de scrutin.

10ᵉ Circ. *Maison-Carrée.* MM. ALTAIRAC (Frédéric) père, manufacturier.

11ᵉ — *Arba* .... DELAMARE, ingénieur, directeur des
Mines de Sakamody.
Élu en remplacement de M. Mongellas, le
19 septembre 1886, en 1ᵉʳ tour de scrutin.

12ᵉ — *Dellys* .... BOURLIER, député.

13ᵉ — *Bordj-Ménaïel.* BROUSSAIS (Emile), avocat.
Élu en remplacement de M. Rauzières, le
19 septembre 1886, en 1ᵉʳ tour de scrutin.

14ᵉ — *Aumale* ...... SAPOR, maire d'Aumale.

15ᵉ — *Blida* .... N...
M. Mauguin, élu dans les 15ᵉ et 17ᵉ circonscriptions, a opté pour la 17ᵉ.

16ᵉ — *Boufarik* ..... BORÉLY LA SAPIE, propriétaire.

17ᵉ — *Koléa* .... MAUGUIN, sénateur.
Réélu le 19 septembre 1886, en 1ᵉʳ tour de
scrutin.

18ᵉ — *Mouzaïaville..* HOUBÉ (Charles) père, maire de la
Chiffa.

19ᵉ — *Marengo......* Docteur GARNY.
Réélu le 19 septembre 1886, en 1ᵉʳ tour de
scrutin.

20ᵉ — *Cherchell.....* BARNAUD, maire de Cherchell.

21ᵉ — *Miliana......* POURAILLY, maire de Miliana.
Réélu le 19 septembre 1886, en 1ᵉʳ tour de
scrutin.

22ᵉ — *Affreville.....* MARCHAL (Charles), rédacteur en
chef du *Petit Colon.*
Réélu le 19 septembre 1886, en 1ᵉʳ tour de
scrutin.

23ᵉ — *Orléansville...* FOURRIER, maire d'Orléansville.

24ᵉ — *Ténès* .... PAIGNON, maire de Ténès.

25ᵉ — *Médéa........* Colonel FALLET.
Réélu le 19 septembre 1886, en 1ᵉʳ tour de
scrutin.

26ᵉ — *Boghari......* ALLAN, rédacteur en chef de la
Vigie Algérienne.

27ᵉ — *Tizi-Ouzou...* DE REDON (Eugène), ingénieur civil.
Élu en remplacement de M. Obitz, le 26
septembre 1886, en 2ᵉ tour de scrutin.

28ᵉ — *Bouïra.......* GOBEL, directeur de la Colonie pénitentiaire de M'Zéra, maire de la
Réghaïa.

29ᵉ — *Alma........* WAGNER, maire de l'Alma.
Réélu le 19 septembre 1886, en 1ᵉʳ tour de
scrutin.

30ᵉ — *Oued-Fodda..* KOZIELL, sous-ingénieur à la Compagnie des Chemins de fer P.-L.-M.

Année 1887

1re Circ.	Alger.........	MM.	Samary (Paul), ingénieur-architecte.
2e	—	—	Aumerat, rédacteur en chef de la *Dépêche Algérienne*.
3e	—	—	Alphandéry (Alfred), banquier.
4e	—	—	Docteur Troland.
5e	—	Mustapha......	Mantout (Prosper), propriétaire.
6e	—	Saint-Eugène .	Robe (Eugène), avocat.
7e	—	Chéragas.....	Hunebelle, propriétaire.
8e	—	Hussein-Dey ..	Leroux, publiciste.
9e	—	Douéra.......	Stotz, maire de Crescia. Invalidé en 1886 ; réélu le 3 avril 1887.
10e	—	Maison-Carrée.	Altairac (Frédéric) fils, manufac-turier. Élu en remplacement de son père, décédé, le 3 avril 1887.
11e	—	Arba.........	Delamare, ingénieur, directeur des Mines de Sakamody.
12e	—	Dellys........	Bourlier, député.
13e	—	Bordj-Ménaïel.	Broussais (Emile), avocat.
14e	—	Aumale......	Sapor, maire d'Aumale.
15e	—	Blida........	Combredet, propriétaire.
16e	—	Boufarik.....	Borély la Sapie, propriétaire.
17e	—	Koléa........	Mauguin, sénateur.
18e	—	Mouzaïaville..	Houré (Charles) père, maire de la Chiffa.
19e	—	Marengo......	Docteur Garny.
20e	—	Cherchell	Barnaud, maire de Cherchell.
21e	—	Miliana......	Pourailly, maire de Miliana.
22e	—	Affreville.....	Marchal (Charles), rédacteur en chef du *Petit Colon*.
23e	—	Orléansville...	Fournier, maire d'Orléansville.
24e	—	Ténès	Paignon, maire de Ténès.
25e	—	Médéa........	Colonel Fallet.
26e	—	Boghari......	Allan, rédacteur en chef de la *Vigie Algérienne*.
27e	—	Tizi-Ouzou ...	de Redon (Eugène), ingénieur civil.
28e	—	Bouïra.......	Gobel, directeur de la Colonie péni-tentiaire de M'Zéra, maire de la Réghaïa.
29e	—	Alma........	Wagner, maire de l'Alma.
30e	—	Oued-Fodda ..	Koziell, sous-ingénieur à la Compa-gnie des Chemins de fer P.-L.-M.

Année 1888

1ʳ Circ.	*Alger*	MM.	Samary (Paul), ingénieur-architecte.
2ᵉ	—		Aumerat, rédacteur en chef de la *Dépêche Algérienne*.
3ᵉ	—		Alphandéry (Alfred), banquier.
4ᵉ	—		Docteur Trolard.
5ᵉ	*Mustapha*		Mantout (Prosper), propriétaire.
6ᵉ	*Saint-Eugène* .		Robe (Eugène), avocat.
7ᵉ	*Chéragas*		Hunerelle, propriétaire.
8ᵉ	*Husscin-Dey* ...		Leroux, publiciste.
9ᵉ	*Douéra*		Stotz, maire de Crescia.
10ᵉ	*Maison-Carrée.*		Altairac (Frédéric) fils, manufacturier.
11ᵉ	*Arba*		Delamare, ingénieur, directeur des Mines de Sakamody.
12ᵉ	*Dellys*		Bourlier, député.
13ᵉ	*Bordj-Ménaïel.*		Broussais (Émile), avocat.
14ᵉ	*Aumale..*		Sapor, maire d'Aumale.
15ᵉ	*Blida*		Combredet, propriétaire.
16ᵉ	*Boufarik*		Borély la Sapie, propriétaire.
17ᵉ	*Koléa*		Mauguin, sénateur.
18ᵉ	*Mouzaïaville.*		Houbé (Charles) père, maire de la Chiffa.
19ᵉ	*Marengo......*		Docteur Garny.
20ᵉ	*Cherchell*		Barnaud, maire de Cherchell.
21ᵉ	*Miliana*		Pourailly, maire de Miliana.
22ᵉ	*Affreville*		Marchal (Charles), rédacteur en chef du *Petit Colon*.
23ᵉ	*Orléansville...*		Fourrier, maire d'Orléansville.
24ᵉ	*Ténès*		Paignon, maire de Ténès.
25ᵉ	*Médéa........*		Colonel Fallet.
26ᵉ	*Boghari......*		Allan, rédacteur en chef de la *Vigie Algérienne*.
27ᵉ	*Tizi-Ouzou ...*		de Rédon (Eugène), ingénieur civil.
28ᵉ	*Bouïra.......*		Gobel, directeur de la Colonie pénitentiaire de M'Zéra, maire de la Réghaïa.
29ᵉ	*Alma........*		Wagner, maire de l'Alma.
30ᵉ	*Oued-Fodda...*		Koziell, sous-ingénieur à la Compagnie des Chemins de fer P.-L.-M.

ANNÉE 1889

1re Circ. *Alger* .... MM. SAMARY (Paul), ingénieur-architecte.

2e — — AUMERAT, rédacteur en chef de la *Dépêche Algérienne.*
Réélu en 2e tour de scrutin, le 8 septembre 1889.

3e — — ALPHANDÉRY (Alfred), banquier.

4e — — Docteur TROLARD.
Réélu en 2e tour de scrutin, le 8 septembre 1889.

5e — *Mustapha* ..... MANTOUT (Prosper), propriétaire.

6e — *Saint-Eugène* .. ROBE (Eugène), avocat.
Réélu en 1er tour de scrutin, le 1er septembre 1889.

7e — *Chéragas* ..... HUNEBELLE, propriétaire.

8e — *Hussein-Dey* ... VIVAREZ (Mario), ingénieur civil.
Élu en remplacement de M. Leroux, le 8 septembre 1889, en 2e tour de scrutin.

9e — *Douéra* .... STOTZ, maire de Crescia.

10e — *Maison-Carrée.* ALTAIRAC (Frédéric) fils, manufacturier.
Réélu en 1er tour de scrutin, le 1er septembre 1889.

11e — *Arba* .... DELAMARE, ingénieur, directeur des Mines de Sakamody.

12e — *Dellys* .... CAYROL, maire de Dellys.
Élu en remplacement de M. Bourlier, le 1er septembre 1889, en 1er tour de scrutin.

13e — *Bordj-Ménaïel.* BROUSSAIS (Emile), avocat.

14e — *Aumale* .... SAPOR, maire d'Aumale.
Réélu en 1er tour de scrutin, le 1er septembre 1889.

15e — *Blida* .... COMBREDET, propriétaire.

16e — *Boufarik* ..... GROS, maire de Boufarik.
Élu en remplacement de M. Borély la Sapie, le 1er septembre 1889, en 1er tour de scrutin.

17e — *Koléa* .... MAUGUIN, sénateur.

18e — *Mouzaïaville* .. HOUBÉ (Charles) père, maire de la Chiffa.
Réélu en 2e tour de scrutin, le 8 septembre 1889.

19e — *Marengo* ...... Docteur GARNY.

20e — *Cherchell* .... BARNAUD, maire de Cherchell.
Réélu en 1er tour de scrutin, le 1er septembre 1889.

21e — *Miliana* ...... POURAILLY, maire de Miliana.

22e — *Affreville* .... JOURDAN, maire d'Affreville.
Élu en remplacement de M. Marchal, le 1er septembre 1889, en 1er tour de scrutin.

23e — *Orléansville* ... FOURRIER, maire d'Orléansville.

24ᵉ Circ. *Ténès* .... MM. Paignon, maire de Ténès.
Réélu en 2ᵉ tour de scrutin, le 8 septembre 1889.

25ᵉ — *Médéa*........ Colonel Fallet.

26ᵉ — *Boghari*...... Allan, rédacteur en chef de la *Vigie Algérienne*.
Réélu en 1ᵉʳ tour de scrutin, le 1ᵉʳ septembre 1889.

27ᵉ — *Tizi-Ouzou*... de Redon (Eugène), ingénieur civil.

28ᵉ — *Bouïra*...... Gobel, directeur de la Colonie pénitentiaire de M'Zéra, maire de la Réghaïa.
Réélu en 1ᵉʳ tour de scrutin, le 1ᵉʳ septembre 1889.

29ᵉ — *Alma*........ Wagner, maire de l'Alma.

30ᵉ — *Oued-Fodda*... Bourlier, député.
Élu en remplacement de M. Koziell, le 1ᵉʳ septembre 1889, en 1ᵉʳ tour de scrutin.

———

Année 1890

1ʳᵉ Circ. *Alger* .... MM. Samary (Paul), ingénieur-architecte.

2ᵉ — — Aumerat, rédacteur en chef de la *Dépêche Algérienne*.

3ᵉ — — Alphandéry (Alfred), banquier.

4ᵉ — — Docteur Trolard.

5ᵉ — *Mustapha*..... Mantout (Prosper), propriétaire.

6ᵉ — *Saint-Eugène*.. Robe (Eugène), avocat.

7ᵉ — *Chéragas*..... Hunebelle, propriétaire.

8ᵉ — *Hussein-Dey*.. Vivarez (Mario), ingénieur civil.

9ᵉ — *Douéra*....... Stotz, maire de Crescia.

10ᵉ — *Maison-Carrée*. Altairac (Frédéric) fils, manufacturier.

11ᵉ — *Arba*........ Delamare, ingénieur, directeur des Mines de Sakamody.

12ᵉ — *Dellys*........ Cayrol, maire de Dellys.

13ᵉ — *Bordj-Menaïel*. Broussais (Emile), avocat.

14ᵉ — *Aumale*....... Sapor, maire d'Aumale.

15ᵉ — *Blida*........ Combredet, propriétaire.

16ᵉ — *Boufarik*..... Gros, maire de Boufarik.

17ᵉ — *Koléa*........ Mauguin, sénateur.

18ᵉ — *Mouzaïaville*.. Houbé (Charles) père, maire de la Chiffa.

19ᵉ — *Marengo*...... Docteur Garny.

20ᵉ — *Cherchell*..... Barnaud, maire de Cherchell.

21ᵉ — *Miliana*...... Pourailly, maire de Miliana.

22e	Circ.	Affreville......	MM. JOURDAN, maire d'Affreville.
23e	—	Orléansville...	FOURRIER, maire d'Orléansville.
24e	—	Ténès	PAIGNON, maire de Ténès.
25e	—	Médéa........	Colonel FALLET.
26e	—	Boghari......	ALLAN, rédacteur en chef de la Vigie Algérienne.
27e	—	Tizi-Ouzou...	DE REDON (Eugène), ingénieur civil.
28e	—	Bouïra.......	GOBEL, directeur de la Colonie pénitentiaire de M'Zéra, maire de la Réghaïa.
29e	—	Alma........	WAGNER, maire de l'Alma.
30e	—	Oued-Fodda...	BOURLIER, député.

ANNÉE 1891

1re	Circ.	Alger........	MM. SAMARY (Paul), ingénieur-architecte.
2e	—	—	AUMERAT, rédacteur en chef de la Dépêche Algérienne.
3e	—	—	ALPHANDÉRY (Alfred), banquier.
4e	—	—	Docteur TROLARD.
5e	—	Mustapha.....	MANTOUT (Prosper), propriétaire.
6e	—	Saint-Eugène .	ROBE (Eugène), avocat.
7e	—	Chéragas	HUNEBELLE, maire de Staouéli.
8e	—	Hussein-Dey...	VIVAREZ (Mario), ingénieur civil.
9e	—	Douéra.......	STOTZ, propriétaire.
10e	—	Maison-Carrée.	ALTAIRAC (Frédéric) fils, manufacturier.
11e	—	Arba........	DELAMARE, ingénieur, directeur des Mines de Sakamody.
12e	—	Dellys.......	CAYROL, maire de Dellys.
13e	—	Bordj-Ménaïel.	BROUSSAIS (Emile), avocat.
14e	—	Aumale.......	SAPOR, maire d'Aumale.
15e	—	Blida	COMBREDET, propriétaire.
16e	—	Boufarik	GROS, maire de Boufarik.
17e	—	Koléa	MAUGUIN, sénateur.
18e	—	Mouzaïaville..	GAMERRE, propriétaire. Élu le 13 septembre 1891, en remplacement de M. Roubé, décédé le 17 juin 1891.
19e	—	Marengo......	Docteur GARNY.
20e	—	Cherchell.....	BARNAUD, maire de Cherchell.
21e	—	Miliana	POURAILLY, maire de Miliana.
22e	—	Affreville.....	JOURDAN, maire d'Affreville.
23e	—	Orléansville...	FOURRIER, maire d'Orléansville.
24e	—	Ténès	PAIGNON, maire de Ténès.

25ᵉ Circ. *Médéa*........ MM. Colonel FALLET.
26ᵉ — *Boghari*..... ALLAN, rédacteur en chef de la *Vigie Algérienne*.
27ᵉ — *Tizi-Ouzou*... DE REDON (Eugène), ingénieur civil.
28ᵉ — *Bouïra*....... GOBEL, directeur de la Colonie pénitentiaire de M'Zéra, maire de la Réghaïa.
29ᵉ — *Alma*........ WAGNER, maire de l'Alma.
30ᵉ — *Oued-Foulda*... BOURLIER, député.

ANNÉE 1892

1ʳᵉ Circ. *Alger*........ MM. SAMARY (Paul), ingénieur-architecte.
Réélu en 2ᵉ tour de scrutin, le 18 septembre 1892.

2ᵉ — — AUMERAT, rédacteur en chef de la *Dépêche Algérienne*.

3ᵉ — — MARCHAL (Charles), directeur du *Petit Colon*.
Élu en remplacement de M. Alphandéry, le 18 septembre 1892, en 2ᵉ tour de scrutin.

4ᵉ — — Docteur TROLARD, professeur à l'Ecole de Médecine.

5ᵉ — *Mustapha*.... Docteur GÉRENTE, propriétaire.
Élu en remplacement de M. Mautout, le 18 septembre 1892, en 2ᵉ tour de scrutin.

6ᵉ — *Saint-Eugène*. RORE (Eugène), avocat.

7ᵉ — *Chéragas*.... HUNEBELLE, maire de Staouéli.
Réélu en 1ʳ tour de scrutin, le 11 septembre 1892.

8ᵉ — *Hussein-Dey*.. VIVAREZ (Mario), ingénieur-civil.

9ᵉ — *Douéra*....... STOTZ, propriétaire.
Réélu en 1ʳ tour de scrutin, le 11 septembre 1892.

10ᵉ — *Maison-Carrée*. ALTAIRAC (Frédéric) fils, manufacturier.

11ᵉ — *Arba*........ DELAMARE, ingénieur, directeur des Mines de Sakamody.
Réélu en 1ʳ tour de scrutin, le 11 septembre 1892.

12ᵉ — *Dellys*........ JOUYNE, avocat.
Élu en remplacement de M. Cayrol, décédé, le 17 avril 1892.

13ᵉ — *Bordj-Ménaïel*. BROUSSAIS (Emile), avocat.
Réélu le 11 septembre 1892, en 1ʳ tour de scrutin.

14ᵉ — *Aumale*....... SAPOR, propriétaire.

15ᵉ — *Blida*........ Docteur MARCAILHOU D'AYMERIC.
Élu en remplacement de M. Combredet, le 11 septembre 1892, en 1ʳ tour de scrutin.

16ᵉ Circ. *Boufarik*..... MM. Gros, maire de Boufarik.

17ᵉ — *Koléa*........ . Faizant, maire de Koléa.
Élu en remplacement de M. Mauguin, le 18 septembre 1892, en 2ᵉ tour de scrutin.

18ᵉ — *Mouzaïaville*.. Gamerre, propriétaire.

19ᵉ — *Marengo*...... Mauguin, sénateur.
Élu en remplacement de M. Garny, le 11 septembre 1892, en 1ᵉʳ tour de scrutin.

20ᵉ — *Cherchell*..... Barnaud, maire de Cherchell.

21ᵉ — *Miliana*...... Pourailly, maire de Miliana.
Réélu en 1ᵉʳ tour de scrutin, le 11 septembre 1892.

22ᵉ — *Affreville*..... Fouque, maire d'Affreville.
Élu en remplacement de M. Jourdan, le 11 septembre 1892, en 1ᵉʳ tour de scrutin.

23ᵉ — *Orléansville*... Robert (Paul), banquier.
Élu en remplacement de M. Fourrier, le 11 septembre 1892, en 1ᵉʳ tour de scrutin.

24ᵉ — *Ténès* .... Paignon, maire de Ténès.

25ᵉ — *Médéa*........ Docteur Péan.
Élu en remplacement de M. Fallet, le 18 septembre 1892, en 2ᵉ tour de scrutin.

26ᵉ — *Boghari*...... Allan, rédacteur en chef de la *Vigie Algérienne*.

27ᵉ — *Tizi-Ouzou* ... de Redon (Eugène), ingénieur civil.
Réélu en 1ᵉʳ tour de scrutin, le 11 septembre 1892.

28ᵉ — *Bouïra*....... Paoli, maire de Bouïra.
Élu en remplacement de M. Gobel, démissionnaire, le 9 octobre 1892.

29ᵉ — *Alma* .... Gobel, directeur de la Colonie pénitentiaire de M'Zéra, maire de la Réghaïa.
Élu en remplacement de M. Wagner, le 11 septembre 1892, en 1ᵉʳ tour de scrutin.

30ᵉ — *Oued-Fodda*... Bourlier, député.

Année 1893

1ʳᵉ Circ. *Alger*........ MM. Samary (Paul), député.

2ᵉ — — Aumerat, publiciste.

3ᵉ — — Marchal (Charles), directeur du *Petit Colon*.

4ᵉ — — Docteur Trolard, professeur à l'École de Médecine.

5ᵉ — *Mustapha*..... Docteur Gérente, directeur honoraire des asiles publics d'aliénés.

6ᵉ — *Saint-Eugène*.. Robe (Eugène), avocat.

7ᵉ	Circ.	*Chéragas*	MM.	HUNEBELLE, propriétaire.
8ᵉ	—	*Hussein-Dey* ..		VIVAREZ (Mario), ingénieur civil.
9ᵉ	—	*Douéra*		STOTZ, maire de Crescia.
10ᵉ	—	*Maison-Carrée.*		ALTAIRAC (Frédéric) fils, manufacturier.
11ᵉ	—	*Arba*		DELAMARE, ingénieur, directeur des Mines de Sakamody.
12ᵉ	—	*Dellys*		JOUYNE, avocat.
13ᵉ	—	*Bordj-Ménaïel.*		BROUSSAIS (Emile), avocat.
14ᵉ	—	*Aumale*		N...

M. Sapor a été déclaré démissionnaire d'office (séance de 9 octobre 1893).

| 15ᵉ | — | *Blida* .... | | Docteur MARCAILHOU D'AYMERIC. |

Invalidé, réélu le 9 juillet 1893.

16ᵉ	—	*Boufarik*		GROS, maire de Boufarik.
17ᵉ	—	*Koléa*		FAIZANT, maire de Koléa.
18ᵉ	—	*Mouzaïaville..*		GAMERRE, maire de Mouzaïaville.
19ᵉ	—	*Marengo*		MAUGUIN, sénateur.
20ᵉ	—	*Cherchell*		BARNAUD, maire de Cherchell.
21ᵉ	—	*Miliana*		POURAILLY, propriétaire.
22ᵉ	—	*Affreville*		FOUQUE, maire d'Affreville.
23ᵉ	—	*Orléansville:* ..		ROBERT (Paul), banquier.
24ᵉ	—	*Ténès*		PAIGNON, maire de Ténès.
25ᵉ	—	*Médéa*		Docteur PÉAN.
26ᵉ	—	*Boghari*		ALLAN, rédacteur en chef de la *Vigie Algérienne.*
27ᵉ	—	*Tizi-Ouzou*		DE REDON (Eugène), ingénieur civil.
28ᵉ	—	*Bouïra*		PAOLI, maire de Bouïra.
29ᵉ	—	*Alma*		GOBEL, directeur de la Colonie pénitentiaire de M'Zéra, maire de la Réghaïa.
30ᵉ	—	*Oued-Fodda* ...		BOURLIER, député.

ANNÉE 1894

| 1ʳᵉ | Circ. | *Alger* .... | MM. | MERTZ, conseiller municipal d'Alger. |

Élu en remplacement de M. Samary, démissionnaire.

2	—	—		AUMERAT, publiciste.
3ᵉ	—	—		MARCHAL (Charles), directeur du *Petit Colon.*
4ᵉ	—	—		SERPAGGI, conseiller municipal d'Alger.

Élu en remplacement de M. Trolard, démissionnaire.

| 5ᵉ Circ. | Mustapha..... | MM. | Docteur Gérente, sénateur. |

5ᵉ Circ. *Mustapha.....* MM. Docteur Gérente, sénateur.
6ᵉ — *Saint-Eugène..* Robe (Eugène), avocat.
7ᵉ — *Chéragas .....* Docteur Bordo, maire de Chéragas.
    Élu en remplacement de M. Runebelle, démissionnaire.
8ᵉ — *Hussein-Dey ..* Vivarez (Mario), ingénieur civil.
9ᵉ — *Douéra.......* Stotz, maire de Crescia.
10ᵉ — *Maison-Carrée.* Altairac (Frédéric), fils, manufacturier.
11ᵉ — *Arba.... ...* Delamare, ingénieur, directeur des Mines de Sakamody.
12ᵉ — *Dellys ....* Jouyne, avocat.
13ᵉ — *Bordj-Ménaïel.* Broussais (Émile), avocat.
14ᵉ — *Aumale.......* Letellier, avocat défenseur.
    Élu en remplacement de M. Sapor.
15ᵉ — *Blida ....* Docteur Marcailhou d'Aymeric.
16ᵉ — *Boufarik.....* Gros, maire de Boufarik.
17ᵉ — *Koléa ....* Faizant, maire de Koléa.
18ᵉ — *Mouzaïaville..* Gamerre, maire de Mouzaïaville.
19ᵉ — *Marengo. ....* Mauguin, maire de Blida.
20ᵉ — *Cherchell .....* Barnaud, banquier.
21ᵉ — *Miliana ......* Pourailly, propriétaire.
22ᵉ — *Affreville .....* Fouque, maire d'Affreville.
23ᵉ — *Orléansville...* Robert (Paul), banquier.
24ᵉ — *Ténès ....* Paignon, maire de Ténès.
25ᵉ — *Médéa........* Docteur Péan.
26ᵉ — *Boghari......* Allan, rédacteur en chef de la *Vigie Algérienne.*
27ᵉ — *Tizi-Ouzou ...* De Redon (Eugène), ingénieur civil.
28ᵉ — *Bouïra.......* Gémy, maire de Bouïra.
    Élu en remplacement de M. Paoli, décédé le 1ᵉʳ décembre 1893.
29ᵉ — *Alma........* Gobel, maire de Réghaïa.
30ᵉ — *Oued-Fodda..* Bourlier, député.

Année 1895

1ʳᵉ Circ. *Alger.........* MM. Mertz, conseiller municipal d'Alger.
2ᵉ — —. Aumerat, publiciste.
    Réélu en 2ᵉ tour de scrutin, le 4 août 1895.
3ᵉ — — Marchal (Charles), directeur du *Petit Colon.*
4ᵉ — — Hannedouche, avocat.
    Élu en remplacement de M. Serpaggi, le 4 août 1895, en 2ᵉ tour de scrutin.

5ᵉ Circ. *Mustapha* .... MM. Docteur GÉRENTE, sénateur.

6ᵉ — *Saint-Eugène*.. LETELLIER, avocat-défenseur.
Élu en remplacement de M. Robe, le 28 juillet 1895, en 1ᵉʳ tour de scrutin.

7ᵉ — *Chéragas*..... Docteur BORDO, maire de Chéragas.

8ᵉ — *Hussein-Dey* .. SUSINI, avocat.
Élu en remplacement de M. Vivarez, le 28 juillet 1895, en 1ᵉʳ tour de scrutin.

9ᵉ — *Douéra*....... STOTZ, maire de Crescia.

10ᵉ — *Maison-Carrée*. ALTAIRAC (Frédéric) fils, manufacturier.
Réélu en 1ᵉʳ tour de scrutin, le 28 juillet 1895.

11ᵉ — *Arba*........ DELAMARE, ingénieur, directeur des Mines de Sakamody.

12ᵉ — *Dellys*........ JOUYNE, avocat.
Réélu en 1ᵉʳ tour de scrutin, le 28 juillet 1895.

13ᵉ — *Bordj-Ménaïel*. BROUSSAIS (Emile), avocat.

14ᵉ — *Aumale* ...... L'ADMIRAL, avocat.
Élu en remplacement de M. Letellier, le 28 juillet 1895, en 1ᵉʳ tour de scrutin.

15ᵉ — *Blida*........ Docteur MARCAILHOU D'AYMERIC.

16ᵉ — *Boufarik*..... GROS, maire de Boufarik.
Réélu en 1ᵉʳ tour de scrutin, le 28 juillet 1895.

17ᵉ — *Koléa*........ FAIZANT, maire de Koléa.

18ᵉ — *Mouzaïaville*.. GAMERRE, maire de Mouzaïaville.
Réélu en 1ᵉʳ tour de scrutin, le 28 juillet 1985.

19ᵉ — *Marengo*...... MAUGUIN, maire de Blida.

20ᵉ — *Cherchell*..... GUEIROUARD, propriétaire.
Élu en remplacement de M. Barnaud, le 28 juillet 1895, en 1ᵉʳ tour de scrutin.

21ᵉ — *Miliana*...... POURAILLY, maire de Miliana.

22ᵉ — *Affreville*....: BEGEY, propriétaire.
Élu en remplacement de M. Fouque, le 4 août 1895, en 2ᵉ tour de scrutin.

23ᵉ — *Orléansville*... ROBERT (Paul), banquier.

24ᵉ — *Ténès* .... LAUPRÈTRE, maire de Cavaignac.
Élu en remplacement de M. Paignon, le 28 juillet 1895, en 1ᵉʳ tour de scrutin.

25ᵉ — *Médéa*........ Docteur PÉAN.

26ᵉ — *Boghari*...... ALLAN, rédacteur en chef de la *Vigie Algérienne*.
Réélu le 28 juillet 1895, en 1ᵉʳ tour de scrutin.

27ᵉ — *Tizi-Ouzou* ... DE REDON (Eugène), ingénieur civil.

28ᵉ — *Bouïra*....... GÉMY, maire de Bouïra.
Réélu, en 1ᵉʳ tour de scrutin, le 28 juillet 1895.

29ᵉ — *Alma*........ GOBEL, maire de Réghaïa.

30ᵉ — *Oued-Fodda* .. SAMARY (Paul), député.
Élu en remplacement de M. Bourlier, le 28 juillet 1895, en 1ᵉʳ tour de scrutin.

Année 1896

1re Circ.	Alger.........	MM.	Mertz, conseiller municipal d'Alger.
2e	—		Aumerat, publiciste.
3e	—	—	Marchal (Charles), directeur du *Petit Colon.*
4e	—	—	Hannedouche, avocat.
5e	—	Mustapha	Docteur Gérente, sénateur.
6e	—	Saint-Eugène..	Letellier, avocat-défenseur.
7e	—	Chéragas.....	Docteur Bordo, maire de Chéragas.
8e	—	Hussein-Dey ..	Susini, avocat.
9e	—	Douéra.......	Stotz, maire de Crescia.
10e	—	Maison-Carrée.	Altairac (Frédéric) fils, manufacturier.
11e	—	Arba.........	Delamare, ingénieur, directeur des Mines de Sakamody.
12e	—	Dellys........	Meslier, avocat. Élu en remplacement de M. Jouyne, décédé, le 24 novembre 1895.
13e	—	Bordj-Ménaïel.	Broussais (Emile), avocat.
14e	—	Aumale.......	L'Admiral, avocat.
15e	—	Blida	Docteur Marcailhou d'Aymeric.
16e	—	Boufarik.....	Gros, maire de Boufarik.
17e	—	Koléa	Faizant, maire de Koléa.
18e	—	Mouzaïaville..	Gamerre, maire de Mouzaïaville.
19e	—	Marengo......	Mauguin, maire de Blida.
20e	—	Cherchell	Guerrouard, propriétaire.
21e	—	Miliana......	Pourailly, propriétaire.
22e	—	Affreville.. ..	Begey, propriétaire.
23e	—	Orléansville...	Robert (Paul), banquier.
24e	—	Ténès	Lauprêtre, maire de Cavaignac.
25e	—	Médéa........	Docteur Péan.
26e	—	Boghari......	Allan, publiciste.
27e	—	Tizi-Ouzou ...	de Redon (Eugène), ingénieur civil.
28e	—	Bouïra.......	Gémy, maire de Bouïra.
29e	—	Alma........	Gobel, maire de Réghaïa.
30e	—	Oued-Fodda ..	Samary (Paul), député.

Année 1897

1re Circ.	*Alger........ ...*	MM.	Mertz, conseiller municipal d'Alger.
2e	—		Aumerat, publiciste.
3e	—		Marchal (Charles), publiciste.
4e	—		Hannedouche, avocat.
5e	*Mustapha....*		Docteur Gérente, sénateur.
6e	*Saint-Eugène..*		Letellier, avocat-défenseur.
7e	*Chéragas.....*		Docteur Bordo, maire de Chéragas.
8e	*Hussein-Dey..*		Narbonne, minotier.

Élu en remplacement de M. Susini, décédé, le 11 juillet 1897.

9e	*Douéra.......*		Stotz, maire de Crescia.
10e	*Maison-Carrée.*		Altairac (Frédéric) fils, manufacturier.
11e	*Arba........*		Delamare, ingénieur, directeur des Mines de Sakamody.
12e	*Dellys........*		Meslier, avocat.
13e	*Bordj-Ménaïel.*		Broussais (Emile), avocat.
14e	*Aumale.......*		L'Admiral, avocat.
15e	*Blida........*		Docteur Marcailhou d'Aymeric.
16e	*Boufarik.....*		Gros, maire de Boufarik.
17e	*Koléa........*		Faizant, maire de Koléa.
18e	*Mouzaïaville..*		Pousson, maire de la Chiffa.

Élu en remplacement de M. Gamerré, démissionnaire, le 4 juillet 1897.

19e	*Marengo......*		Mauguin, maire de Blida.
20e	*Cherchell....*		Gueirouard, propriétaire.
21e	*Miliana......*		Pourailly, maire de Miliana.
22e	*Affreville....*		Begey, propriétaire.
23e	*Orléansville...*		Robert (Paul), banquier, minotier.
24e	*Ténès........*		Lauphètre, maire de Cavaignac.
25e	*Médéa........*		Docteur Péan.
26e	*Boghari......*		Allan, publiciste.
27e	*Tizi-Ouzou...*		de Redon (Eugène), ingénieur civil.
28e	*Bouïra.......*		Gémy, maire de Bouïra.
29e	*Alma........*		Gobel, maire de Réghaïa.
30e	*Oued-Fodda..*		Samary (Paul), député.

ANNÉE 1898

1ᵣ Circ. Alger........ MM. STÉFANOPOLI, négociant.
> Élu en remplacement de M. Mertz, le 18 septembre 1898, en 1ᵉʳ tour de scrutin.

2ᵉ — — AUMERAT, publiciste.

3ᵉ — — BAILLE, négociant.
> Élu en remplacement de M. Marchal, le 18 septembre 1898, en 1ᵉʳ tour de scrutin.

4ᵉ — — HANNEDOUCHE, avocat.

5ᵉ — Mustapha..... CHAZE, publiciste.
> Élu en remplacement de M. Géronto, le 18 septembre 1898, en 1ᵉʳ tour de scrutin.

6ᵉ — Saint-Eugène.. LETELLIER, maire de Saint-Eugène.

7ᵉ — Chéragas..... Docteur Bordo, propriétaire.
> Réélu, en 2ᵉ tour de scrutin, le 25 septembre 1898.

8ᵉ — Hussein-Dey.. NARBONNE, minotier.

9ᵉ — Douéra...... STOTZ, maire de Crescia.
> Réélu, en 1ᵉʳ tour de scrutin, le 18 septembre 1898.

10ᵉ — Maison-Carrée. ALTAIRAC (Frédéric) fils, manufacturier.

11ᵉ — Arba........ SAURIN, avocat.
> Élu en remplacement de M. Delamare, le 18 septembre 1898, en 1ᵉʳ tour de scrutin.

12ᵉ — Dellys........ MESLIER, avocat.

13ᵉ — Bordj-Ménaïel. BROUSSAIS (Émile), avocat.
> Réélu, en 1ᵉʳ tour de scrutin, le 18 septembre 1898.

14ᵉ — Aumale...... L'ADMIRAL, avocat.

15ᵉ — Blida........ MARCHAL (Charles), député.
> Élu en remplacement de M. Marcailhou d'Aymeric, le 18 septembre 1898, en 1ᵉʳ tour de scrutin.

16ᵉ — Boufarik..... GROS, maire de Boufarik.

17ᵉ — Koléa........ PÉCHOT, propriétaire.
> Élu en remplacement de M. Faizant, le 18 septembre 1898, en 1ᵉʳ tour de scrutin.

18ᵉ — Mouzaïaville.. POUSSON, maire de la Chiffa.

19ᵉ — Marengo...... THUILLIER, propriétaire.
> Élu en remplacement de M. Maugnin, le 25 septembre 1898, en 2ᵉ tour de scrutin.

20ᵉ — Cherchell..... HUGUES, avocat.
> Élu en remplacement de M. Gueironard, le 25 septembre 1898, en 2ᵉ tour de scrutin.

21ᵉ — Miliana...... JOBEZ, propriétaire.
> Élu en remplacement de M. Pourailly, le 18 septembre 1898, en 1ᵉʳ tour de scrutin

22ᵉ — Affreville..... BEGEY, propriétaire.

23ᵉ Circ. *Orléansville*... MM. ROBERT (Paul), banquier, minotier.
Réélu, en 1ᵉʳ tour de scrutin, le 18 septembre 1898.

24ᵉ — *Ténès* .... LAUPRÊTRE, maire de Cavaignac.

25ᵉ — *Médéa*. ...... Docteur GÉRENTE, sénateur.
Élu en remplacement de M. Péan, le 18 septembre 1898, en 1ᵉʳ tour de scrutin.

26ᵉ — *Boghari*.... . ALLAN, publiciste.

27ᵉ — *Tizi-Ouzou* ... AILLAUD, propriétaire.
Élu en remplacement de M. de Rodon, le 27 septembre 1898, en 1ᵉʳ tour de scrutin.

28ᵉ — *Bouïra*....... GÉMY, maire de Bouïra.

29ᵉ — *Alma*........ GOBEL, maire de Réghaïa.
Réélu, en 1ᵉʳ tour de scrutin, le 18 septembre 1898.

30ᵉ — *Oued-Fodda* .. SAMARY (Paul), architecte.

ANNÉE 1899

1ᵉʳ Circ. *Alger* .... MM. STÉFANOPOLI, négociant.

2ᵉ — — AUMERAT, publiciste.

3ᵉ — — BAILLE, négociant.

4ᵉ — — HANNEDOUCHE, avocat.

5ᵉ — *Mustapha*..... CHAZE, publiciste.

6ᵉ — *Saint-Eugène* . LETELLIER, maire de Saint-Eugène.

7ᵉ — *Chéragas* ..... Docteur BONDO, propriétaire.
Invalidé en 1898, réélu à la session d'octobre, le 17 septembre 1899.

8ᵉ — *Hussein-Dey* .. NARBONNE, minotier.

9ᵉ — *Douéra*....... STOTZ, maire de Crescia.

10ᵉ — *Maison-Carrée*. ALTAIRAC (Frédéric) fils, manufacturier.

11ᵉ — *Arba*........ SAURIN, avocat.

12ᵉ — *Dellys*... .... GUEIROUARD, propriétaire.
Élu en remplacement de M. Mestier, démissionnaire, le 26 mars 1899.

13ᵉ — *Bordj-Ménaïel*. BROUSSAIS (Émile), avocat.

14ᵉ — *Aumale* ...... L'ADMIRAL, avocat.

15ᵉ — *Blida* .... MARCHAL (Charles), député.

16ᵉ — *Boufarik* .... GNOS, maire de Boufarik.

17ᵉ — *Koléa* .... PÉCHOT, propriétaire.

18ᵉ — *Mouzaïaville*.. POUSSON, maire de la Chiffa.

19ᵉ — *Marengo*...... THUILLIER, propriétaire.

20ᵉ — *Cherchell* .... HUGUES, avocat.

21ᵉ — *Miliana*...... JOBEZ, propriétaire.

22ᵉ — *Affreville* ..... BEGEY, propriétaire.

23e	Circ.	*Orléansville* ...	MM. Robert (Paul), banquier, minotier.
24e	—	*Ténès*	Lauprêtre, maire de Cavaignac.
25e	—	*Médéa*	Docteur Gérente, sénateur.
26e	—	*Boghari*	Allan, publiciste.
27e	—	*Tizi-Ouzou* ...	Aillaud, propriétaire.
28e	—	*Bouïra*	Gémy, maire de Bouïra.
29e	—	*Alma*	Gobel, maire de Réghaïa.
30e	—	*Oued-Fodda* ..	Samary (Paul), architecte.

Année 1900

1re	Circ.	*Alger*	MM. Stéfanopoli, négociant.
2e	—	—	Aumerat, publiciste.
3e	—	...	Baille, négociant.
4e	—	—	Hannedouche, avocat.
5e	—	*Mustapha*	Chaze, publiciste.
6e	—	*Saint-Eugène* .	Letellier, maire de Saint-Eugène.
7e	—	*Chéragas*	Docteur Bordo, propriétaire.
8e	—	*Hussein-Dey* ...	Narbonne, minotier,
9e	—	*Douéra*	Stotz, maire de Crescia.
10e	—	*Maison-Carrée.*	Altairac (Frédéric) fils, manufacturier.
11e	—	*Arba*	Saurin, avocat.
12e	—	*Dellys*	Gueirouard, propriétaire.
13e	—	*Bordj-Ménaïel.*	Broussais (Émile), avocat.
14e	—	*Aumale.. ....*	L'Admiral, avocat.
15e	—	*Blida*	Marchal (Charles), député.
16e	—	*Boufarik*	Gros, maire de Boufarik.
17e	—	*Koléa*	Péchot, propriétaire.
18e	—	*Mouzaïaville* ..	Pousson, maire de la Chiffa.
19e	—	*Marengo*	Thuillier, propriétaire.
20e	—	*Cherchell*	Hugues, avocat.
21e	—	*Miliana*	Jobez, propriétaire.
22e	—	*Affreville*	Begey, propriétaire.
23e	—	*Orléansville* ...	Robert (Paul), banquier, minotier.
24e	—	*Ténès*	Lauprêtre, maire de Cavaignac.
25e	—	*Médéa*	Docteur Gérente, sénateur.
26e	—	*Boghari*	Allan, publiciste.
27e	—	*Tizi-Ouzou* ...	Aillaud, propriétaire.
28e	—	*Bouïra*	Gémy, pharmacien.
29e	—	*Alma*	Gobel, maire de Réghaïa.
30e	—	*Oued-Fodda* ...	Samary (Paul), gouverneur de Saint-Pierre-et-Miquelon.

Année 1901

1re Circ	Alger........	MM. Stéfanopoli, négociant.
2e		Aumérat, publiciste.
		Réélu en 1er tour de scrutin, le 30 juin 1901.
3e		Baille, négociant.
4e	—	Régis (Max), publiciste.
		Élu en remplacement de M. Hannedouche, le 7 juillet 1901, en 2e tour de scrutin.
5e	— Mustapha.....	Chaze, maire de Mustapha.
6e	— Saint-Eugène..	Letellier, avocat-défenseur.
		Réélu en 1er tour de scrutin, le 30 juin 1901.
7e	Chéragas.....	Docteur Bondo, propriétaire.
8e	— Husscin-Dey...	Narbonne, minotier.
		Réélu en 1er tour de scrutin, le 30 juin 1901.
9e	— Douéra........	Stotz, maire de Crescia.
10e	— Maison-Carrée.	Altairac (Frédéric) fils, manufacturier.
		Réélu en 1er tour de scrutin, le 30 juin 1901.
11e	— Alma.........	Gobel, maire de la Réghaïa.
12e	— Arba.........	Saurin, avocat.
		Réélu en 2e tour de scrutin, le 7 juillet 1901.
13e	Dellys........	Vérola, avoué.
		Élu en remplacement de M. Guérouard.
14e	Bordj-Ménaïel.	Broussais (Emile), avocat.
		Réélu en 1er tour de scrutin, le 30 juin 1901.
15e	— Aumale.......	Rey, avocat.
		Élu en remplacement de M. L'Admiral.
16e	— Blida........	Marchal (Charles), député.
		Réélu en 1er tour de scrutin, le 30 juin 1901.
17e	Boufarik.....	Gros, maire de Boufarik.
18e	— Koléa........	Péchot, propriétaire.
		Réélu en 1er tour de scrutin, le 30 juin 1901.
19e	— Mouzaïaville..	Pousson, maire de la Chiffa.
20e	— Marengo......	Thuillier, propriétaire.
		Réélu en 1er tour de scrutin, le 30 juin 1901.
21e	Cherchell....	Belle (Jules), maire de Cherchell.
		Élu en remplacement de M. Hugues.
22e	— Miliana......	Jobez, propriétaire.
		Réélu en 1er tour de scrutin, le 30 juin 1901.
23e	— Affreville....	Begey, propriétaire.
24e	Orléansville...	Robert (Paul), banquier, minotier.
		Réélu en 1er tour de scrutin, le 30 juin 1901.
25e	— Ténès........	Lauprètre, maire de Cavaignac.
26e	— Médéa........	Docteur Gérente, sénateur.
		Réélu en 1er tour de scrutin, le 30 juin 1901.

27ᵉ Circ. *Boghari* ...... MM. CAZELLES, propriétaire.
Élu en remplacement de M. Allan.

28ᵉ — *Tizi-Ouzou* ... AILLAUD, propriétaire.
Réélu en 1ᵉʳ tour de scrutin, le 30 juin 1901.

29ᵉ — *Bouïra* .... AOUSTIN, propriétaire.
Élu en remplacement de M. Gémy.

30ᵉ — *Oued-Fodda* ... CARBONEL, publiciste.
Élu en remplacement de M. Samary, le 30 juin 1901, en 1ᵉʳ tour de scrutin.

ANNÉE 1902

1ʳᵉ Circ. *Alger* .... MM. STÉFANOPOLI, négociant.

2ᵉ — — AUMERAT, publiciste.

3ᵉ — — BAILLE, négociant.

4ᵉ — — SERPAGGI, professeur.
Élu en remplacement de M. Régis, le 11 mai 1902.

5ᵉ — *Mustapha* ..... CHAZE, maire de Mustapha.

6ᵉ — *Saint-Eugène* .. LETELLIER, avocat-défenseur.

7ᵉ — *Chéragas* ..... Docteur BORDO, propriétaire.

8ᵉ — *Hussein-Dey* .. NARBONNE, minotier.

9ᵉ — *Douéra* .... STOTZ, maire de Crescia.

10ᵉ — *Maison-Carrée.* ALTAIRAC (Frédéric) fils, manufacturier.

11ᵉ — *Alma* .... GOBEL, maire de Réghaïa.

12ᵉ — *Arba* .... SAURIN, avocat.

13ᵉ — *Dellys* .... VÉROLA, avoué.

14ᵉ — *Bordj-Menaïel.* BROUSSAIS (Émile), avocat.

15ᵉ — *Aumale* .... REY, avocat.

16ᵉ — *Blida* .... MARCHAL (Charles), publiciste.

17ᵉ — *Boufarik* ..... GROS, maire de Boufarik.

18ᵉ — *Koléa* .... PÉCHOT, propriétaire.

19ᵉ — *Mouzaïaville..* POUSSON, maire de la Chiffa.

20ᵉ — *Marengo* ...... THUILLIER, propriétaire.

21ᵉ — *Cherchell* ..... BELLE (Jules), maire de Cherchell.

22ᵉ — *Miliana* ...... JOBEZ, propriétaire.

23ᵉ — *Affreville* ..... BEGEY, député.

24ᵉ — *Orléansville...* ROBERT (Paul), banquier, minotier.

25ᵉ — *Ténès* .... LAUPRÊTRE, maire de Cavaignac.

26ᵉ — *Médéa* .... Docteur GÉRENTE, sénateur.

27ᵉ — *Boghari* ...... CAZELLES, propriétaire.

28ᵉ — *Tizi-Ouzou* ... AILLAUD, propriétaire.

29ᵉ — *Bouïra* .... AOUSTIN, propriétaire.

30ᵉ — *Oued-Fodda* ... CARBONEL, publiciste.

ANNÉE 1903

1re Circ.	*Alger*	MM.	HUGUES, avocat.

1re Circ. *Alger*........ MM. HUGUES, avocat.
    Élu en remplacement de M. Stéfanopoli.
2e — — AUMERAT, publiciste.
3e — — BAILLE, négociant.
4e — — SERPAGGI, professeur.
5e — *Mustapha*.... CHAZE, maire de Mustapha.
6e — *Saint-Eugène*. LETELLIER, avocat-défenseur.
7e — *Chéragas*..... Docteur BORDO, propriétaire.
8e — *Hussein-Dey*... NARBONNE, minotier.
9e — *Douéra*......,. GONTARD, maire de Douéra.
    Élu en remplacement de M. Stotz, démissionnaire, le 11 janvier 1903.
10e — *Maison-Carrée*. ALTAIRAC (Frédéric) fils, manufacturier, maire d'Alger.
11e — *Alma*........ GOBEL, maire de Réghaïa.
12e — *Arba*........ SAURIN, avocat.
13e — *Dellys*........ VÉROLA, avoué.
14e — *Bordj-Ménaïel*. BROUSSAIS (Émile), avocat.
15e — *Aumale*....... REY, avocat.
16e — *Blida* .... MARCHAL (Charles), publiciste.
17e — *Boufarik*..... GUIZARD, maire de Boufarik.
    Élu en remplacement de M. Gros.
18e — *Koléa* .... PÉCHOT, propriétaire.
19e — *Mouzaïaville*.. POUSSON, maire de la Chiffa.
20e — *Marengo*...... THUILLIER, propriétaire.
21e — *Cherchell*.. .. BELLE (Jules), maire de Cherchell.
22e — *Miliana*...... JOBEZ, propriétaire.
23e — *Affreville*..... BEGEY, député.
24e — *Orléansville*... ROBERT (Paul), banquier, minotier.
25e — *Ténès* .... COLIN (Maurice), député.
    Élu en remplacement de M. Lauprêtre.
26e — *Médéa*........ Docteur GÉRENTE, sénateur.
27e — *Boghari*.... .. CAZELLES, propriétaire.
28e — *Tizi-Ouzou* ... AILLAUD, propriétaire.
29e — *Bouïra*....... AOUSTIN, propriétaire.
30e — *Oued-Fodda*... CARBONEL, publiciste.

Année 1904

1re Circ.. *Alger* .... MM. LEGEY, avocat.
> Élu en remplacement de M. Hugues, le 3 juillet 1904, en 2e tour de scrutin.

2e — — AUMERAT, publiciste.

3e — — NIVET, négociant.
> Élu en remplacement de M. Baille, le 26 juin 1904, en 1er tour de scrutin.

4e — — SERPAGGI, professeur.

5e — — Docteur BOUNHIOL.
> Élu en remplacement de M. Chaze, le 3 juillet 1904, en 2e tour de scrutin.

6e — *Saint-Eugène* . LETELLIER, maire de Saint-Eugène.

7e — *Chéragas* .... COLOMIÈS, maire d'Ouled-Fayet.
> Élu en remplacement de M. Bordo, le 26 juin 1904, en 1er tour de scrutin.

8e — *Hussein-Dey* .. NARBONNE, minotier.

9e — *Douéra* .... Docteur BABILÉE.
> Élu en remplacement de M. Gontard, le 26 juin 1904, en 1er tour de scrutin.

10e — *Maison-Carrée*. ALTAIRAC (Frédéric) fils, manufacturier, maire d'Alger.

11e — *Arba* .... LEBAILLY, maire de Maison-Carrée.
> Élu en remplacement de M. Saurin, le 26 juin 1904, en 1er tour de scrutin.

12e — *Dellys* .... VÉROLA, avoué.

13e — *Bordj-Ménaïel*. BROUSSAIS (Emile), avocat.
> Réélu en 1er tour de scrutin, le 26 juin 1904.

14e — *Aumale* .... REY, avocat.

15e — *Blida* .... OTTEN, avocat.
> Élu en remplacement de M. Marchal, le 26 juin 1904, en 1er tour de scrutin.

16e — *Boufarik* ..... GUIZARD, maire de Boufarik.

17e — *Koléa* .... GRÉGOIRE, notaire.
> Élu en remplacement de M. Péchot, le 26 juin 1904, en 1er tour de scrutin.

18e — *Mouzaïaville* .. POUSSON, maire de la Chiffa.

19e — *Marengo* ...... THUILLIER, propriétaire.
> Réélu en 1er tour de scrutin, le 26 juin 1904.

20e — *Cherchell* ..... BELLE (Jules), maire de Cherchell.

21e — *Miliana* ...... JOBEZ, propriétaire.
> Réélu en 1er tour de scrutin, le 26 juin 1904.

22e — *Affreville* ..... BEGEY, député.

23e — *Orléansville* ... ROBERT (Paul), maire d'Orléansville.
> Réélu en 1er tour de scrutin, le 26 juin 1904.

24e — *Ténès* .... COLIN (Maurice), député.

25e — *Médéa* .... Docteur GÉRENTE, sénateur.
> Réélu en 1er tour de scrutin, le 26 juin 1904.

26ᵉ Circ. *Boghari* . . . . . . MM. CAZELLES, propriétaire.
27ᵉ — *Tizi-Ouzou* . . . AILLAUD, propriétaire.
Réélu en 1ᵉʳ tour de scrutin, le 26 juin 1904.
28ᵉ — *Bouïra* . . . . AOUSTIN, propriétaire.
29ᵉ — *Alma* . . . . GOBEL, maire de Réghaïa.
Réélu en 1ᵉʳ tour de scrutin, le 26 juin 1904
30ᵉ — *Oued-Fodda* . . . CARBONEL, publiciste.

ANNÉE 1905

1ʳᵉ Circ. *Alger* . . . . MM. LEGEY, avocat.
2ᵉ — — AUMERAT, publiciste.
3ᵉ — — NIVET, négociant.
4ᵉ — — SERPAGGI, professeur.
5ᵉ — — Docteur BOUNHIOL.
6ᵉ — *Saint-Eugène* . . LETELLIER, avocat-défenseur
7ᵉ — *Chéragas* . . . . . COLOMIÈS, maire d'Ouled-Fayet.
8ᵉ — *Hussein-Dey* . . NARBONNE, minotier.
9ᵉ — *Douéra* . . . . . . Docteur BABILÉE.
10ᵉ — *Maison-Carrée* ALTAIRAC (Frédéric) fils, manufacturier, maire d'Alger.
11ᵉ — *Arba* . . . . LERAILLY, maire de Maison-Carrée.
12ᵉ — *Dellys* . . . . VÉROLA, avoué.
13ᵉ — *Bordj-Ménaïel* . BROUSSAIS (Émile), avocat.
14ᵉ — *Aumale* . . . . . . REY, avocat.
15ᵉ — *Blida* . . . . OTTEN, avocat.
16ᵉ — *Boufarik* . . . . . GUIZARD, maire de Boufarik.
17ᵉ — *Koléa* . . . . GRÉGOIRE, notaire.
18ᵉ — *Mouzaïaville* . POUSSON, maire de la Chiffa.
19ᵉ — *Marengo* . . . . . MULLER, maire de Marengo.
Élu en remplacement de M. Thuillier, dé-
missionnaire, le 27 novembre 1904.
20ᵉ — *Cherchell* . . . . BELLE (Jules), maire de Cherchell.
21ᵉ — *Miliana* . . . . . . Docteur SÉGUY, maire de Miliana.
Élu en remplacement de M. Jobez, démis-
sionnaire, le 16 avril 1905.
22ᵉ — *Affreville* . . . . . BEGEY, député.
23ᵉ — *Orléansville* . . . ROBERT (Paul), maire d'Orléansville.
24ᵉ — *Ténès* . . . . COLIN (Maurice), député.
25ᵉ — *Médéa* . . . . Docteur GÉRENTE, sénateur.
26ᵉ — *Boghari* . . . . . . CAZELLES, propriétaire.
27ᵉ — *Tizi-Ouzou* . . . AILLAUD, propriétaire.
28ᵉ — *Bouïra* . . . . AOUSTIN, propriétaire.

| 29ᵉ Circ. | *Alma* .... | MM. GOBEL, maire de Réghaïa. |
| 30ᵉ — | *Oued-Fodda*... | CARBONEL, publiciste. |

ANNÉE 1906

1ʳᵉ Circ.	*Alger*	MM. LEGEY, avocat.
2ᵉ —	—	AUMERAT, publiciste.
3ᵉ —	—	NIVET, négociant.
4ᵉ —	—	SERPAGGI, professeur.
5ᵉ —	—	Docteur BOUNHIOL.
6ᵉ —	*Saint-Eugène*..	LETELLIER, avocat-défenseur.
7ᵉ —	*Chéragas*	COLOMIÈS, maire d'Ouled-Fayet.
8ᵉ —	*Hussein-Dey* ..	NARBONNE, minotier.
9ᵉ —	*Douéra*	Docteur BABILÉE.
10ᵉ —	*Maison-Carrée*.	ALTAIRAC (Frédéric) fils, manufacturier, maire d'Alger.
11ᵉ —	*Arba*	LEBAILLY, maire de Maison-Carrée.
12ᵉ —	*Dellys*	VÉROLA, avoué.
13ᵉ —	*Bordj - Ménaïel*	BROUSSAIS (Emile), avocat.
14ᵉ —	*Aumale*	REY, avocat.
15ᵉ —	*Blida*	OTTEN, avocat.
16ᵉ —	*Boufarik*	GUIZARD, maire de Boufarik.
17ᵉ —	*Koléa*	GRÉGOIRE, notaire.
18ᵉ —	*Mouzaïaville*..	POUSSON, maire de la Chiffa.
19ᵉ —	*Marengo*......	MULLER, maire de Marengo.
20ᵉ —	*Cherchell*	BELLE (Jules), maire de Cherchell.
21ᵉ —	*Miliana*.......	Docteur SÉGUY, maire de Miliana.
22ᵉ —	*Affreville*	BEGEY, député.
23ᵉ —	*Orléansville*...	ROBERT (Paul), maire d'Orléansville.
24ᵉ —	*Ténès*	COLIN (Maurice), député.
25ᵉ —	*Médéa*........	Docteur GÉRENTE, sénateur.
26ᵉ —	*Boghari*	CAZELLES, propriétaire.
27ᵉ —	*Tizi-Ouzou* ...	AILLAUD, propriétaire.
28ᵉ —	*Bouïra*	AOUSTIN, propriétaire.
29ᵉ —	*Alma*	GOBEL, maire de Réghaïa.
30ᵉ —	*Oued-Fodda* ..	CARBONEL, publiciste.

Année 1907

1re Circ. *Alger*......... MM. Legey, avocat.

2e —   —   Aumerat, publiciste.
Réélu en 2e tour de scrutin, le 7 juillet 1907.

3e —   —   Nivet, négociant.

4e —   —   Serpaggi, professeur.
Réélu en 2e tour de scrutin, le 7 juillet 1907.

5e —   —   Docteur Bounhiol.

6e —   *Saint-Eugène* .   Lefebvre, avocat.
Élu en remplacement de M. Letellier, le 30 juin 1907, en 1er tour de scrutin.

7e —   *Chéragas*.....   Colomiès, maire d'Ouled-Fayet.

8e —   *Hussein-Dey* ..   Narbonne, minotier.
Réélu en 2e tour de scrutin, le 7 juillet 1907.

9e —   *Douéra*.......   Docteur Babilée.

10e —   *Maison-Carrée*   Altairac (Frédéric) fils, manufacturier, maire d'Alger.
Réélu en 1er tour de scrutin, le 30 juin 1907.

11e —   *Arba*........   Lebailly, maire de Maison-Carrée.

12e —   *Dellys* ....   Vérola, avoué.
Réélu en 1er tour de scrutin, le 30 juin 1907.

13e —   *Bordj-Ménaïel*.   Broussais (Emile), avocat.

14e —   *Aumale* ......   Rey, avocat.
Réélu en 1er tour de scrutin, le 30 juin 1907.

15e —   *Blida* ....   Otten, avocat.

16e —   *Boufarik* .....   Guizard, maire de Boufarik.
Réélu en 1er tour de scrutin, le 30 juin 1907.

17e —   *Koléa* ....   Grégoire, notaire.

18e —   *Mouzaïaville*..   Pousson, maire de la Chiffa.
Réélu en 1er tour de scrutin, le 30 juin 1907.

19e —   *Marengo* .....   Muller, maire de Marengo.

20e —   *Cherchell* .....   Belle (Jules), maire de Cherchell.
Réélu en 1er tour de scrutin, le 30 juin 1907.

21e —   *Miliana* ......   Docteur Séguy, maire de Miliana.

22e —   *Affreville* .....   Martin (Casimir), maire d'Affreville.
Élu en remplacement de M. Begey, le 30 juin 1907, en 1er tour de scrutin.

23e —   *Orléansville*...   Robert (Paul), maire d'Orléansville.

24e —   *Ténès*........   Colin (Maurice), député.
Réélu en 2e tour de scrutin, le 7 juillet 1907.

25e —   *Médéa*........   Docteur Gérente, sénateur.

26e —   *Boghari* .....   Cazelles, propriétaire.
Réélu en 1er tour de scrutin, le 30 juin 1907.

27ᵉ Circ. *Tizi-Ouzou*.... MM. GRANIER, maire de Mirabeau.
Élu en remplacement de M. Aillaud, décédé, le 20 septembre 1907.

28ᵉ — *Bouïra* .... AOUSTIN, propriétaire.
Réélu en 1ᵉʳ tour de scrutin, le 30 juin 1907.

29ᵉ —. *Alma*......... GOBEL, maire de Réghaïa.

30ᵉ — *Oued-Fodda*... CARBONEL, publiciste.
Réélu en 1ᵉʳ tour de scrutin, le 30 juin 1907.

ANNÉE 1908

1ʳᵉ Circ. *Alger*........ MM. LEGEY, avocat.
2ᵉ — — AUMERAT, publiciste.
3ᵉ — — NIVET, négociant.
4ᵉ — — HOURÉ, avocat.
Élu en remplacement de M. Serpaggi, le 8 mars 1908.

5ᵉ — — Docteur BOUNHIOL.
6ᵉ — *Saint-Eugène*.. LEFEBVRE, avocat.
7ᵉ — *Chéragas* ..... COLOMIÈS, maire d'Ouled-Fayet.
8ᵉ — *Hussein-Dey* .. NARBONNE, minotier.
9ᵉ — *Douéra*....... Docteur BABILÉE.
10ᵉ — *Maison-Carrée* ALTAIRAC (Frédéric) fils, manufacturier.
11ᵉ — *Arba*......... LEBAILLY, maire de Maison-Carrée.
12ᵉ — *Dellys* .... VÉROLA, avoué.
13ᵉ — *Bordj-Ménaïel* BROUSSAIS (Emile), avocat.
14ᵉ — *Aumale*....... REY, avocat.
15ᵉ — *Blida* .... OTTEN, avocat.
16ᵉ — *Boufarik* ..... GUIZARD, maire de Boufarik.
17ᵉ — *Koléa* .... GRÉGOIRE, notaire.
18ᵉ — *Mouzaïaville*.. CHUFFART, propriétaire.
Élu en remplacement de M. Ponsson.

19ᵉ — *Marengo* ..... MULLER, maire de Marengo.
20ᵉ — *Cherchell* ..... BELLE (Jules), maire de Cherchell.
21ᵉ — *Miliana* ...... Docteur SÉGUY, maire de Miliana.
22ᵉ — *Affreville* ..... MARTIN (Casimir), maire d'Affreville.
23ᵉ — *Orléansville*... ROBERT (Paul), maire d'Orléansville.
24ᵉ — *Ténès* .... COLIN (Maurice), député.
25ᵉ — *Médéa*........ Docteur GÉRENTE, sénateur.
26ᵉ — *Boghari*...... CAZELLES, propriétaire.
27ᵉ — *Tizi-Ouzou* ... GRANIER, maire de Mirabeau.
28ᵉ — *Bouïra* .... AOUSTIN, propriétaire.
29ᵉ — *Alma*........ GOBEL, maire de Réghaïa.
30ᵉ — *Oued-Fodda* .. CARBONEL, publiciste.

Année 1909

1re Circ.	Alger.........	MM. Legey, avocat.
2e	— —	Docteur Saliège.

Élu en remplacement de M. Aumerat, le 18 avril 1909.

3e	— —	Nivet, négociant.
4e	— —	Houbé (André), avocat.
5e	— —	Docteur Bounhiol.
6e	— Saint-Eugène..	Lefebvre, avocat.
7e	— Chéragas.....	Colomiès, maire d'Ouled-Fayet.
8e	— Hussein-Dey..	Narbonne, minotier.
9e	— Douéra.......	Docteur Babilée.
10e	— Maison-Carrée	Altairac (Frédéric) fils, manufacturier.
11e	— Arba.........	Lebailly, maire de Maison-Carrée.
12e	— Dellys........	Vérola, avoué.
13e	— Bordj-Ménaïel	Broussais (Émile), avocat.
14e	— Aumale.......	Rey, avocat.
15e	— Blida........	Otten, avocat.
16e	— Boufarik.....	Guizard, maire de Boufarik.
17e	— Koléa........	Grégoire, notaire.
18e	— Mouzaïaville..	Chuffart, propriétaire.
19e	— Marengo.....	Muller, maire de Marengo.
20e	— Cherchell.....	Belle (Jules), maire de Cherchell.
21e	— Miliana......	Docteur Séguy, maire de Miliana.
22e	— Affreville.....	Martin (Casimir), maire d'Affreville.
23e	— Orléansville...	Robert (Paul), maire d'Orléansville.
24e	— Ténès........	Colin (Maurice), député.
25e	— Médéa........	Docteur Gérente, sénateur.
26e	— Boghari......	Cazelles, propriétaire.
27e	— Tizi-Ouzou...	Granier, maire de Mirabeau.
28e	— Bouïra.......	Aoustin, propriétaire.
29e	— Alma........	Gobel, maire de Réghaïa.
30e	— Oued-Fodda..	Carbonel, publiciste.

Année 1910

1re Circ.	Alger.........	MM. Hugues, avocat.

Élu en remplacement de M. Legey, le 26 juin 1910, en 1er tour de scrutin.

2e	— —	Docteur Saliège.

3ᵉ Circ.	*Alger*	MM.	NIVET, négociant.

3ᵉ Circ. *Alger* .... MM. NIVET, négociant.
    Réélu en 1ᵉʳ tour de scrutin, le 26 juin 1910.

4ᵉ — — HOUBÉ (André), avocat.

5ᵉ — — DE REDON (Eugène), ingénieur civil.
    Élu en remplacement de M. Bounhiol, le 26 juin 1910, en 1ᵉʳ tour de scrutin.

6ᵉ — *Saint-Eugène* . LEFEBVRE, avocat.

7ᵉ — *Chéragas* ..... COLOMIÈS, maire d'Ouled-Fayet.
    Réélu en 1ᵉʳ tour de scrutin, le 26 juin 1910.

8ᵉ — *Hussein-Dey* .. NARBONNE, minotier.

9ᵉ — *Douéra* .... Docteur BABILÉE.
    Réélu en 1ᵉʳ tour de scrutin, le 26 juin 1910.

10ᵉ — *Maison-Carrée* ALTAIRAC (Frédéric) fils, manufacturier.

11ᵉ — *Arba* .... LEBAILLY, maire de Maison-Carrée.
    Réélu en 1ᵉʳ tour de scrutin, le 26 juin 1910.

12ᵉ — *Dellys* .... VÉROLA, avoué.

13ᵉ — *Bordj-Ménaïel.* BROUSSAIS (Emile), député.
    Réélu en 1ᵉʳ tour de scrutin, le 26 juin 1910.

14ᵉ — *Aumale* ...... REY, avocat.

15ᵉ — *Blida* .... COMBREDET, vétérinaire.
    Élu en remplacement de M. Otten, le 26 juin 1910, en 1ᵉʳ tour de scrutin.

16ᵉ — *Boufarik* ..... GUIZARD, maire de Boufarik.

17ᵉ — *Koléa* .... JACQUEMOND, maire de Douaouda.
    Élu en remplacement de M. Grégoire, le 26 juin 1910, en 1ᵉʳ tour de scrutin.

18ᵉ — *Mouzaïaville..* CHUFFART, propriétaire.

19ᵉ — *Marengo* ..... MULLER, maire de Marengo.
    Réélu en 1ᵉʳ tour de scrutin, le 26 juin 1910.

20ᵉ — *Cherchell* ..... BELLE (Jules), maire de Cherchell.

21ᵉ — *Miliana* ...... Docteur SÉGUY, maire de Miliana.
    Réélu en 1ᵉʳ tour de scrutin, le 26 juin 1910.

22ᵉ — *Affreville* ..... MARTIN (Casimir), maire d'Affreville.

23ᵉ — *Orléansville* ... Docteur FRANCHI.
    Élu en remplacement de M. Robert, décédé.

24ᵉ — *Ténès* .... COLIN (Maurice), député.

25ᵉ — *Médéa* .... Docteur GÉRENTE, sénateur.
    Réélu en 1ᵉʳ tour de scrutin, le 26 juin 1910.

26ᵉ — *Boghari* ...... CAZELLES, propriétaire.

27ᵉ — *Tizi-Ouzou...* GRANIER, maire de Mirabeau.
    Réélu en 1ᵉʳ tour de scrutin, le 26 juin 1910.

28ᵉ — *Bouïra* .... AOUSTIN, propriétaire.

29ᵉ — *Alma* .... GOBEL, maire de Réghaïa.
    Réélu en 1ᵉʳ tour de scrutin, le 26 juin 1910.

30ᵉ — *Oued-Fodda...* CARBONEL, publiciste.

Année 1911

1re Circ.	Alger........	MM. Hugues, avocat.
2e	—	—	Docteur Saliège.
3e	—	—	Nivet, négociant.
4e	—	—	Houbé (André), avocat.
5e	.	—	de Redon (Eugène), ingénieur civil.
6e	—	Saint-Eugène..	Lefebvre, avocat.
7e	—	Chéragas	Colomiès, maire d'Ouled-Fayet.
8e	—	Hussein-Dey ..	Narbonne, minotier.
9e	—	Douéra......	Docteur Babilée.
10e	—	Maison-Carrée.	Altairac (Frédéric) fils, manufacturier.
11e	—	Arba........	Lebailly, maire de Maison-Carrée.
12e	—	Dellys	Vérola, avoué.
13e	—	Bordj-Ménaïel	Broussais (Emile), député.
14e	—	Aumale	Rey, avocat.
15e	—	Blida........	Combredet, vétérinaire.
16e	—	Boufarik	Guizard, maire de Boufarik.
17e	—	Koléa	Jacquemond, maire de Douaouda.
18e	—	Mouzaïaville..	Chuffart, propriétaire.
19e	—	Marengo......	Muller, maire de Marengo.
20e	—	Cherchell	Belle (Jules), maire de Cherchell.
21e	—	Miliana.......	Docteur Séguy, maire de Miliana.
22e	—	Affreville	Martin (Casimir), maire d'Affreville.
23e	—	Orléansville...	Docteur Franchi.
24e	—	Ténès	Colin (Maurice), député.
25e	—	Médéa........	Docteur Gérente, sénateur.
26e	—	Boghari......	Cazelles, propriétaire.
27e	—	Tizi-Ouzou ...	Granier, maire de Mirabeau.
28e	—	Bouïra.......	Aoustin, propriétaire.
29e	—	Alma	Gobel, maire de Réghaïa.
30e	—	Oued-Fodda ..	Carbonel, publiciste.

Année 1912

1re Circ.	Alger........	MM. Hugues, avocat.
2e	—	—	Docteur Saliège.
3e	—	—	Nivet, négociant.
4e	—	—	Houbé (André), député.

5e Circ. *Alger* . . . . MM. DE REDON, ingénieur civil.
6e — *Saint-Eugène* . . LEFEBVRE, avocat
7e — *Chéragas* . . . . COLOMIÈS, maire d'Ouled-Fayet.
8e — *Hussein-Dey* . . NARBONNE, minotier.
9e — *Douéra* . . . . . . Docteur BABILÉE.
10e — *Maison-Carrée* ALTAIRAC (Frédéric) fils, manufactu-
    rier, maire de Maison-Carrée.
11e — *Arba* . . . . LEBAILLY, propriétaire.
12e — *Dellys* . . . . VÉROLA, avoué.
13e — *Bordj-Ménaïel* . BROUSSAIS (Émile), député.
14e — *Aumale* . . . . . . REY, avocat.
15e — *Blida* . . . . COMBREDET, vétérinaire.
16e — *Boufarik* . . . . GUIZARD, maire de Boufarik.
17e — *Koléa* . . . . JACQUEMOND, maire de Douaouda.
18e — *Mouzaïaville* . CHUFFART, maire d'Oued-el-Alleug.
19e — *Marengo* . . . . . MULLER, maire de Marengo.
20e — *Cherchell* . . . . BELLE (Jules), propriétaire.
21e — *Miliana* . . . . . . Docteur SÉGUY, maire de Miliana.
22e — *Affreville* . . . . . MARTIN (Casimir), maire d'Affreville.
23e — *Orléansville* . . . Docteur FRANCHI.
24e — *Ténès* . . . . COLIN (Maurice), sénateur.
25e — *Médéa* . . . . Docteur GÉRENTÉ.
26e — *Boghari* . . . . . . CAZELLES, propriétaire.
27e — *Tizi-Ouzou* . . . GRANIER, maire de Mirabeau.
28e — *Bouïra* . . . . . . AOUSTIN, propriétaire.
29e — *Alma* . . . . GOBEL, maire de Rôghaïa.
30e — *Oued-Fodda* . . . CARBONEL, publiciste.

ANNÉE 1913

1re Circ. . *Alger* . . . . MM. HUGUES, avocat.
2e — — Docteur SALIÈGE.
    Réélu en 1er tour de scrutin, le 29 juin 1913.
3e — — NIVET, négociant.
4e — — HOUBÉ (André), député.
    Réélu en 1er tour de scrutin, le 29 juin 1913.
5e — — DE REDON (Eugène), ingénieur civil.
6e — *Saint-Eugène* . LEFEBVRE, avocat.
    Réélu en 1er tour de scrutin, le 29 juin 1913.
7e — *Chéragas* . . . . COLOMIÈS, maire d'Ouled-Fayet.
8e — *Hussein-Dey* . . OUDAILLE, avocat.
    Élu en remplacement de M. Narbonne, le
    29 juin 1913, en 1er tour de scrutin.
9e — *Douéra* . . . . Docteur BABILÉE.

10ᵉ Circ. *Maison-Carrée.* MM. ALTAIRAC (Frédéric) fils, manufacturier, maire de Maison-Carrée.
Réélu en 1ᵉʳ tour de scrutin, le 29 juin 1913.

11ᵉ — *Arba*........ LEBAILLY, propriétaire.

12ᵉ — *Dellys*....... VÉROLA, avoué.
Réélu en 1ᵉʳ tour de scrutin, le 29 juin 1913.

13ᵉ — *Bordj-Ménaïel.* BROUSSAIS (Emile), député.

14ᵉ — *Aumale*...... Docteur BENOIT, maire de l'Arba.
Élu en remplacement de M. Rey, le 29 juin 1913, en 1ʳ tour de scrutin.

15ᵉ — *Blida*........ COMBREDET, vétérinaire.

16ᵉ — *Boufarik*..... GUIZARD, maire de Boufarik.
Réélu en 1ᵉʳ tour de scrutin, le 29 juin 1913.

17ᵉ — *Koléa*........ JACQUEMOND, maire de Douaouda.

18ᵉ — *Mouzaïaville..* CHUFFART, maire d'Oued-el-Alleug.
Réélu en 1ᵉʳ tour de scrutin, le 29 juin 1913.

19ᵉ — *Marengo......* MULLER, maire de Marengo.

20ᵉ — *Cherchell.....* MAUGUIN, maire d'El-Affroun.
Élu en remplacement de M. Belle, le 29 juin 1913, en 1ᵉʳ tour de scrutin.

21ᵉ — *Miliana......* Docteur SÉGUY, maire de Miliana.

22ᵉ — *Affreville.....* MARTIN (Casimir), maire d'Affreville.
Réélu en 1ᵉʳ tour de scrutin, le 29 juin 1913.

23ᵉ — *Orléansville...* Docteur FRANCHI.

24ᵉ — *Ténès........* LAUPRÊTRE, maire de Ténès.
Élu en remplacement de M. Colin, le 29 juin 1913, en 1ᵉʳ tour de scrutin.

25ᵉ — *Médéa........* RICHARD (Alexandre), maire de Médéa.
Élu en remplacement de M. Gérente, décédé, le 28 septembre 1913, en 1ᵉʳ tour de scrutin.

26ᵉ — *Boghari......* CAZELLES, propriétaire.
Réélu en 1ᵉʳ tour de scrutin, le 29 juin 1913.

27ᵉ — *Tizi-Ouzou...* GRANIER, maire de Mirabeau.

28ᵉ — *Bouïra.......* BAÏLAC, publiciste.
Élu en remplacement de M. Agustin, le 29 juin 1913, en 1ᵉʳ tour de scrutin.

29ᵉ — *Alma........* GOBEL, maire de Réghaïa.

30ᵉ — *Oued-Fodda...* BILLIET, maire de Rouïna.
Élu en remplacement de M. Carbonel, le 29 juin 1913, en 1ᵉʳ tour de scrutin.

ANNÉE 1914

1ʳᵉ Circ. *Alger*........ MM. HUGUES, avocat.

2ᵉ — — Docteur SALIÈGE.

3ᵉ — — NIVET, négociant.

4ᵉ — — HOURÉ (André), député.

5ᵉ	Circ.	*Alger*	MM. DE REDON (Eugène), ingénieur civil.
6ᵉ	—	*Saint-Eugène* .	LEFEBVRE, avocat.
7ᵉ	—	*Chéragas*	COLOMIÈS, maire d'Ouled-Fayet.
8ᵉ	—	*Hussein-Dey* ...	OUDAILLE, avocat.
9ᵉ	—	*Douéra*	Docteur BABILÉE.
10ᵉ	—	*Maison-Carrée.*	ALTAIRAC (Frédéric) fils, maire de Maison-Carrée.
11ᵉ	—	*Arba*	LEBAILLY, propriétaire.
12ᵉ	—	*Dellys*	VÉROLA, avoué.
13ᵉ	—	*Bordj-Ménaïel.*	BROUSSAIS (Émile), député.
14ᵉ	—	*Aumale*	Docteur BENOIT, maire de l'Arba.
15ᵉ	—	*Blida*	COMBREDET, vétérinaire.
16ᵉ	—	*Boufarik*	GUIZARD, maire de Boufarik.
17ᵉ	—	*Koléa*	JACQUEMOND, maire de Douaouda.
18ᵉ	—	*Mouzaïaville..*	CHUFFART, maire d'Oued-el-Alleug.
19ᵉ	—	*Marengo*	MULLER, maire de Marengo.
20ᵉ	—	*Cherchell*	MAUGUIN, maire d'El-Affroun.
21ᵉ	—	*Miliana*	Docteur SÉGUY, maire de Miliana.
22ᵉ	—	*Affreville*	MARTIN (Casimir), maire d'Affreville.
23ᵉ	—	*Orléansville...*	Docteur FRANCHI.
24ᵉ	—	*Ténès*	LAUPRÊTRE, maire de Ténès.
25ᵉ	—	*Médéa*	RICHARD (Alexandre), maire de Médéa.
26ᵉ	—	*-Boghari.....*	CAZELLES, propriétaire.
27ᵉ	—	*Tizi-Ouzou ...*	GRANIER, maire de Mirabeau.
28ᵉ	—	*Bouïra*	BAÏLAC, publiciste.
29ᵉ	—	*Alma*	GOBEL, maire de Réghaïa.
30ᵉ	—	*Oued-Fodda...*	BILLIET, maire de Rouïna.

ANNÉE 1915

1ʳᵉ	Circ.	*Alger*	MM. HUGUES, avocat.
2ᵉ	—	—	Docteur SALIÈGE.
3ᵉ	—	—	NIVET, négociant.
4ᵉ	—	—	HOUBÉ (André), député.
5ᵉ	—	—	DE REDON (Eugène), ingénieur civil.
6ᵉ	—	*Saint-Eugène..*	LEFEBVRE, avocat.
7ᵉ	—	*Chéragas .....*	COLOMIÈS, maire d'Ouled-Fayet.
8ᵉ	—	*Hussein-Dey ..*	OUDAILLE, avocat.
9ᵉ	—	*Douéra*	Docteur BABILÉE.
10ᵉ	—	*Maison-Carrée.*	ALTAIRAC (Frédéric) fils, maire de Maison-Carrée.
11ᵉ	—	*Arba*	LEBAILLY, propriétaire.
12ᵉ	—	*Dellys*	VÉROLA, avoué.

13ᵉ Circ. *Bordj-Menaïel.* MM. BROUSSAIS (Emile), député.
14ᵉ — *Aumale.......* Docteur BENOIT, maire de l'Arba.
15ᵉ — *Blida ....* COMBREDET, vétérinaire.
16ᵉ — *Boufarik .....* GUIZARD, maire de Boufarik.
17ᵉ — *Koléa ....* JACQUEMOND, maire de Douaouda.
18ᵉ — *Mouzaïaville..* CHUFFART, maire d'Oued-el-Alleug.
19ᵉ — *Marengo......* MULLER, maire de Marengo.
20ᵉ — *Cherchell .....* MAUGUIN, maire d'El-Affroun.
21ᵉ — *Miliana ......* Docteur SÉGUY, maire de Miliana.
22ᵉ — *Affreville .....* MARTIN (Casimir), maire d'Affreville.
23ᵉ — *Orléansville...* Docteur FRANCHI.
24ᵉ — *Ténès ....* LAUPRÊTRE, maire de Ténès.
25ᵉ — *Médéa.:......* RICHARD (Alexandre), maire de Médéa.
26ᵉ — *Boghari......* CAZELLES, propriétaire.
27ᵉ — *Tizi-Ouzou ...* GRANIER, maire de Mirabeau.
28ᵉ — *Bouïra ....* BAÏLAC, publiciste.
29ᵉ — *Alma........* GOBEL, maire de Réghaïa.
30ᵉ — *Oued-Fodda...* BILLIET, maire de Rouïna.

ANNÉE 1916

1ʳᵉ Circ. *Alger ....* MM. HUGUES, avocat.
2ᵉ — — Docteur SALIÈGE.
3ᵉ — — NIVET, négociant.
4ᵉ — — HOUBÉ (André), député.
5ᵉ — — DE REDON (Eugène), ingénieur civil.
6ᵉ — *Saint-Eugène..* LEFEBVRE, avocat.
7ᵉ — *Chéragas .....* COLOMIÈS, maire d'Ouled-Fayet.
8ᵉ — *Hussein-Dey...* OUDAILLE, avocat.
9ᵉ — *Douéra.......* Docteur BABILÉE.
10ᵉ — *Maison-Carrée.* ALTAIRAC (Frédéric) fils, maire de Maison-Carrée.
11ᵉ — *Arba........* LEBAILLY, propriétaire.
12ᵉ — *Dellys........* VÉROLA, avoué.
13ᵉ — *Bordj-Ménaïel.* BROUSSAIS (Emile), député.
14ᵉ — *Aumale......* Docteur BENOIT, maire de l'Arba.
15ᵉ — *Blida ....* COMBREDET, vétérinaire.
16ᵉ — *Boufarik .....* GUIZARD, maire de Boufarik.
17ᵉ — *Koléa ....* JACQUEMOND, maire de Douaouda.
18ᵉ — *Mouzaïaville..* CHUFFART, maire d'Oued-el-Alleug.
19ᵉ — *Marengo......* MULLER, maire de Marengo.

20ᵉ Circ.	*Cherchell*	MM.	MAUGUIN, maire d'El-Affroun.

Décédé le 4 mars 1916.

21ᵉ	—	*Miliana*	Docteur SÉGUY, maire de Miliana.
22ᵉ	—	*Affreville*	MARTIN (Casimir), maire d'Affreville.
23ᵉ	—	*Orléansville* ...	Docteur FRANCHI.
24ᵉ	—	*Ténès*	LAUPRÊTRE, maire de Ténès.
25ᵉ	—	*Médéa*	RICHARD (Alexandre), maire de Médéa.
26ᵉ	—	*Boghāri*	CAZELLES, propriétaire.
27ᵉ	—	*Tizi-Ouzou* ...	GRANIER, maire de Mirabeau.
28ᵉ	—	*Bouïra*	BAÏLAC, publiciste.
29ᵉ	—	*Alma*	GOBEL, maire de Réghaïa.
30ᵉ	—	*Oued-Fodda* ...	BILLIET, maire de Rouïna.

ANNÉE 1917

1ʳ Circ.	*Alger*	MM.	HUGUES, avocat.
2ᵉ	—	...	Docteur SALIÈGE.
3ᵉ	—	...	NIVET, négociant.
4ᵉ	—	...	HOUBÉ (André), député.
5ᵉ	—	—	DE REDON (Eugène), ingénieur civil.
6ᵉ	—	*Saint-Eugène* .	LEFEBVRE, avocat.
7ᵉ	—	*Chéragas*	COLOMIÈS, maire d'Ouled-Fayet.
8ᵉ	—	*Hussein-Dey* ...	OUDAILLE, avocat.
9ᵉ	—	*Douéra*	Docteur BABILÉE.
10ᵉ	—	*Maison-Carrée.*	ALTAIRAC (Frédéric) fils, maire de Maison-Carrée.

Décédé le 31 juillet 1917.

11ᵉ	—	*Arba*	LEBAILLY, propriétaire.
12ᵉ	—	*Dellys*	VÉROLA, avoué.
13ᵉ	—	*Bordj-Ménaïel.*	BROUSSAIS (Emile), député.
14ᵉ	—	*Aumale*	Docteur BENOIT, maire de l'Arba.
15ᵉ	—	*Blida*	COMBREDET, vétérinaire.
16ᵉ	—	*Boufarik*	GUIZARD, maire de Boufarik.
17ᵉ	—	*Koléa*	JACQUEMOND, maire de Douaouda.
18ᵉ	—	*Mouzaïaville..*	CHUFFART, maire d'Oued-el-Alleug.
19ᵉ	—	*Marengo*	MULLER, maire de Marengo.
20ᵉ	—	*Cherchell*	N ...
21ᵉ	—	*Miliana*	Docteur SÉGUY.

Décédé le 24 juillet 1917.

22ᵉ	—	*Affreville*	MARTIN (Casimir), maire d'Affreville.
23ᵉ	—	*Orléansville* ...	Docteur FRANCHI.
24ᵉ	—	*Ténès*	LAUPRÊTRE, maire de Ténès.

25ᵉ Circ.	Médéa........	MM. RICHARD (Alexandre), maire de Médéa.
26ᵉ	— Boghari......	CAZELLES, propriétaire.
27ᵉ	— Tizi-Ouzou...	GRANIER, maire de Mirabeau.
28ᵉ	— Bouïra......	BAÏLAC, publiciste.
29ᵉ	— Alma........	GOBEL, maire de Réghaïa.
30ᵉ	— Oued-Fodda...	BILLIET, maire de Rouïna.

ANNÉE 1918

1ʳᵉ Circ.	Alger........	MM. HUGUES, avocat.
2ᵉ	—	Docteur SALIÈGE.
3ᵉ	—	NIVET, négociant.
4ᵉ	—	HOUBÉ (André), député.
5ᵉ	—	DE REDON (Eugène), ingénieur civil.
6ᵉ	Saint-Eugène.	LEFEBVRE, avocat.
7ᵉ	Chéragas.....	COLOMIÈS, maire d'Ouled-Fayet.
8ᵉ	Hussein-Dey..	OUDAILLE, avocat.
9ᵉ	Douéra.......	Docteur BABILÉE.
10ᵉ	Maison-Carrée.	N...
11ᵉ	Arba........	LEBAILLY, propriétaire.
12ᵉ	Dellys........	VÉROLA, avoué.
13ᵉ	Bordj-Ménaïel.	BROUSSAIS (Emile), député.
14ᵉ	Aumale......	Docteur BENOIT, maire de l'Arba.
15ᵉ	Blida........	COMBREDET, vétérinaire.
16ᵉ	Boufarik.....	GUIZARD, maire de Boufarik.
17ᵉ	Koléa........	JACQUEMOND, maire de Douaouda.
18ᵉ	Mouzaïaville..	CHUFFART, maire d'Oued-el-Alleug.
19ᵉ	Marengo......	MULLER, maire de Marengo.
20ᵉ	Cherchell.....	N...
21ᵉ	Miliana......	N...
22ᵉ	Affreville.....	MARTIN (Casimir), maire d'Affreville.
23ᵉ	Orléansville...	Docteur FRANCHI.
24ᵉ	Ténès........	LAUPRÊTRE, maire de Ténès.
25ᵉ	Médéa........	RICHARD (Alexandre), maire de Médéa.
26ᵉ	Boghari......	CAZELLES, propriétaire.
27ᵉ	Tizi-Ouzou...	GRANIER, maire de Mirabeau.
28ᵉ	Bouïra......	BAÏLAC, publiciste.
29ᵉ	Alma........	GOBEL, maire de Réghaïa.
30ᵉ	Oued-Fodda..	BILLIET, maire de Rouïna.

LISTE DES ASSESSEURS MUSULMANS NOMMÉS PAR LE GOUVERNEMENT

DE 1871 A 1908 INCLUS

ANNÉE 1871

MM. AHMED BEN ABDELKADER, caïd des Beni Miscera (subdivision d'Alger).

SI BOUZID BEN SALEM, agha de Bouïra.

SI LOUNÈS NAÏT OU AMAR, propriétaire à Tamazirt (subdivision de Dellys).

ALI CHÉRIF, capitaine aux spahis (subdivision de Médéa).

SI SLIMAN BEN SIAM, agha honoraire de Miliana.

SI HANSI BEN ES SAÏAH, caïd des Medjadja (subdivision d'Orléansville).

Nommés par arrêté de M. le Gouverneur Général du 23 novembre 1871, en vertu de l'article 2 du décret du 12 octobre 1871.

ANNÉES 1872, 1873

MM. AHMED BOUKANDOURA, assesseur près la Cour d'appel, membre du Conseil municipal d'Alger.

ALI CHÉRIF, capitaine aux spahis, propriétaire.

KADDOUR BEN ABDERRAHMANE, propriétaire.

KADDOUR BEN AHMED, médecin.

MOHAMMED BEN HASSEN BEN BRIHMAT, propriétaire.

ABDALLAH BEN MOHAMMED, pharmacien.

Nommés par arrêté de M. le Gouverneur Général du 24 décembre 1872, en vertu du décret du 28 décembre 1870.

ANNÉE 1874

MM. AHMED BOUKANDOURA, assesseur près la Cour d'appel, membre du Conseil municipal d'Alger.

ALI CHÉRIF, capitaine aux spahis, propriétaire.

KADDOUR BEN ABDERRAHMANE, propriétaire.

MOHAMMED BEN HAMDAN BEN SIAM, propriétaire. (Nommé par arrêté de M. le Gouverneur Général du 7 décembre 1874, en remplacement de M. Kaddour ben Ahmed).

MOHAMMED BEN HASSEN BEN BRIHMAT, propriétaire.

HAMOUD BEN TURKIA, cadi d'Alger. (Nommé par arrêté de M. le Gouverneur Général du 7 décembre 1874, en remplacement de M. Abdallah ben Mohammed).

Années 1875, 1876, 1877

MM. Ahmed Boukandoura, assesseur près la Cour d'appel, membre
du Conseil municipal d'Alger.
Ali Chérif, capitaine aux spahis, propriétaire.
Kaddour ben Abderrahmane, propriétaire.
Mohammed ben Hamdan ben Siam, propriétaire.
Mohammed ben Hassen ben Brihmat, propriétaire.
Hamoud ben Turkia, cadi d'Alger.

Année 1878

MM. Si El Hachemi ben Si El Ounis, assesseur à la Cour d'appel
d'Alger. (Nommé par arrêté de M. le Gouverneur Général du
19 février 1878, en remplacement de M. Si Ahmed Boukan-
doura, démissionnaire).
Ali Chérif, capitaine aux spahis, propriétaire.
Hamoud ben Turkia, cadi d'Alger.
Mohammed ben Hassen ben Brihmat, propriétaire.
Mohammed ben Hamdan ben Siam, propriétaire.
Kaddour ben Abderrahmane, propriétaire.

Année 1879

MM. Si El Hachemi ben Si El Ounis, assesseur à la Cour d'appel
d'Alger.
Ali Chérif, capitaine aux spahis, propriétaire.
Hamoud ben Turkia, cadi d'Alger.
Mohammed ben Hassen ben Brihmat, propriétaire.
Mohammed ben Hamdan ben Siam, propriétaire.
Kaddour ben Abderrahmane, propriétaire.

Année 1880

MM. Si El Hachemi ben Si El Lounis, assesseur à la Cour d'appel
d'Alger.
Ali Chérif, capitaine en retraite.
Hamoud ben Turkia, cadi à Alger.
Mohammed ben Hamdan ben Siam, propriétaire.
Kaddour ben Abderrahmane, propriétaire.
Mohammed ben Hassen ben Brihmat, adjoint au Maire de
l'Arba.

Année 1881

MM. Si El Hachemi ben Si El Lounis, assesseur à la Cour d'appel
d'Alger.
Ali Chérif, capitaine en retraite.

MM. Hamoud ben Turkia, cadi à Alger.
Mohammed ben Hamdan ben Siam, propriétaire.
Kaddour ben Abderrahmane, propriétaire.
Mohammed ben Si Henni, cadi d'Orléansville. (Nommé par arrêté de M. le Gouverneur Général du 30 décembre 1880, en remplacement de M. Mohammed ben Hassen ben Brihmat, décédé).

Année 1882

MM. Si El Hachemi ben Si El Lounis, assesseur à la Cour d'appel d'Alger.
Ali Chérif, capitaine en retraite.
Hamoud ben Turkia, cadi à Alger.
Mohammed ben Hamdan ben Siam, propriétaire.
Kaddour ben Abderrahmane, propriétaire.
Mohammed ben si Henni, cadi d'Orléansville.

Année 1883

MM. Ali Chérif, capitaine en retraite.
El Hadj ben Miloud ben Yamina, adjoint indigène.
Mohammed ben Hamdan ben Siam, propriétaire
Ahmed ben Omar, assesseur kabyle à la Cour d'appel d'Alger. (Nommé par arrêté de M. le Gouverneur Général du 11 août 1883).
Mohammed ben Si Henni, cadi d'Orléansville. (Nommé par arrêté de M. le Gouverneur Général du 30 octobre 1883).
Mohammed ben Diff, agha du cercle de Bou-Saâda. (Nommé par arrêté de M. le Gouverneur Général du 30 octobre 1883).

Années 1884, 1885

MM. Ali Chérif, capitaine en retraite.
El Hadj ben Miloud ben Yamina, adjoint indigène.
Mohammed ben Hamdan ben Siam, propriétaire.
Ahmed ben Omar, assesseur kabyle à la Cour d'Appel.
Mohammed ben Si Henni, cadi d'Orléansville.
Mohammed ben Diff, agha du cercle de Bou-Saâda.

Année 1886

MM. Ali Chérif, capitaine en retraite. (Pouvoirs renouvelés pour six ans par arrêté de M. le Gouverneur Général du 11 septembre 1886).
El Hadj ben Miloud ben Yamina, adjoint indigène. (Pouvoirs renouvelés pour six ans par arrêté de M. le Gouverneur Général du 11 septembre 1886).

MM. Mohammed ben Hamdan ben Siam, propriétaire. (Pouvoirs renouvelés pour six ans par arrêté de M. le Gouverneur Général du 11 septembre 1885).

Ahmed ben Omar, assesseur kabyle près la Cour d'appel

Mohammed ben Si Henni, cadi d'Orléansville.

Mohammed ben Diff, agha du cercle de Bou-Saâda.

Années 1887, 1888

MM. Ali Chérif, capitaine en retraite.

El Hadj ben Miloud ben Yamina, adjoint indigène.

Mohammed ben Hamdan ben Siam, propriétaire.

Ahmed ben Omar, assesseur à la Cour d'appel.

Mohammed ben Si Henni, cadi d'Orléansville,

Mohammed ben Diff, agha du cercle de Bou-Saâda.

Année 1889

MM. Ali Chérif, capitaine en retraite.

El Hadj ben Miloud ben Yamina, adjoint indigène.

Mohammed ben Hamdan ben Siam, propriétaire.

Ahmed ben Omar, assesseur à la Cour d'appel. (Pouvoirs renouvelés par arrêté gouvernemental du 24 août 1889).

Mohammed ben Si Henni, cadi d'Orléansville. (Pouvoirs renouvelés par arrêté gouvernemental du 24 août 1889).

Mohammed ben Diff, agha du cercle de Bou-Saâda. (Pouvoirs renouvelés par arrêté gouvernemental du 24 août 1889).

Année 1890

MM. Ali Chérif, capitaine en retraite.

El Hadj ben Miloud ben Yamina, adjoint indigène.

Mohammed ben Hamdan ben Siam, propriétaire.

Mohammed ben Si Henni, cadi d'Orléansville.

Mohammed ben Diff, agha du cercle de Bou-Saâda.

Hadj Abdelkader ben Amar, ancien agha. (Remplace M. Ahmed ben Omar).

Année 1891

MM. Ali Chérif, capitaine en retraite.

El Hadj ben Miloud ben Yamina, adjoint indigène.

Mohammed ben Hamdan ben Siam, propriétaire.

Mohammed ben Si Henni, cadi d'Orléansville.

Mohammed ben Diff, agha du cercle de Bou-Saâda.

Hadj Abdelkader ben Amar, ancien agha.

Année 1892

MM. Mohammed ben Si Henni, cadi d'Orléansville.

Mohammed ben Diff, agha du cercle de Bou-Saâda.

Hadj Abdelkader ben Amar, ancien agha.

Ali Chérif, capitaine en retraite. (Pouvoirs renouvelés par arrêté de M. le Gouverneur Général).

El Hadj ben Miloud ben Yamina, adjoint indigène des Heumis, (Pouvoirs renouvelés par arrêté de M. le Gouverneur Général).

Lhassen ben Hadj Ahmed Yatteren, adjoint indigène d'Aït Akerma (Fort-National mixte). (Remplace M. Mohammed ben Hamdan ben Siam).

Années 1893, 1894

MM. Mohammed ben Si Henni, cadi d'Orléansville.

Mohammed ben Diff, agha du cercle de Bou-Saâda.

Hadj Abdelkader ben Amar, ancien agha.

Ali Chérif, capitaine en retraite.

El Hadj ben Miloud ben Yamina, adjoint indigène des Heumis.

Lhassen ben Hadj Ahmed Yatteren, adjoint indigène d'Aït-Akerma (Fort-National mixte).

Année 1895

MM. Mohammed Sabaoui, conseiller municipal à Médéa. (Nommé par arrêté de M. le Gouverneur Général du 26 septembre 1895).

Ferhat Mouley Adda ben Taïeb, adjoint indigène des Beni-Maïda (Téniet-el-Haâd mixte). (Nommé par arrêté de M. le Gouverneur Général du 26 septembre 1895).

Hadj Abdelkader ben Amar, ancien agha. (Nommé par arrêté de M. le Gouverneur Général du 26 septembre 1895).

Ali Chérif, capitaine en retraite.

El Hadj ben Miloud ben Yamina, adjoint indigène des Heumis (Ténès mixte).

Lhassen ben Hadj Ahmed Yatteren, adjoint indigène d'Aït-Akerma (Fort-National mixte).

Année 1896

MM. Mohammed Sabaoui, conseiller municipal à Médéa.

Ferhat Mouley Adda ben Taïeb, adjoint indigène des Beni-Maïda (Téniet-el-Haâd mixte).

Hadj Abdelkader ben Amar, ancien agha.

Ali Chérif, capitaine en retraite.

El Hadj ben Miloud ben Yamina, adjoint indigène des Heumis (Ténès mixte).

MM. Benlarbi Toumi ben Ahmed, agha honoraire. (Nommé par
arrêté de M. le Gouverneur Général du 3 octobre 1896, en
remplacement de M. Si Lhassen décédé).

Année 1897

MM. Mohammed Sabaoui, conseiller municipal à Médéa.

Ferhat Mouley Abba ben Taïeb, adjoint indigène des Beni-
Maïda (Téniet-el-Haâd mixte).

Hadj Abdelkader ben Amar, ancien agha.

Ali chérif, capitaine en retraite.

El Hadj ben Miloud ben Yamina, adjoint indigène des Heumis (Ténès mixte).

Benlarbi Toumi ben Ahmed, agha honoraire.

Année 1898

MM. Mohammed Sabaoui, conseiller municipal à Médéa.

Ferhat Mouley Abba ben Taïeb, adjoint indigène des Beni-
Maïda (Téniet-el-Haâd mixte).

Hadj Abdelkader ben Amar, ancien agha.

Ali Chérif, capitaine en retraite. (Nommé par arrêté de M. le
Gouverneur Général du 11 septembre 1898).

El Hadj ben Miloud ben Yamina, adjoint indigène des Heumis
(Ténès mixte). (Nommé par arrêté de M. le Gouverneur
Général du 11 septembre 1898).

Benlarbi Toumi ben Ahmed, agha honoraire. (Nommé par
arrêté de M. le Gouverneur Général du 11 septembre 1898).

Année 1899

MM. Mohammed Sabaoui, conseiller municipal à Médéa.

Ferhat Mouley Abba ben Taïeb, adjoint indigène des Beni-
Maïda (Téniet-el-Haâd mixte).

Slimani Saïd ben Lamara, adjoint indigène à Tizi-Ouzou.
(Nommé par arrêté de M. le Gouverneur Général du 28 sep-
tembre 1899, en remplacement de M. Hadj Abdelkader ben
Amar, décédé).

Ali Chérif, capitaine en retraite.

El Hadj ben Miloud ben Yamina, adjoint indigène des Heumis
(Ténès mixte).

Benlarbi Toumi ben Ahmed, agha honoraire.

Année 1900

MM. Mohammed Sabaoui, conseiller municipal à Médéa.

Ferhat Mouley Abba ben Taïeb, adjoint indigène des Beni-
Maïda (Téniet-el-Haâd mixte).

— 160 —

MM. Slimani Saïd ben Lamara, adjoint indigène à Tizi-Ouzou.
    Ali Chérif, capitaine en retraite.
    El Hadj ben Miloud ben Yamina, adjoint indigène des Heumis.
    (Ténès mixte).
    Benlarbi Toumi ben Ahmed, agha honoraire.

Année 1901

MM. Ben Diff Mohammed ben Ahmed, agha à Bou-Saâda (Oued-
    Chaïr). (Nommé par arrêté de M. le Gouverneur Général du
    8 juillet 1901).
    Ferhat Mouley Abba ben Taïeb, adjoint indigène des Beni-
    Maïda (Téniet-el-Haâd mixte). (Nommé par arrêté de M. le
    Gouverneur Général du 8 juillet 1901).
    Slimani Saïd ben Lamara, adjoint indigène à Tizi-Ouzou.
    (Nommé par arrêté de M. le Gouverneur Général du 8 juillet
    1901).
    Ali Chérif, capitaine en retraite.
    El Hadj ben Miloud ben Yamina, adjoint indigène des Heumis
    (Ténès mixte).
    Benlarbi Toumi ben Ahmed, agha honoraire.

Années 1902, 1903

MM. Ben Diff Mohammed ben Ahmed, agha à Bou-Saâda (Oued-
    Chaïr).
    Ferhat Mouley Abba ben Taïeb, adjoint indigène des Beni-
    Maïda (Téniet-el-Haâd mixte).
    Slimani Saïd ben Lamara, adjoint indigène à Tizi-Ouzou.
    Ali Chérif, capitaine en retraite.
    El Hadj ben Miloud ben Yamina, adjoint indigène des Heumis
    (Ténès mixte).
    Benlarbi Toumi ben Ahmed, agha honoraire.

Année 1904

MM. Ben Diff Mohammed ben Ahmed, agha à Bou-Saâda.
    Ferhat Mouley Abba ben Taïeb, agha et adjoint indigène des
    Beni-Maïda (Téniet-el-Haâd mixte).
    Slimani Saïd ben Lamara, adjoint indigène à Tizi-Ouzou.
    Zahar Ali Chérif, capitaine en retraite. (Nommé par arrêté de
    M. le Gouverneur Général du 4 juillet 1904).
    Bouthira El Hadj ben Miloud ben Yamina, adjoint indigène
    des Heumis (Ténès mixte). (Nommé par arrêté de M. le
    Gouverneur Général du 4 juillet 1904).
    Sabaoui Mohammed, propriétaire à Médéa. (Nommé par arrêté
    de M. le Gouverneur Général du 4 juillet 1904).

Années 1905, 1906

MM. Ben Diff Mohammed ben Ahmed, agha à Bou-Saâda.

Ferhat Mouley Adba ben Taïeb, agha et adjoint indigène des Beni-Maïda (Téniet-el-Haâd mixte).

Slimani Saïd ben Lamara, adjoint indigène à Tizi-Ouzou.

Zahar Ali Chérif, capitaine en retraite.

Bouthiba el Hadj ben Miloud ben Yamina, adjoint indigène des Heumis (Ténès mixte).

Sabaoui Mohammed, propriétaire à Médéa.

Année 1907

MM. Belkacem ben Cheikh el Mokhtar, adjoint indigène du cercle de Bou-Saâda. (Nommé par arrêté de M. le Gouverneur Général du 3 juin 1007).

Ferhat Mouley Adba ben Taïeb, agha et adjoint indigène des Beni-Maïda (Téniet-el-Haâd mixte). (Nommé par arrêté de M. le Gouverneur Général du 3 juin 1907).

Slimani Saïd ben Lamara, adjoint indigène à Tizi-Ouzou. (Nommé par arrêté de M. le Gouverneur Général du 3 juin 1907).

Zahar Ali Chérif, capitaine en retraite.

Bouthiba el Hadj ben Miloud ben Yamina, adjoint indigène des Heumis (Ténès mixte).

Sabaoui Mohammed, propriétaire à Médéa.

Année 1908

MM. Belkacem ben Cheikh el mokhtar, adjoint indigène du cercle de Bou-Saâda.

Ferhat Mouley Adba ben Taïeb, agha et adjoint indigène des Beni-Maïda (Téniet-el-Haâd mixte).

Slimani Saïd ben Lamara, adjoint indigène à Tizi-Ouzou.

Zahar Ali Chérif, capitaine en retraite.

Bouthiba el Hadj ben Miloud ben Yamina, adjoint indigène des Heumis. (Ténès mixte).

Sabaoui Mohammed, propriétaire à Médéa.

TABLEAU

DES CIRCONSCRIPTIONS ÉLECTORALES INDIGÈNES

DE 1909 A NOS JOURS

Le chef-lieu et la composition des circonscriptions électorales indigènes ont été déterminés comme suit par arrêté de M. le Gouverneur
général du 17 février 1909 :

N° D'ORDRE DES CIRCONSCRIPTIONS	CHEFS-LIEUX	COMPOSITION TERRITORIALE DES CIRCONSCRIPTIONS
1	Alger....	Communes de plein exercice d'Alger, Aïn-Taya, Alma, Ameur-el-Aïn, Arba, Arba-tache, Attatba, Aumale, Baba-Hassen, Beni-Mered, Bérard, Birkadem, Birman-dreïs, Bir-Rabalou, Birtouta, Blida, Bou-farik, Bouïnan, Bourkika, Bouzaréa, Cas-tiglione, Chebli, Chéragas, Cherchell, Chiffa, Courbet, Crescia, Dély-Ibrahim, Douaouda, Douéra, Draria, El-Achour, El-Affroun, El-Biar, Félix-Faure, Fon-douk, Fort-de-l'Eau, Fouka, Gouraya, Guyotville, Hussein-Dey, Koléa, Kouba, Mahelma, Maison-Blanche, Maison-Car-rée, Marengo, Ménerville, Meurad, Mou-zaïaville, Novi, Oued-el-Alleug, Ouled-Fayet, Réghaïa, Rivet, Rouïba, Rovigo, Saint-Eugène, Saint-Ferdinand, Saint-Pierre-Saint-Paul, Saoula, Sidi-Moussa, Souma, Staouéli, Téfeschoun, Tipaza, Zéralda ; communes mixtes d'Aïn-Bes-sem, Aumale, Beni-Mansour, Gouraya, Sidi-Aïssa, Tablat ; territoire de comman-dement : commune mixte de Bou-Saâda et commune indigène de Bou-Saâda.
2	Médéa........	Communes de plein exercice de Médéa, Berrouaghia, Boghar, Boghari, Damiette, Lodi ; communes mixtes d'Aïn-Boucif, Berrouaghia, Boghari et Chellala.

N° D'ORDRE DES CIRCONSCRIPTIONS	CHEFS-LIEUX	COMPOSITION TERRITORIALE DES CIRCONSCRIPTIONS
3	Miliana	Communes de plein exercice de Miliana, Affreville, Aïn-Sultan, Bou-Medfa, Duperré, Kherba, Lavarande, Littré, Bouïna, Teniet-el-Haâd, Vesoul-Benian ; communes mixtes des Braz, Djendel et Teniet-el-Haâd.
4	Orléansville ..	Communes de plein exercice d'Orléansville, Attafs, Carnot, Cavaignac, Charon, Montenotte, Oued-Fodda, Ténès ; communes mixtes du Chélif, Ouarsenis et Ténès.
5	Tizi-Ouzou.....	Communes de plein exercice de Tizi-Ouzou, Bois-Sacré, Bordj-Ménaïel, Camp-du-Maréchal, Dellys, Dra-el-Mizan, Haussonvillers, Isserville, Mirabeau, Rebeval, Tizi-Reniff, Palestro ; communes mixtes de Dra-el-Mizan, Mizrana et Palestro.
6	Fort-National..	Communes de plein exercice de Fort-National, Mekla, Bouïra ; communes mixtes d'Azeffoun, Haut-Sebaou, Djurdjura et Fort-National.

LISTE DES CONSEILLERS GÉNÉRAUX INDIGÈNES

PAR CIRCONSCRIPTION

DE 1909 à NOS JOURS

ANNÉE 1909

| 1re Circ. | *Alger* .... | MM. Bensiam Mohammed, propriétaire. |

1re Circ. *Alger* .... MM. Bensiam Mohammed, propriétaire.
Élu le 28 mars 1909.

2e — *Médéa* .... Sabaoui Mohammed, propriétaire.
Élu le 28 mars 1909.

3e — *Miliana* .... Hadj Hamou Mohammed, cadi.
Élu le 28 mars 1909.

4e — *Orléansville* .... Saïah Si Henni, cadi.
Élu le 28 mars 1909.

5e — *Tizi-Ouzou* .... Aïtsalem Mohammed ben Amar, propriétaire.
Élu le 28 mars 1909.

6e — *Fort-National* .. Sidahmed Si Menad, propriétaire.
Élu le 28 mars 1909.

ANNÉE 1910

1re Circ. *Alger* .... MM. Bensiam Mohammed, propriétaire.

2e — *Médéa* .... Sabaoui Mohammed, propriétaire.
Réélu le 26 juin 1910.

3e — *Miliana* .... Hadj Hamou Mohammed, cadi.

4e — *Orléansville* .... Saïah Si Henni, cadi.
Réélu le 26 juin 1910.

5e — *Tizi-Ouzou* ..... Aïtsalem Mohammed ben Amar, propriétaire.

6e — *Fort-National* .. Sidahmed Si Menad, propriétaire.
Réélu le 26 juin 1910.

ANNÉES 1911, 1912

1re Circ. *Alger* .... MM. Bensiam Mohammed, propriétaire.

2e — *Médéa* .... Sabaoui Mohammed, propriétaire.

3e — *Miliana* .... Hadj Hamou Mohammed, cadi.

4ᵉ Circ. *Orléansville*.... MM. Saïah Si Henni, cadi.
5ᵉ — *Tizi-Ouzou* .... Aïtsalem Mohammed ben Amar, propriétaire.
6ᵉ — *Fort-National*.. Sidahmed Si Menad, propriétaire.

Année 1913

1ʳᵉ Circ. *Alger*......... MM. Bensiam Mohammed, propriétaire.
Réélu le 29 juin 1913.
2ᵉ — *Médéa*......... Sabaoui Mohammed, propriétaire.
3ᵉ — *Miliana*....... Hadj Hamou Mohammed, cadi.
Réélu le 29 juin 1913.
4ᵉ — *Orléansville*.... Saïah Si Henni, cadi.
5ᵉ — *Tizi-Ouzou* .... Aïtsalem Mohammed ben Amar, propriétaire.
Réélu le 29 juin 1913.
6ᵉ — *Fort-National*.. Sidahmed Si Menad, propriétaire.

Années 1914, 1915, 1916, 1917, 1918

1ʳᵉ Circ. *Alger*........ MM. Bensiam Mohammed, propriétaire.
2ᵉ — *Médéa*........ Sabaoui Mohammed, propriétaire.
3ᵉ — *Miliana*....... Hadj Hamou Mohammed, cadi.
4ᵉ — *Orléansville*.... Saïah Si Henni, cadi.
5ᵉ — *Tizi-Ouzou* .... Aïtsalem Mohammed ben Amar, propriétaire.
ᵉ — *Fort-National*.. Sidahmed Si Menad, propriétaire.

LISTE DES MEMBRES
DE LA COMMISSION DÉPARTEMENTALE
DEPUIS 1872

ANNÉE 1872

MM. Docteur MARÈS, président de la Société d'Agriculture d'Alger.
BOURLIER, maire de Saint-Pierre-Saint-Paul.
PARODI, maire de Boufarik.
DE MALGLAIVE, propriétaire.
LAFITTE, maire de Cherchell.
BOUDET, propriétaire.
HÉRAIL, propriétaire.

ANNÉE 1873

MM. DESSOLIERS, propriétaire.
MONGELLAS, propriétaire.
HÉRAIL, propriétaire.
MERCURIN, propriétaire.
BOUDET, propriétaire.
PARODI, maire de Boufarik.
DAUDET, maire de Médéa.

ANNÉE 1874

MM. FÉRAUD, entrepreneur de travaux publics.
DESSOLIERS, propriétaire.
ROBE, avocat,
ARNAC, architecte.
PARODI, maire de Boufarik.
DAUDET, maire de Médéa.
BEN BRIHMAT, propriétaire.

ANNÉE 1875

MM. PARODI, maire de Boufarik.
DESSOLIERS, propriétaire.
FÉRAUD, entrepreneur de travaux publics.
MONGELLAS, propriétaire.
PAGÈS, avocat à Blida.
ALI CHÉRIF, capitaine de spahis.

Année 1876

MM. Dessoliers, propriétaire.
Parodi, maire de Boufarik.
Gobel, propriétaire.
Mauguin, imprimeur.
Lafitte, maire de Cherchell.
Ali Chérif, capitaine de spahis.

Année 1877

MM. Mercier (Gustave), pharmacien.
Docteur Marcailhou d'Aymeric.
Boutemaille, propriétaire.
Lapérouse, maire de la Chiffa.
Génella (Léon), rédacteur en chef de la *Vigie Algérienne*.
Ben Brihmat, propriétaire.

Année 1878

MM. Lapérouse, maire de la Chiffa.
Génella (Léon), rédacteur en chef de la *Vigie Algérienne*.
Mauguin, imprimeur.
Mercier (Gustave), pharmacien.
Letellier, avocat.
Ben Brihmat, propriétaire.

Année 1879

MM. Lapérouse, maire de la Chiffa.
Mauguin, directeur du *Tell*.
Docteur Garny.
Obitz, propriétaire.
Lépiney, avocat,
Ben Brihmat, propriétaire.

Année 1880

MM. Sarda, inspecteur central des Établissements de bienfaisance.
Boutemaille, propriétaire.
Docteur Garny.
Marchal, rédacteur en chef du *Petit Colon*.
Lapérouse, maire de la Chiffa.
Ben Brihmat, propriétaire.

Année 1881

MM. Alphandéry, 1er adjoint au Maire d'Alger.
Féraud, entrepreneur de travaux publics.
Lapérouse, maire de la Chiffa.
Obitz, propriétaire.
Samary, architecte.
El Hachemi ben si Lounis, assesseur à la Cour d'appel d'Alger. (Désigné par arrêté de M. le Gouverneur Général du 9 novembre 1880).

Année 1882

MM. Mongellas, propriétaire.
Alphandéry, banquier.
Samary, architecte.
Stotz, propriétaire.
Fourrier, avocat-défenseur.
El Hachemi ben Si Lounis, assesseur à la Cour d'appel d'Alger.

Année 1883

MM. Lépiney, avocat.
Houbé père, propriétaire.
Samary, ingénieur architecte.
Aumerat, rédacteur de la *Solidarité*.
Gobel, directeur de la Colonie pénitentiaire de M'Zéra.
Bensiam, propriétaire. (Désigné par arrêté de M. le Gouverneur Général du 30 octobre 1883.)

Année 1884

MM. Houbé père, propriétaire.
Wagner, maire de l'Alma.
Gobel, directeur de la Colonie pénitentiaire de M'Zéra.
Barnaud, maire de Cherchell.
Aumerat, rédacteur de la *Solidarité*.
Bensiam, propriétaire. (Désigné par arrêté de M. le Gouverneur Général du 5 novembre 1884.)

Année 1885

MM. Aumerat, rédacteur en chef de la *Solidarité*.
Houbé père, maire de la Chiffa.
Wagner, maire de l'Alma.

MM. Gobel, directeur de la Colonie pénitentiaire de M'Zéra.
Barnaud, maire de Cherchell.
Bensiam, propriétaire. (Désigné par arrêté de M. le Gouverneur
Général du 9 novembre 1885.)

Année 1886

MM. Aumérat, rédacteur en chef de la *Dépêche Algérienne*.
Houbé père, maire de la Chiffa.
Pourailly, maire de Miliana.
Broussais, avocat.
Wagner, maire de l'Alma.
Bensiam, propriétaire. (Désigné par arrêté de M. le Gouverneur
Général du 4 novembre 1886.)

Année 1887

MM. Aumérat, rédacteur en chef de la *Dépêche Algérienne*.
Wagner, maire de l'Alma.
Houbé père, maire de la Chiffa.
Broussais, avocat.
Altairac (F.) fils, manufacturier.
Bensiam, propriétaire. (Désigné par arrêté de M. le Gouverneur
Général du 5 novembre 1887.)

Année 1888

Altairac (F.) fils, manufacturier.
Aumérat, rédacteur en chef de la *Dépêche Algérienne*.
Houbé père, maire de la Chiffa.
Wagner, maire de l'Alma.
Sapor, maire d'Aumale.
Bensiam, propriétaire. (Désigné par arrêté de M. le Gouverneur
Général du 8 novembre 1888.)

Années 1889, 1890

MM. Jourdan, maire d'Affreville.
Sapor, maire d'Aumale.
Aumérat, rédacteur en chef de la *Dépêche Algérienne*.
Cayrol, maire de Dellys.
Altairac (F.) fils, manufacturier.
Bensiam, propriétaire. (Désigné par arrêtés de M. le Gouver-
neur Général des 26 octobre 1889 et 27 octobre 1890.)

Année 1891

MM. Altairac (F.) fils, manufacturier.
Aumerat, rédacteur en chef de la *Dépêche Algérienne*.
Mantout, propriétaire.
Broussais, avocat.
Samary, ingénieur architecte.
Bensiam, propriétaire. (Désigné par arrêté de M. le Gouverneur Général du 4 novembre 1891).

Année 1892

MM. Altairac (F.) fils, manufacturier.
Stotz, propriétaire.
Delamare, ingénieur, directeur des Mines de Sakamody.
Gros, maire de Boufarik.
Jouyne, avocat.
Hadj Abdelkader ben Amar, ancien agha. (Désigné par arrêté de M. le Gouverneur Général du 3 octobre 1892).

Année 1893

MM. Stotz, maire de Crescia.
Vivarez, ingénieur civil.
Delamare, ingénieur, directeur des Mines de Sakamody.
Robert (Paul), banquier.
Gamerre, maire de Mouzaïaville.
Ali Chérif, capitaine en retraite. (Désigné par arrêté de M. le Gouverneur Général du 18 novembre 1893.)

Année 1894

MM. Vivarez, ingénieur civil.
Stotz, maire de Crescia.
Gamerre, maire de Mouzaïaville.
Aumerat, publiciste.
Mertz, conseiller municipal d'Alger.
Ali Chérif, capitaine en retraite. (Désigné par arrêté de M. le Gouverneur Général du 19 novembre 1894.)

Années 1895, 1896

MM. Mertz, conseiller municipal d'Alger.
Stotz, maire de Crescia.
Gamerre, maire de Mouzaïaville.

MM. BEGEY, propriétaire.
GUEIROUARD, propriétaire.
ALI CHÉRIF, capitaine en retraite. (Désigné par arrêté de M. le
Gouverneur Général du 25 novembre 1896.)

ANNÉE 1897

MM. MERTZ, conseiller municipal d'Alger.
BEGEY, propriétaire.
GUEIROUARD, propriétaire.
HANNEDOUCHE, avocat.
STOTZ, maire de Crescia.
ALI CHÉRIF, capitaine en retraite. (Désigné par arrêté de M. le
Gouverneur Général du 8 novembre 1897.)

ANNÉE 1898

MM. STOTZ, maire de Crescia.
PÉCHOT, propiétaire.
POUSSON, maire de la Chiffa.
BAILLE, négociant.
MESLIER, avocat. (Démissionnaire, remplacé par M. Begey.)
ALI CHÉRIF. capitaine en retraite. (Désigné par arrêté de M. le
Gouverneur Général du 5 novembre 1898.)

ANNÉE 1899

MM. Docteur BORDO, propriétaire
POUSSON, maire de la Chiffa.
STOTZ, maire de Crescia.
BEGEY, propriétaire.
GÉMY, maire de Bouïra.
SLIMANI SAÏD BEN LAMARA, adjoint indigène à Tizi-Ouzou.
(Désigné par arrêté de M. le Gouverneur Général du 15 no-
vembre 1899.)

ANNÉE 1900

MM. BEGEY, propriétaire.
POUSSON, maire de la Chiffa.
Docteur BORDO, propriétaire.
GÉMY, pharmacien.
HANNEDOUCHE, avocat.
SLIMANI SAÏD BEN LAMARA, adjoint indigène à Tizi-Ouzou.

Année 1901

MM. Letellier, avocat-défenseur.
Narbonne, minotier.
Begey, propriétaire.
Pousson, maire de la Chiffa.
Vérola, avoué.
Slimani Saïd ben Lamara, adjoint indigène à Tizi-Ouzou.
  (Désigné par arrêté de M. le Gouverneur Général du 29 juillet
  1901.)

Année 1902

MM. Letellier, avocat-défenseur.
Vérola, avoué.
Narbonne, minotier.
Pousson, maire de la Chiffa.
Gros, maire de Boufarik.
Slimani Saïd ben Lamara, adjoint indigène à Tizi-Ouzou.
  (Désigné par arrêté de M. le Gouverneur Général du 29 octo-
  bre 1902.)

Année 1903

MM. Carbonel, publiciste.
Pousson, maire de la Chiffa.
Vérola, avoué.
Letellier, avocat-défenseur.
Serpaggi, professeur.
Slimani Saïd ben Lamara, adjoint indigène de Tizi-Ouzou.
  (Désigné par arrêté de M. le Gouverneur Général du 26 novem-
  bre 1903.)

Année 1904

MM. Lerailly, maire de Maison-Carrée.
Colomiès, maire d'Ouled-Fayet.
Pousson, maire de la Chiffa.
Vérola, avoué.
Legey, avocat.
Sabaoui Mohammed, propriétaire à Médéa. (Désigné par arrêté
  de M. le Gouverneur Général du 25 juillet 1904.)

Année 1905

MM. Guizard, maire de Boufarik.
Colomiès, maire d'Ouled-Fayet.

MM. VÉROLA, avoué.
Grégoire, notaire.
Docteur Bounhiol.
Sabaoui Mohammed, propriétaire à Médéa. (Désigné par arrêté
de M. le Gouverneur Général du 18 novembre 1905.)

ANNÉE 1906

MM. VÉROLA, avoué.
Cazelles, propriétaire,
Colomiès, maire d'Ouled-Fayet.
Guizard, maire de Boufarik.
Lebailly, maire de Maison-Carrée.
Slimani Saïd ben Lamara, adjoint indigène à Tizi-Ouzou.
(Désigné par arrêté de M. le Gouverneur Général du 6 décembre 1906.)

ANNÉE 1907

MM. Guizard, maire de Boufarik.
Muller, maire de Marengo.
Colomiès, maire d'Ouled-Fayet.
Legey, avocat.
Vérola, avoué.
Slimani Saïd ben Lamara, adjoint indigène à Tizi-Ouzou.
(Désigné par arrêté de M. le Gouverneur Général du 24 juillet 1907.)

ANNÉE 1908

MM. Guizard, maire de Boufarik.
Vérola, avoué.
Docteur Babilée.
Cazelles, propriétaire.
Lebailly, maire de Maison-Carrée.
Slimani Saïd ben Lamara, adjoint indigène à Tizi-Ouzou.
(Désigné par arrêté de M. le Gouverneur Général du 12 décembre 1908.)

ANNÉE 1909 (AVRIL)

MM. Guizard, maire de Boufarik.
Vérola, avoué.
Docteur Babilée.
Cazelles, propriétaire.
Lebailly, maire de Maison-Carrée.
Aïtsalem, propriétaire.

Année 1909 (Octobre)

MM. Colomiès, maire d'Ouled-Fayet.
Guizard, maire de Boufarik.
Lebailly, maire de Maison-Carrée.
Lefebvre, avocat.
Vérola, avoué.
Saïah Si Henni, cadi.

Année 1910

MM. Docteur Babilée.
Guizard, maire de Boufarik.
Lebailly, maire de Maison-Carrée.
Martin, maire d'Affreville.
Vérola, avoué.
Sidahmed si Menad, propriétaire.

Année 1911

MM. Guizard, maire de Boufarik.
Docteur Babilée.
Vérola, avoué.
Lebailly, maire de Maison-Carrée.
Muller, maire de Marengo.
Saïah si Henni, cadi.

Année 1912

MM. Docteur Babilée.
Cazelles, propriétaire.
Guizard, maire de Boufarik.
Lebailly, propriétaire.
Vérola, avoué.
Hadj Hamou, cadi.

Années 1913, 1914, 1915, 1916

MM. Cazelles, propriétaire.
Muller, maire de Marengo.
Docteur Séguy, maire de Miliana.
Vérola, avoué.
Docteur Benoit, maire de l'Arba.
Saïah si Henni, cadi.

Année 1917

MM. Cazelles, propriétaire.
Muller, maire de Marengo.
Docteur Séguy, maire de Miliana. (Décédé le 21 juillet 1917.) .
Vérola, avoué.
Docteur Benoit, maire de l'Arba.
Saïah si Henni, cadi.

Année 1918

MM. Docteur Benoit, maire de l'Arba.
Cazelles, propriétaire.
Jacquemond, maire de Douaouda.
Muller, maire de Marengo.
Vérola, avoué.
Saïah si Henni, cadi.

LISTE DES MEMBRES DES GRANDES COMMISSIONS

Année 1858

1re Commission.

MM. Belle, officier de Marine en retraite.
Baron Boissonnet, propriétaire.
Jaubert, négociant et propriétaire.
Loché, propriétaire à Douéra.
Pobeguin, propriétaire à Miliana.
Ahmed Boukandoura, assesseur à la Cour impériale d'Alger.
Hassan Ould Caïd Ahmed, propriétaire.

2e Commission.

MM. Aymes, propriétaire.
Cocquerel, ingénieur civil.
Dubois, chef de bataillon en retraite, propriétaire à Médéa.
Pommereau, membre de la Chambre consultative d'Agriculture,
propriétaire à Ténès.
Sarlande jeune, propriétaire.
Manaud, propriétaire à Aumale.
Hassan Ould Caïd Ahmed, propriétaire.

3e Commission.

MM. Caillebar, conseiller à la Cour impériale de Pau, propriétaire
à Alger.
Cocquerel, ingénieur civil.
Lichtlin, directeur de la Banque de l'Algérie et propriétaire.
Robert, banquier.
Séron, négociant.
Baron Vialar, propriétaire.
Weyer, propriétaire.

Année 1859

1re Commission.

MM. Belle, officier de Marine en retraite.
Cocquerel, ingénieur civil.
Imbertis, président de Chambre à la Cour impériale d'Alger.
Manaud, propriétaire à Aumale.
Pobeguin, propriétaire à Miliana.
Weyer, propriétaire.
Ahmed Boukandoura, assesseur à la Cour impériale d'Alger.

2e Commission.

MM. Aymès, propriétaire.
Baron Boissonnet, propriétaire.
Dubois, chef de bataillon en retraite, propriétaire à Médéa.
Jaubert, négociant, propriétaire.
Pommereau, membre de la Chambre consultative d'Agriculture, propriétaire à Ténès.
Lichtlin, directeur de la Banque de l'Algérie et propriétaire.
Robert, banquier.
Sarlande jeune, propriétaire.
Hassan Ould Caïd Ahmed, propriétaire.

3e Commission.

MM. Aymès, propriétaire.
Cailleban, conseiller à la Cour impériale de Pau, propriétaire
Jaubert, négociant, propriétaire.
Séron, négociant.
Robert, banquier.
Weyer, propriétaire.
Baron Vialar, propriétaire.

Année 1860

1re Commission.

MM. Aymès, propriétaire.
Locré, propriétaire à Douéra.
Martin.
Amiral Rigodit.
Robert, banquier.
Ahmed Boukandoura, assesseur à la Cour impériale d'Alger.

2e Commission.

MM. Aupied.
Bernis, propriétaire.
Baron Boissonnet, propriétaire.
Borély la Sapie, propriétaire.
Lescanne, propriétaire.
Docteur Robat.
Sarlande jeune, propriétaire.
Hassan Ould Caïd Ahmed, propriétaire.

3ᵉ Commission.

MM. Caillebar, conseiller à la Cour impériale de Pau, propriétaire
à Alger.
Ellie, notaire.
Docteur Robat.
Séron, négociant.
Baron Vialar, propriétaire.

Année 1861

1ʳᵉ Commission.

MM. Aymes, propriétaire.
Bréauté, chef d'escadron.
Martin.
Robert, banquier.
Ahmed Boukandoura, assesseur à la Cour impériale d'Alger.

2ᵉ Commission.

MM. Bernis, vétérinaire.
Baron Boissonnet, propriétaire.
Borély la Sapie, propriétaire.
de Malglaive, propriétaire.
Sarlande jeune, propriétaire.
Aupied.
Lescanne, propriétaire.
Hassan Ould Caïd Ahmed, propriétaire.

3ᵉ Commission.

MM. Caillebar, conseiller à la Cour impériale de Pau, propriétaire
à Alger.
Ellie, notaire.
Séron (Moïse), négociant.
Barny, conseiller à la Cour impériale d'Alger.
Pommereau, membre de la Chambre consultative d'Agriculture,
propriétaire à Ténès.
Baron Vialar, propriétaire.

Année 1862

1re Commission.

MM. Barny, conseiller à la Cour impériale d'Alger.
    Bastide, propriétaire.
    Robert, banquier.
    Docteur Robat.
    Baron Vialar, propriétaire.
    Ahmed Boukandoura, propriétaire.

2e Commission.

MM. Aupied.
    Baron Boissonnet, propriétaire.
    Borély la Sapie, maire de Boufarik.
    Lescanne. propriétaire.
    Sarlande jeune, propriétaire.
    Adda ben Foudda, caïd des Ouled-Kosseïr.
    Hassan Ould Caïd Ahmed, propriétaire.

3e Commission.

MM. de Belleroche, propriétaire.
    Ellie, notaire.
    Journès, défenseur près la Cour impériale d'Alger.
    Séror (Moïse), négociant.
    Weyer, propriétaire.

Année 1863

1re Commission.

MM. Bastide, propriétaire à Alger, Arba, Rovigo; vice-président de
    la Chambre consultative d'Agriculture, adjoint au Maire
    d'Alger.
    Bréauté, chef d'escadron, commandant la Place de Médéa, pro-
    priétaire à Médéa.
    Robat, docteur en médecine, propriétaire à Duperré, membre
    de la Chambre consultative d'Agriculture.

MM. Robert (Émile), propriétaire à Koléa.

Van Maseyk, propriétaire, maire de la Rassauta.

Baron Vialar, propriétaire à Alger et Sidi-Moussa, président de la Chambre consultative d'Agriculture, membre du Conseil municipal et du Bureau de Bienfaisance musulman d'Alger.

Ahmed Boukandoura, assesseur près la Cour impériale, membre du Conseil municipal d'Alger et des Commissions administratives du Mont-de-Piété et de la Caisse d'Epargne.

2e Commission.

MM. Arnould, propriétaire à Birkadem, membre de la Chambre consultative d'Agriculture.

Barny, conseiller à la Cour impériale d'Alger, propriétaire et membre du Conseil municipal de Chebli.

Bernis, vétérinaire principal de l'Armée, en retraite, propriétaire à la Rassauta.

Baron Boissonnet, colonel d'Artillerie à Perpignan, propriétaire à Dély-Ibrahim.

Borély la Sapie, propriétaire à Soukali, ancien maire de Boufarik, membre de la Chambre consultative d'Agriculture.

Lescanne, propriétaire à Oued-el-Alleug.

de Malglaive, officier supérieur du Génie, en retraite, propriétaire à Marengo.

Sarlande jeune, propriétaire, maire d'Alger.

Adda ben Foudda, caïd des Ouled Kosseïr, propriétaire, membre du Conseil municipal d'Orléansville et de la Chambre consultative d'Agriculture.

Hassen Ould Caïd Ahmed, propriétaire, membre du Conseil municipal de Blida et de la Chambre consultative d'Agriculture.

3e Commission.

MM. de Belleroche, propriétaire à Birkadem, membre de la Chambre consultative d'Agriculture.

Berbrugger, conservateur de la Bibliothèque et du Musée d'Alger, colonel de la Milice.

Ellie, notaire, propriétaire, membre du Conseil municipal de Blida.

Journès, défenseur près la Cour impériale d'Alger, propriétaire, membre de la Commission administrative des Hospices.

Séror (Moïse), négociant à Alger.

Weyer propriétaire à Alger et Mouzaïaville, membre de la Chambre consultative d'Agriculture, adjoint au Maire d'Alger pour la section de Mustapha.

Année 1864

1re Commission.

MM. Bastide, propriétaire à Alger, Arba, Rovigo ; vice-président de
la Chambre consultative d'Agriculture, adjoint au Maire
d'Alger.

Bréauté, chef d'escadron, commandant la Place de Médéa, propriétaire à Médéa.

Ellie, notaire, propriétaire, membre du Conseil municipal de
Blida.

Robat, docteur en médecine, propriétaire à Duperré, membre
de la Chambre consultative d'Agriculture.

Van Maseyk, propriétaire, maire de la Rassauta.

Ahmed Boukandoura, assesseur près la Cour impériale, membre du Conseil municipal d'Alger et des Commissions administratives du Mont-de-Piété et de la Caisse d'Epargne.

Hassen ben Brihmat, directeur de la Médersa d'Alger.

2e Commission.

MM. Arnould, propriétaire à Birkadem, membre de la Chambre
consultative d'Agriculture.

Baron Boissonnet, colonel d'Artillerie à Perpignan, propriétaire
à Dély-Ibrahim.

Borély la Sapie, propriétaire à Soukali, ancien maire de
Boufarik, membre de la Chambre consultative d'Agriculture.

Lescanne, propriétaire à Oued-el-Alleug.

de Malglaive, officier supérieur du Génie, en retraite, propriétaire à Marengo.

Sarlande jeune, propriétaire, maire d'Alger.

Adda ben Foudda, caïd des Ouled Kosseïr, propriétaire, membre du Conseil municipal d'Orléansville et de la Chambre
consultative d'Agriculture.

Tahar ben Mahi Eddin, bach-agha des Beni Sliman, propriétaire.

3e Commission.

MM. Berbrugger, conservateur de la Bibliothèque et du Musée
d'Alger, colonel de la Milice.

Journès, défenseur près la Cour impériale d'Alger, propriétaire,
membre de la Commission administrative des Hospices.

Séror (Moïse), négociant à Alger.

Hassen Ould Caïd Ahmed, propriétaire, membre du Conseil
municipal de Blida et de la Chambre consultative d'Agriculture.

Année 1865

1re Commission.

MM. Lair, ancien inspecteur général de lignes télégraphiques.

Robat, docteur en médecine, propriétaire à Duperré, membre de la Chambre consultative d'Agriculture.

Bou Alem ben Cherifa, bach-agha du Djendel, propriétaire.

2e Commission.

MM. Ellie, notaire, propriétaire, membre du Conseil municipal de Blida.

Séror (Moïse), négociant à Alger.

Van Maseyk, propriétaire, maire de la Rassauta.

Ahmed Boukandoura, assesseur près la Cour impériale, membre du Conseil municipal d'Alger et des Commissions administratives du Mont-de-Piété et de la Caisse d'Epargne.

Hassen ben Brihmat, directeur de la Médersa d'Alger.

3e Commission.

MM. de Belleroche, propriétaire à Birkadem, membre de la Chambre consultative d'Agriculture.

Baron Boissonnet, colonel d'Artillerie à Perpignan, propriétaire à Dély-Ibrahim.

Borély-la Sapie, propriétaire à Soukali, ancien maire de Boufarik, membre de la Chambre consultative d'Agriculture.

Lescanne, propriétaire à Oued-el-Alleug.

Sarlande jeune, propriétaire, maire d'Alger.

Adda ben Foudda, caïd des Ouled Kosseïr, propriétaire, membre du Conseil municipal d'Orléansville et de la Chambre consultative d'Agriculture.

Tahar ben Mahi-Eddin, bach-agha des Beni Sliman, propriétaire.

4e Commission.

MM. Barny, conseiller à la Cour impériale d'Alger, propriétaire et membre du Conseil municipal de Chebli.

Berbrugger, conservateur de la Bibliothèque et du Musée d'Alger, colonel de la Milice.

Genella père, notaire et propriétaire à Alger.

Hassen Ould Caïd Ahmed, propriétaire, membre du Conseil municipal de Blida et de la Chambre consultative d'Agriculture.

Année 1866

1re Commission.

MM. Ellie, notaire, propriétaire, membre du Conseil municipal de Blida.

Baron de Schonen, propriétaire, membre du Conseil municipal de l'Alma, membre de la Chambre consultative d'Agriculture.

Séror (Moïse), négociant à Alger.

Van Maseyk, propriétaire, maire de la Rassauta.

Ahmed Boukandoura, assesseur près la Cour impériale, membre du Conseil municipal d'Alger et des Commissions administratives du Mont-de-Piété et de la Caisse d'Épargne.

Ahmed ben Abdelkader, caïd des Beni Miscera, lieutenant de spahis.

Hassen ben Brihmat, directeur de la Médersa d'Alger.

2e Commission.

MM. de Belleroche, propriétaire à Birkadem, membre de la Chambre consultative d'Agriculture.

Berbrugger, conservateur de la Bibliothèque et du Musée d'Alger, colonel de la Milice.

Baron Boissonnet, colonel d'Artillerie à Perpignan, propriétaire à Dély-Ibrahim.

Borély la Sapie, propriétaire à Soukali, maire de Blida.

Genella père, notaire et propriétaire à Alger.

Sablande jeune, propriétaire et maire d'Alger.

Adda ben Foudda, caïd des Ouled Kosseïr, propriétaire, membre du Conseil municipal d'Orléansville et de la Chambre consultative d'Agriculture.

3e Commission.

MM. Bréauté, chef d'escadron, commandant la Place de Médéa, propriétaire à Médéa.

Vallier, propriétaire au lac Halloula, négociant en cotons à l'Agha, membre secrétaire de la Chambre consultative d'Agriculture.

Bou Alem ben Cherifa, bach-agha du Djendel, propriétaire.

Hassen Ould Caïd Ahmed, propriétaire, membre du Conseil municipal de Blida et de la Chambre consultative d'Agriculture.

Année 1867

1re Commission.

MM. Ellie, notaire, propriétaire, membre du Conseil municipal de Blida.

Robe, avocat, adjoint au Maire d'Alger, propriétaire à Mustapha.

Van Maseyk, propriétaire, maire de la Rassauta.

Ahmed Boukandoura, assesseur près la Cour impériale, membre du Conseil municipal d'Alger et des Commissions administratives du Mont-de-Piété et de la Caisse d'Epargne.

Hassen ben Brihmat, directeur de la Médersa d'Alger.

2e Commission.

MM. de Belleroche, propriétaire à Birkadem, membre de la Chambre consultative d'Agriculture.

Berbrugger, conservateur de la Bibliothèque et du Musée d'Alger, colonel de la Milice.

Borély la Sapie, propriétaire à Soukali, maire de Blida.

Sarlande jeune, propriétaire, maire d'Alger.

Baron de Schonen, maire de l'Alma, membre de la Chambre consultative d'Agriculture.

Ahmed ben Abdelkader, caïd des Beni Miscera, lieutenant de spahis.

3e Commission.

MM. Vallier, propriétaire au lac Halloula, négociant en cotons à l'Agha, membre secrétaire de la Chambre consultative d'Agriculture.

Bou Alem ben Cherifa, bach-agha du Djendel, propriétaire.

Hassen Ould Caïd Ahmed, propriétaire, membre du Conseil municipal de Blida et de la Chambre consultative d'Agriculture.

Année 1868

1re Commission.

MM. Berbrugger, conservateur de la Bibliothèque et du Musée d'Alger, colonel de la Milice.

Ellie, notaire, propriétaire à Blida.

Genella père, notaire à Alger.

Sénor (Moïse), négociant à Alger.

Van Maseyk, propriétaire, maire de la Rassauta.

Ahmed Boukandoura, assesseur près la Cour impériale d'Alger.

2e Commission.

MM. Bocquet, intendant militaire du cadre de réserve, propriétaire
à Cherchell.
Baron Boissonnet, colonel d'Artillerie à Perpignan, propriétaire
à Dély-Ibrahim.
Borély la Sapie, propriétaire à Soukali, maire de Blida.
Lair, adjoint au Maire d'Alger.
Lépiney, propriétaire à Médéa.
Lescanne, propriétaire à Oued-el-Alleug.
de Malglaive, officier supérieur du Génie, en retraite.
Sarlande jeune, propriétaire, maire d'Alger.
Baron de Schonen, maire de l'Alma, membre de la Chambre
consultative d'Agriculture.
Ahmed ben Abdelkader, caïd des Beni Miscera, lieutenant de
spahis.

3e Commission.

MM. Dasnière de Veigy, adjoint au Maire d'Aumale, propriétaire.
Robe, avocat, adjoint au Maire d'Alger.
Vallier, propriétaire au lac Halloula, négociant en cotons à
l'Agha, membre secrétaire de la Chambre consultative d'Agri-
culture.
Hassen ben Brihmat, directeur de la Médersa d'Alger.
Hassen Ould Caïd Ahmed, propriétaire, membre du Conseil
municipal de Blida.

Année 1869

1re Commission.

MM. Ellie, notaire, propriétaire à Blida.
Dasnière de Veigy, adjoint au Maire d'Aumale, propriétaire.
Genella père, notaire à Alger.
Lépiney, propriétaire à Médéa.
Séron (Moïse), négociant à Alger.
Van Maseyk, propriétaire, maire de la Rassauta.
Ahmed Boukandoura, assesseur près la Cour impériale d'Alger.

2e Commission.

MM. de Belleroche, propriétaire à Birkadem, membre de la Chambre consultative d'Agriculture.
Bocquet, intendant militaire du cadre de réserve, propriétaire
à Cherchell.

MM. Borély la Sapie, propriétaire à Soukali, maire de Blida.
    Lescanne, propriétaire à Oued-el-Alleug.
    Sarlande jeune, propriétaire, maire d'Alger.
    Baron de Schonen, maire de l'Alma, membre de la Chambre consultative d'Agriculture.
    Ahmed ben Abdelkader, caïd des Beni Miscera, lieutenant de spahis.
    Ali ou Kassy, caïd honoraire de Tizi-Ouzou.
    Boualem ben Cherifa, bach-agha du Djendel, propriétaire.

3ᵉ Commission.

MM. Barny, conseiller à la Cour impériale d'Alger.
    Robe, avocat, adjoint au Maire d'Alger.
    Vallier, propriétaire au lac Halloula, négociant en cotons à l'Agha, membre-secrétaire de la Chambre consultative d'Agriculture.
    Hassen ben Brihmat, directeur de la Médersa d'Alger.
    Hassen Ould Caïd Ahmed, propriétaire, membre du Conseil municipal de Blida.

Année 1870

Pas de Conseil général.

Année 1871

Pas de Grandes Commissions.

Année 1872

1ʳᵉ Commission.

MM. Arnac, architecte.
    Mercurin, propriétaire.
    Docteur Marès, président de la Société d'Agriculture d'Alger.
    Bourlier, maire de Saint-Pierre-Saint-Paul.
    Fourchault, colonel d'État-Major.
    Gobel, propriétaire.
    Parodi, maire de Boufarik.

2ᵉ Commission.

MM. Robe, avocat.
Mongellas, propriétaire.
Fourrier, avocat, maire de Blida.
Pancheret, membre du Conseil municipal de Koléa.
de Malglaive, propriétaire.
Lafitte, maire de Cherchell.
Boudet, propriétaire.
Daudet, maire de Médéa.

3ᵉ Commission.

MM. Lelièvre, propriétaire, membre du Conseil municipal d'Alger.
Bru, maire de Mustapha.
Leroux, rédacteur en chef de la *Solidarité*.
Lapérouse, maire de la Chiffa.
Bourlier, maire de Saint-Pierre-Saint-Paul.
Panon, maire de Boufarik.
Pancheret, membre du Conseil municipal de Koléa.
Dessoliers, propriétaire.

4ᵉ Commission.

MM. Lelièvre, propriétaire, membre du Conseil municipal d'Alger.
Allier (Amédée), avocat.
Pieonoir, maire de Miliana.
Docteur Marès, président de la Société d'Agriculture d'Alger.
Dubreuil, chef de brigade du Service topographique.
Hérail, propriétaire.
Fourrier, avocat, maire de Blida.
de Malglaive, propriétaire.

Année 1873

1ʳᵉ Commission.

MM. Arnac, architecte.
Demoly, ingénieur.
Fourchault, colonel d'État-Major.
Gobel, propriétaire.
Docteur Marès, président de la Société d'Agriculture d'Alger.
Mercurin, propriétaire.
Mongellas, propriétaire.

2ᵉ Commission.

MM. BLANG (Paul).
 BOUDET, propriétaire.
 DAUDET, maire de Médéa.
 LAFITTE, maire de Cherchell.
 DE MALGLAIVE, propriétaire.
 PARODI, maire de Boufarik.
 ROBE, avocat.

3ᵉ Commission.

MM. BRU, maire de Mustapha.
 DESSOLIERS, propriétaire.
 LAPÉROUSE, maire de la Chiffa.
 LELIÈVRE, propriétaire, membre du Conseil municipal d'Alger.
 LEROUX, rédacteur en chef de la *Solidarité*.
 PANCHERET, membre du Conseil municipal de Koléa.

4ᵉ Commission.

MM. BOUDET, propriétaire.
 DAUDET, maire de Médéa.
 PARODI, maire de Boufarik.
 DESSOLIERS, propriétaire.
 HÉRAIL, propriétaire.
 MERCURIN, propriétaire.
 MONGELLAS, propriétaire.

ANNÉE 1874

1ʳᵉ Commission.

MM. ARNAC, architecte.
 BOURLIER, maire de Saint-Pierre-Saint-Paul.
 DAUDET, maire de Médéa.
 DEMOLY, ingénieur.
 FÉRAUD, entrepreneur de travaux publics.
 FOURCHAULT, colonel d'État-Major.
 MONGELLAS, propriétaire.
 ALI CHÉRIF, capitaine en retraite aux spahis, propriétaire.

2ᵉ Commission.

MM. ALPHANDÉRY, banquier.
GASTU, avocat, adjoint au Maire d'Alger.
LAFITTE, maire de Cherchell.
PAGÈS, avocat à Blida.
PARODI, maire de Boufarik.
ROBE, avocat.
AHMED BOUKANDOURA, assesseur près la Cour impériale d'Alger.
HAMOUD BEN TURKIA, cadi d'Alger.

3ᵉ Commission.

MM. BRU, maire de Mustapha.
DESSOLIERS, propriétaire.
LAPÉROUSE, maire de la Chiffa.
LELIÈVRE, propriétaire, membre du Conseil municipal d'Alger.
LEROUX, rédacteur en chef de la *Solidarité*.
PANCHERET, membre du Conseil municipal de Koléa.
PIEDNOIR, maire de Miliana.
KADDOUR BEN ABDERRAHMANE, propriétaire.

4ᵉ Commission.

MM. BLANC (Paul).
GOBEL, propriétaire.
HÉRAIL, propriétaire.
MERCURIN, propriétaire.
VILLENAVE, propriétaire à Orléansville.
BENSIAM, propriétaire.
HASSEN BEN BRIHMAT, propriétaire.

ANNÉE 1875

1ʳᵉ Commission.

MM. ARNAC, architecte.
BOURLIER, maire de Saint-Pierre-Saint-Paul.
DEMOLY, ingénieur.
DESSOLIERS, propriétaire.
FÉRAUD, entrepreneur de travaux publics.
MONGELLAS, propriétaire.
PARODI, maire de Boufarik.

MM. ROBE, avocat.

    ALI CHÉRIF, capitaine en retraite aux spahis, propriétaire.

    KADDOUR BEN ABDERRAHMANE, propriétaire.

2ᵉ Commission.

MM. ALPHANDÉRY, banquier.

    DAUDET, maire de Médéa.

    GASTU, avocat, adjoint au Maire d'Alger.

    GOBEL, propriétaire.

    LAFITTE, maire de Cherchell.

    MAUGUIN, imprimeur.

    MERCURIN, propriétaire.

    PAGÈS, avocat, propriétaire.

    AHMED BOUKANDOURA, assesseur près la Cour impériale d'Alger.

    HAMOUD BEN TURKIA, cadi d'Alger.

3ᵉ Commission.

MM. BLANC (Paul).

    BRU, maire de Mustapha.

    FOURCHAULT, colonel d'État-Major.

    LAPÉROUSE, maire de la Chiffa.

    LELIÈVRE, propriétaire, membre du Conseil municipal d'Alger.

    LEROUX, rédacteur en chef de la *Solidarité*.

    PIEDNOIR, maire de Miliana.

    VILLENAVE, propriétaire.

    HASSEN BEN BRIHMAT, propriétaire.

    BENSIAM, propriétaire.

Commission spéciale des Chemins de fer départementaux.

MM. ARNAC, architecte.

    ALPHANDÉRY, banquier.

    VILLENAVE, propriétaire.

    BOURLIER, maire de Saint-Pierre-Saint-Paul.

    DEMOLY, ingénieur.

    DE MALGLAIVE, propriétaire.

    MONGELLAS, propriétaire.

Année 1876

1re Commission.

MM. Arnac, architecte.
Daudet, maire de Médéa.
Demoly, ingénieur.
Dessolieus, propriétaire.
Gastu, avocat, adjoint au Maire d'Alger.
Gobel, propriétaire.
Lafitte, maire de Cherchell.
Mongellas, propriétaire.
Panon, maire de Boufarik.
Ali Chérif, capitaine en retraite aux spahis, propriétaire.
Kaddour ben Abderrahmane, propriétaire.

2e Commission.

MM. Alphandéry, banquier.
Féraud, entrepreneur de travaux publics.
Lapérouse, maire de la Chiffa.
de Malglaive, propriétaire.
Mauguin, imprimeur.
Pagès, avocat.
Robe, avocat.
Ahmed Boukandoura, assesseur près la Cour impériale d'Alger.
Hamoud ben Turkia, cadi d'Alger.

3e Commission.

MM. Blanc (Paul).
Bru, maire de Mustapha.
Franceschi, agent maritime.
Lelièvre, membre du Conseil municipal d'Alger.
Leroux, rédacteur en chef de la *Solidarité*.
Mercurin, propriétaire.
Piednoir, maire de Miliana.
Villenave, propriétaire.
Bonifay, entrepreneur de Messageries.
Hassen ben Brihmat, propriétaire.
Bensiam, propriétaire.

ANNÉE 1877

1re Commission.

MM. GASTU, avocat, adjoint au Maire d'Alger.
BLANC (Paul).
ARNAC, architecte.
MERCURIN, propriétaire.
MONGELLAS, propriétaire.
FÉRAUD, entrepreneur de travaux publics.
MERCIER (Gustave), pharmacien.
MAUGUIN, imprimeur.
GENELLA (Léon), rédacteur en chef de la *Vigie Algérienne*.
AHMED BOUKANDOURA, assesseur près la Cour impériale d'Alger.
KADDOUR BEN ABDERRAHMANE, propriétaire.

2e Commission.

MM. ROBE, avocat.
ALPHANDÉRY, banquier.
DE MALGLAIVE, propriétaire.
LAFITTE, maire de Cherchell.
VILLENAVE, propriétaire.
DUCHEMIN, propriétaire.
PIEDNOIR, maire de Miliana.
HASSEN BEN BRIHMAT, propriétaire.
MOHAMMED BENSIAM, propriétaire.

3e Commission.

MM. BRU, maire de Mustapha.
LEROUX, rédacteur au *Réveil*.
BOURLIER, propriétaire.
Docteur MARCAILHOU D'AYMÉRIC.
BOUTEMAILLE, propriétaire.
LAPÉROUSE, maire de la Chiffa.
NÉRAT DE LESGUISÉ, maire de Ténès.
DAUDET, maire de Médéa.
ALI CHÉRIF, capitaine en retraite aux spahis, propriétaire.
HAMOUD BEN TURKIA, cadi d'Alger.

Année 1878

1re Commission

MM. Arnac, architecte.
Gastu, avocat, adjoint au Maire d'Alger.
Féraud, entrepreneur de travaux publics.
Mercier (Gustave), pharmacien.
Lépiney, avocat.
Genella (Léon), rédacteur en chef de la *Vigie Algérienne*.
Mercurin, propriétaire.
Mauguin, imprimeur.
Lapérouse, maire de la Chiffa.
Bensiam, propriétaire.
Kaddour ben Abderrahmane, propriétaire.

2e Commission.

MM. Alphandéry, banquier.
Robe, avocat.
Lafitte, maire de Cherchell.
de Malglaive, propriétaire.
Général Liébert.
Villenave, propriétaire.
Duchemin, propriétaire.
Docteur Panier.
Ali Chérif, capitaine en retraite aux spahis, propriétaire.
Hamoud ben Turkia, cadi d'Alger.

3e Commission.

MM. Leroux, rédacteur au *Réveil*.
Lelièvre, sénateur, propriétaire.
Boutemaille, propriétaire.
Bourlier, propriétaire.
Letellier, avocat-défenseur.
Nérat de Lesguisé, maire de Ténès.
Bru, maire de Mustapha.
Arlès Dufour, propriétaire.
El Hachemi ben Si Lounis.
Hassen ben Brihmat, propriétaire.

Année 1879

1re Commission.

MM. Gastu, député.
Robe, avocat.
Leroux, rédacteur en chef de la *Solidarité*.
Arlès Dufour, administrateur du Crédit Lyonnais.
Obitz (Georges), propriétaire.
Mercier (Gustave), pharmacien.
Mauguin, directeur du *Tell*.
Docteur Garny.
Lepiney, avocat.
Mohammed Bensiam, propriétaire.
Kaddour ben Abderrahmane, propriétaire.

2e Commission.

MM. Trech, avocat-défenseur.
Mercurin, maire de Chéragas.
Alphandéry, premier adjoint au Maire d'Alger.
Lafitte, maire de Cherchell.
Général Liébert.
Villenave, propriétaire.
Marchal, rédacteur en chef du *Petit-Colon*.
Duchemin, propriétaire.
Ali Chérif, capitaine en retraite aux spahis, propriétaire.
Hamoud ben Turkia, cadi à Alger.

3e Commission.

MM. Lelièvre, sénateur.
Letellier, avocat-défenseur.
Bru, maire de Mustapha.
Bourlier, maire de Saint-Pierre-Saint-Paul.
Docteur Panier.
Boutemaille, agriculteur.
Docteur Garny.
Nérat de Lesguisé, maire de Ténès.
El Hachemi ben si Lounis, assesseur à la Cour impériale
   d'Alger.
Hassen ben Brihmat, adjoint au Maire de l'Arba.

Année 1880

1re Commission.

MM. Féraud, entrepreneur de travaux publics.
Obitz (Georges), propriétaire.
Lapérouse, maire de la Chiffa.
Robe, avocat.
Blanc (Valéry), propriétaire.
Lépiney, avocat.
Docteur Rauzières.
Vignard, propriétaire.
Locquet, propriétaire.
Hassen ben Brihmat, adjoint au Maire de l'Arba.
Ali Chérif, capitaine en retraite aux spahis, propriétaire.

2e Commission.

MM. Mauguin, directeur du *Tell*.
Lafitte, maire de Cherchell.
Boutemaille, agriculteur.
Sarda, inspecteur central des Établissements de bienfaisance.
Trech, avocat-défenseur.
Pichon, maire de Miliana.
Docteur Trolard.
Goetzmann, notaire.
Hamoud ben Turkia, cadi à Alger.
Kaddour ben Abderrahmane, propriétaire.

3e Commission.

MM. Docteur Garny.
Letellier, avocat-défenseur.
Bru, maire de Mustapha.
Docteur Feuillet.
Leroux, rédacteur en chef de la *Solidarité*.
Marchal, rédacteur en chef du *Petit Colon*.
Arlès Dufour, administrateur du Crédit Lyonnais.
Bourlier, maire de Saint-Pierre-Saint-Paul.
Nérat de Lesguisé, maire de Ténès.
El Hachemi ben si Lounis, assesseur à la Cour impériale
d'Alger.
Mohammed Bensiam, propriétaire.

**Commission spéciale des Chemins de fer
pour 1880, 1881 et 1882.**

MM. Robe, avocat.
Obitz (Georges), propriétaire.
Lépiney, avocat.
Bru, maire de Mustapha.
Ali Chérif, capitaine en retraite aux spahis, propriétaire.

Année 1881

1re Commission.

MM. Lépiney, avocat.
Mauguin, directeur du *Tell*.
Bourlier, maire de Saint-Pierre-Saint-Paul.
Robe, avocat.
Lapérouse, maire de la Chiffa.
Obitz (Georges), propriétaire.
Arlès Dufour, propriétaire.
Locquet, propriétaire.
Féraud, entrepreneur de travaux publics.
Samary, architecte.
Kaddour ben Abderrahmane, propriétaire.

2e Commission.

MM. Sarda, inspecteur central des Établissements de bienfaisance.
Pichon, maire de Miliana.
Docteur Feuillet.
Trech, avocat-défenseur.
Vignard, propriétaire.
Blanc (Valéry), propriétaire.
Gœtzmann, notaire.
Alphandéry, banquier.
Docteur Rauzières, médecin de colonisation.
Ali Chérif, capitaine en retraite aux spahis, propriétaire.
Mohammed ben Si Henni, cadi d'Orléansville.

3e Commission.

MM. Leroux, rédacteur en chef de la *Solidarité*.
Marchal, rédacteur en chef du *Petit Colon*.
Boutemaille, propriétaire.
Docteur Garny.

MM. Nérat de Lesguisé, maire de Ténès.
Bru, maire de Mustapha.
Lafitte, maire de Cherchell.
El Hachemi ben si Lounis, assesseur à la Cour impériale d'Alger.
Mohammed Bensiam, propriétaire.
Hamoud ben Turkia, cadi à Alger.

Année 1882

1ᵉʳ Commission.

MM. Samary, architecte.
Robe, avocat.
Féràud, entrepreneur de travaux publics.
Stotz, propriétaire.
Mongellas, propriétaire.
Bourlier, maire de Saint-Pierre-Saint-Paul.
Blanc (Valéry), propriétaire.
Mauguin, député.
Lapérouse, maire de la Chiffa.
Lubac, géomètre.
Vignard, négociant.
Obitz (Georges), propriétaire.
Kaddour ben Abderrahmane, propriétaire.

2ᵉ Commission.

MM. Alphandéry, banquier.
Trech, avocat-défenseur.
Docteur Rauzières.
Locquet, propriétaire.
Pichon, propriétaire.
Lépiney, avocat.
El Hachemi ben si Lounis, assesseur à la Cour impériale d'Alger.
Mohammed ben si Henni, cadi d'Orléansville.

3ᵉ Commission.

MM. Docteur Feuillet.
Bru, maire de Mustapha.
Leroux, rédacteur en chef de la *Solidarité*.
Boutemaille, propriétaire.
Docteur Garny.

MM. Marchal, rédacteur en chef du *Petit Colon*.
Fourrier, avocat-défenseur.
Hamoud ben Turkia, cadi à Alger.
Mohammed Bensiam, propriétaire.

Année 1883

1re Commission.

MM. Koziell, sous-ingénieur de la Cie des Chemins de fer P.-L.-M.
Féraud, entrepreneur de travaux publics.
Aumerat, rédacteur en chef de la *Solidarité*.
Robe, avocat.
Obitz (Georges), propriétaire.
Borély la Sapie, maire de Boufarik.
Bourlier, maire de Saint-Pierre-Saint-Paul.
Locquet, propriétaire.
Houbé père, propriétaire.
Mauguin, député.
Fourrier, avocat-défenseur.
Ali Chérif, capitaine en retraite aux spahis, propriétaire.
Mohammed ben Diff, agha du Cercle de Bou-Saâda.

2e Commission.

MM. Alphandéry, banquier.
Lépiney, avocat.
Docteur Trolard.
Mongellas, propriétaire.
Stotz, propriétaire.
Marchal, rédacteur en chef du *Petit Colon*.
Samary, ingénieur, architecte.
Wagner, maire de l'Alma.
Barnaud, maire de Cherchell.
El-Hadj ben Miloud ben Yamina, adjoint indigène
Mohammed ben si Henni, cadi d'Orléansville.

3e Commission.

MM. Panchioni, architecte.
Docteur Garny.
Leroux, rédacteur en chef de la *Solidarité*.
Sapor, maire d'Aumale.
Docteur Rauzières.

MM. Gobel, directeur de la Colonie pénitentiaire de M'Zéra.
Bru, maire de Mustapha.
Allan, rédacteur en chef de la *Vigie Algérienne*.
Pichon, propriétaire.
Paignon, maire de Ténès.
Marchal, rédacteur en chef du *Petit Colon*.
Mohammed Bensiam, propriétaire.
Ahmed ben Amar, assesseur kabyle à la Cour d'Appel d'Alger.

Commission spéciale des Chemins de fer pour 1883, 1884 et 1885.

MM. Robe, avocat.
Samary, ingénieur, architecte.
Koziell, sous-ingénieur à la Cie des Chemins de fer P.-L.-M.
Alphandéry, banquier.
Panchioni, architecte.
Bourlier, maire de Saint-Pierre-Saint-Paul.
Ali Guériv, capitaine en retraite aux spahis, propriétaire.

Année 1884

1re Commission.

MM. Féraud, entrepreneur de travaux publics.
Borély la Sapie, maire de Boufarik.
Koziell, sous-ingénieur à la Cie des Chemins de fer P.-L.-M.
Altairac père, manufacturier.
Robe, avocat.
Stotz, propriétaire.
Wagner, maire de l'Alma.
Obitz, propriétaire.
Houbé père, propriétaire,
Bourlier, maire de Saint-Pierre-Saint-Paul.
Mohammed ben si Henni, cadi d'Orléansville.
Ahmed ben Omar, assesseur kabyle à la Cour d'appel.

2e Commission.

MM. Lepiney, avocat.
Barnaud, maire de Cherchell.
Samary, ingénieur, architecte.
Alphandéry, banquier.
Mauguin, député.
Marchal, rédacteur en chef du *Petit Colon*.

MM. Docteur TROLARD.
AUMERAT, rédacteur en chef de la *Dépêche Algérienne*.
MONGELLAS, propriétaire.
LOCQUET, propriétaire.
ALI CHÉRIF, capitaine en retraite aux spahis, propriétaire.

3ᵉ Commission.

MM. LEROUX, rédacteur en chef du *Réveil*.
Docteur GARNY.
GOBEL, directeur de la Colonie pénitentiaire de M'Zéra.
ALLAN, rédacteur en chef de la *Vigie Algérienne*.
Docteur MARTIN.
Docteur RAUZIÈRES.
FOURRIER, avocat-défenseur.
POURAILLY, maire de Miliana.
SAPOR, maire d'Aumale.
PAIGNON, maire de Ténès.
EL HADJ BEN MILOUD BEN YAMINA, adjoint indigène.
BENSIAM, propriétaire.

ANNÉE 1885

1ʳᵉ Commission.

MM. MAUGUIN, sénateur.
OBITZ, propriétaire.
KOZIELL, sous-ingénieur à la Cⁱᵉ des Chemins de fer P.-L.-M.
ALPHANDÉRY, banquier.
BOURLIER, maire de Saint-Pierre-Saint-Paul.
MARCHAL, rédacteur en chef du *Petit Colon*.
ROBE, avocat.
ALTAIRAC père, manufacturier.
MONGELLAS, propriétaire.
FÉRAUD, entrepreneur de travaux publics.
MOHAMMED BEN DIFF, agha du cercle de Bou-Saâda.
AHMED BEN OMAR, assesseur kabyle à la Cour d'appel.

2ᵉ Commission.

BORÉLY LA SAPIE, propriétaire.
FOURRIER, maire d'Orléansville.
HOUBÉ père, maire de la Chiffa.
Docteur TROLARD.

MM. Samary, ingénieur, architecte.
   Locquet, propriétaire.
   Wagner, maire de l'Alma.
   Paignon, maire de Ténès.
   Barnaud, maire de Cherchell.
   Sapor, maire d'Aumale.
   Ali Chérif, capitaine en retraite aux spahis, propriétaire.
   El Hadj ben Miloud ben Yamina, adjoint indigène.

3ᵉ Commission.

MM. Leroux, publiciste.
   Aumerat, rédacteur en chef de la *Dépêche Algérienne*.
   Docteur Garny.
   Docteur Rauzières.
   Pourailly, maire de Miliana.
   Stotz, maire de Crescia.
   Colonel Fallet.
   Gobel, directeur de la Colonie pénitentiaire de M'Zéra.
   Allan, rédacteur en chef de la *Vigie Algérienne*.
   Docteur Martin.
   Mohammed ben si Henni, cadi d'Orléansville.
   Bensiam, propriétaire.

Année 1886

1ʳᵉ Commission.

MM. Robe, avocat.
   Koziell, sous-ingénieur à la Cⁱᵉ des Chemins de fer P.-L.-M.
   Delamare, ingénieur, directeur des Mines de Sakaniody.
   Hunebelle, propriétaire.
   Alphandéry, banquier.
   Altairac père, manufacturier.
   Bourlier, député.
   Borély la Sapie, propriétaire.
   Pourailly, maire de Miliana.
   Ali Chérif, capitaine en retraite aux spahis.
   El Hadj ben Miloud ben Yamina, adjoint indigène.

2ᵉ Commission.

MM. Aumerat, rédacteur en chef de la *Dépêche Algérienne*.
   Fourrier, maire d'Orléansville.
   Houbé père, maire de la Chiffa.
   Barnaud, maire de Cherchell.

MM. Docteur GARNY.
PAIGNON, maire de Ténès.
SAMARY, ingénieur, architecte.
Docteur TROLARD.
MARCHAL, rédacteur en chef du *Petit Colon*.
WAGNER, maire de l'Alma.
BEN DIFF, agha du cercle de Bou-Saâda.
AHMED BEN OMAR, assesseur kabyle à la Cour d'appel.

3° Commission.

MM. LEROUX, publiciste.
GOBEL, directeur de la Colonie pénitentiaire de M'Zéra, maire
de Réghaïa.
ALLAN, rédacteur en chef de la *Vigie Algérienne*.
BROUSSAIS, avocat.
SAPOR, maire d'Aumale.
MANTOUT, propriétaire.
STOTZ, maire de Crescia.
Colonel FALLET.
MOHAMMED BEN SI HENNI, cadi d'Orléansville.
BENSIAM, propriétaire.

Commission spéciale des Chemins de fer pour les années 1886, 1887 et 1888.

MM. DELAMARE, ingénieur, directeur des Mines de Sakamody.
ROBE, avocat.
GOBEL, maire de Réghaïa.
BORÉLY LA SAPIE, propriétaire.
ALPHANDÉRY, banquier.
BEN SIAM, propriétaire.

ANNÉE 1887

1re Commission.

MM. BROUSSAIS, avocat.
DELAMARE, ingénieur, directeur des Mines de Sakamody.
HUNEBELLE, propriétaire.
MARCHAL, rédacteur en chef du *Petit Colon*.
STOTZ, maire de Crescia.
ROBE, avocat.
KOZIELL, sous-ingénieur à la Cie des Chemins de fer P.-L.-M
BOURLIER, député.

MM. Borély la Sapie, propriétaire.
    Alphandéry, banquier.
    El Hadj ben Miloud ben Yamina, adjoint indigène
    Ahmed ben Omar, assesseur kabyle à la Cour d'appel.

2e Commission.

MM. Altairac (Frédéric) fils, manufacturier.
    Combredet, propriétaire.
    Houbé père, maire de la Chiffa.
    Paignon, maire de Ténès.
    Docteur Trolard.
    Wagner, maire de l'Alma.
    Barnaud, maire de Cherchell.
    Colonel Fallet.
    Samary, ingénieur, architecte.
    Ali Chérif, capitaine en retraite aux spahis, propriétaire.
    Mohammed ben Diff, agha.

3e Commission.

MM. Allan, rédacteur en chef de la *Vigie Algérienne*.
    Aumerat, rédacteur en chef de la *Dépêche Algérienne*.
    Fourrier, maire d'Orléansville.
    Docteur Garny.
    Gobel, maire de Réghaïa.
    Leroux, publiciste.
    Mantout, propriétaire.
    Pourailly, maire de Miliana.
    de Redon, ingénieur civil
    Sapor, maire d'Aumale.
    Bensiam, propriétaire,
    Mohammed ben si Henni, cadi d'Orléansville.

Année 1888

1re Commission.

MM. Borély la Sapie, propriétaire.
    Marchal, rédacteur en chef du *Petit Colon*.
    Alphandéry, banquier.
    Bourlier, député.
    Hunebelle, propriétaire.
    Fourrier, maire d'Orléansville.

MM. Koziell, sous-ingénieur à la Cie des Chemins de fer P.-L.-M.
Docteur Trolard.
Delamare, ingénieur, directeur des Mines de Sakamody.
Robe, avocat.
Ali Chérif, capitaine en retraite.
El Hadj ben Miloud ben Yamina, adjoint indigène.

2ᵉ Commission.

MM. Combredet, propriétaire.
Paignon, maire de Ténès.
Altairac fils, manufacturier.
Barnaud, maire de Cherchell.
Houbé père, maire de la Chiffa.
Wagner, maire de l'Alma.
Colonel Fallet.
Samary, ingénieur, architecte.
de Redon, ingénieur civil.
Mohammed ben Diff, agha.
Ahmed ben Omar, assesseur kabyle à la Cour d'appel.

3ᵉ Commission.

MM. Allan, rédacteur en chef de la *Vigie Algérienne*.
Aumerat, rédacteur en chef de la *Dépêche Algérienne*.
Broussais, avocat.
Docteur Garny.
Gobel, maire de Réghaïa.
Leroux, publiciste.
Mantout, propriétaire.
Pourailly, maire de Miliana.
Sapor, maire d'Aumale.
Stotz, maire de Crescia.
Mohammed Bensiam, propriétaire.
Mohammed ben si Henni, cadi d'Orléansville.

Année 1889

1ʳᵉ Commission.

MM. Bourlier, député.
Delamare, ingénieur, directeur des Mines de Sakamody.
Hunebelle, propriétaire.
Fourrier, maire d'Orléansville.

‑‑ 205 ‑‑

MM. Docteur GARNY.
Gros, maire de Boufarik.
MANTOUT, propriétaire.
PAIGNON, maire de Ténès.
BARNAUD, maire de Cherchell.
CAYROL, maire de Dellys.
ALI CHÉRIF, capitaine en retraite aux spahis, propriétaire.
AHMED BEN OMAR, assesseur kabyle à la Cour d'appel.

2ᵉ Commission.

MM. ALPHANDÉRY, banquier.
ALTAIRAC fils, manufacturier.
Colonel FALLET.
BOUBÉ père, maire de la Chiffa.
JOURDAN, maire d'Affreville.
COMBREDET, propriétaire.
POURAILLY, maire de Miliana.
SAMARY, ingénieur, architecte.
Docteur TROLARD.
WAGNER, maire de l'Alma.
EL HADJ BEN MILOUD BEN YAMINA, adjoint indigène.
MOUAMMED BEN DIFF, agha du cercle de Bou-Saâda.

3ᵉ Commission.

MM. ALLAN, rédacteur en chef de la *Vigie Algérienne*.
AUMERAT, rédacteur en chef de la *Dépêche Algérienne*.
BROUSSAIS, avocat.
GOBEL, maire de Réghaïa.
DE REDON, ingénieur civil.
ROBE, avocat.
SAPOR, maire d'Aumale.
STOTZ, maire de Douéra.
VIVAREZ, ingénieur civil.
MOHAMMED BENSIAM, propriétaire.
MOHAMMED BEN SI HENNI, cadi d'Orléansville.

Commission spéciale des Tramways à Vapeur pour 1889, 1890 et 1891.

MM. DELAMARE, ingénieur, directeur des Mines de Sakamody.
GOBEL, maire de Réghaïa.
FOURRIER, maire d'Orléansville.
BOURLIER, député.
ALLAN, rédacteur en chef de la *Vigie Algérienne*.

Année 1890

1re Commission.

MM. Bourlier, député.
    Cayrol, maire de Dellys.
    Hunebelle, propriétaire.
    Fourrier, maire d'Orléansville.
    Paignon, maire de Ténès.
    Delamare, ingénieur, directeur des Mines de Sakamody.
    Robe, avocat.
    Pourailly, maire de Miliana.
    Gros, maire de Boufarik.
    Mantout, propriétaire.
    Ali Chérif, capitaine en retraite aux spahis, propriétaire.
    Hadj Abdelkader ben Amar, assesseur à la Cour d'appel.

2e Commission.

MM. Houbé père, maire de la Chiffa.
    Combredet, propriétaire.
    Altairac fils, manufacturier.
    Jourdan, maire d'Affreville.
    Docteur Trolard.
    Barnaud, maire de Cherchell.
    Wagner, maire de l'Alma.
    Samary, ingénieur, architecte.
    Colonel Fallet.
    Alphandéry, banquier.
    El Hadj ben Miloud ben Yamina, adjoint indigène.
    Mohammed ben Diff, agha du cercle de Bou-Saâda.

3e Commission.

MM. Aumerat, rédacteur en chef de la *Dépêche Algérienne*.
    Vivarez, ingénieur civil.
    Stotz, maire de Douéra.
    Broussais, avocat.
    Sapor, maire d'Aumale.
    Docteur Garny.
    Allan, rédacteur en chef de la *Vigie Algérienne*.
    de Redon, ingénieur civil.
    Gobel, maire de Réghaïa.
    Bensiam, propriétaire.
    Mohammed ben si Henni, cadi d'Orléansville.

Année 1891

1re Commission.

MM. Bourlier, député.
Cayrol, maire de Dellys.
Delamare, ingénieur, directeur des Mines de Sakamody.
Fournier, maire d'Orléansville.
Gros, maire de Boufarik.
Mantout, propriétaire.
Sapor, maire d'Aumale.
Docteur Garny.
Hunebelle, maire de Staouéli, propriétaire.
Robe, avocat.
Ali Chérif, capitaine de spahis en retraite.

2e Commission.

MM. Altairac fils, manufacturier.
Alphandéry, banquier.
Barnaud, maire de Cherchell.
Combredet, propriétaire.
Colonel Fallet.
Jourdan, maire d'Affreville.
Paignon, maire de Ténès.
Docteur Trolard.
Wagner, maire de l'Alma.
Samary, ingénieur, architecte.
El Hadj ben Miloud ben Yamina, adjoint indigène.
Mohammed ben Duff, agha du cercle de Bou-Saâda.

3e Commission.

MM. Allan, rédacteur en chef de la *Vigie Algérienne*.
Aumerat, rédacteur en chef de la *Dépêche Algérienne*.
Pourailly, maire de Miliana.
Broussais, avocat.
Gamerre, propriétaire.
Gobel, maire de Réghaïa.
de Redon, ingénieur civil.
Stotz, propriétaire.
Vivarez, ingénieur civil.
Bensiam, propriétaire.
Mohammed ben si Heyni, cadi d'Orléansville.

Année 1892

1re Commission.

MM. Samary, ingénieur, architecte.
Broussais, avocat.
Robe, avocat.
Altairac fils; manufacturier.
Docteur Gérente, propriétaire.
Gros, maire de Boufarik.
Hunebelle, maire de Staouéli.
Bourlier, député.
Jouyne, avocat.
Robert, banquier.
Ali Chérif, capitaine en retraite aux spahis, propriétaire.
Hadj Abdelkader ben Amar, ancien agha.

2e Commission.

MM. Paignon, maire de Ténès.
Aumerat, rédacteur en chef de la *Dépêche Algérienne*.
Delamare, ingénieur, directeur des Mines de Sakamody.
Faizant, maire de Koléa.
Vivarez, ingénieur civil.
Docteur Marcailhou d'Aymeric.
Stotz, propriétaire.
Barnaud, maire de Cherchell.
Mohammed ben Diff, agha du cercle de Bou-Saâda.
El Hadj ben Miloud ben Yamina, adjoint indigène des Heumis.

3e Commission.

MM. Allan, rédacteur en chef de la *Vigie Algérienne*.
Marchal, directeur du *Petit Colon*.
Fouque, maire d'Affreville.
Gamerre, propriétaire.
Gobél, directeur de la Colonie pénitentiaire de M'Zéra, maire de
   Réghaïa.
Docteur Péan.
Pourailly, maire de Miliana.
de Redon, ingénieur civil.
Sapor, propriétaire.
Docteur Trolard, professeur à l'Ecole de Médecine.
Paoli, maire de Bouïra.
Mohammed ben si Henni, cadi d'Orléansville.
Si Lhassen ben Hadj Ahmed Yatteren, adjoint indigène d'Aït
   Akerma.

Commission spéciale des Tramways départementaux
pour 1892, 1893 et 1894.

MM. Bourlier, député.
Jouyne, avocat.
Delamare, ingénieur, directeur des Mines de Sakamody.
Samary, ingénieur, architecte.
Si Lhassen ben Hadj Ahmed Yatteren, adjoint indigène d'Aït Akerma.

Année 1893

1re Commission.

MM. Altairac fils, manufacturier.
Docteur Marcailhou d'Aymeric.
Docteur Péan.
Vivarez, ingénieur civil.
Docteur Gérente, directeur honor* des Asiles publics d'aliénés.
Docteur Bourlier, député.
Jouyne, avocat.
Marchal, directeur du *Petit Colon*.
Stotz, maire de Crescia.
Samary, député.
Mohammed ben Diff, agha du cercle de Bou-Saâda.
Hadj Abdelkader ben Amar, ancien agha.

2e Commission.

MM. Aumerat, publiciste.
Barnaud, maire de Cherchell.
Mauguin, sénateur.
Paignon, maire de Ténès.
Pourailly, propriétaire.
Robert, banquier.
Faizant, maire de Koléa.
Gamerre, maire de Mouzaïaville.
Gros, maire de Boufarik.
Paoli, maire de Bouïra.
El Hadj ben Miloud ben Yamina, adjoint indigène des Heumis.
Ali Chérif, capitaine de spahis en retraite.

14

3e Commission.

MM. ALLAN, rédacteur en chef de la *Vigie Algérienne*.
    BROUSSAIS, avocat.
    DELAMARE, ingénieur, directeur des Mines de Sakamody.
    GOBEL, maire de Réghaïa.
    FOUQUE, maire d'Affreville.
    HUNEBELLE, propriétaire.
    ROBE, avocat.
    Docteur TROLARD, professeur à l'École de Médecine.
    DE REDON, ingénieur civil.
    SI LHASSEN BEN HADJ AHMED YATTEREN, adjoint indigène d'Aït
      Akerma.
    MOHAMMED BEN SI HENNI, cadi d'Orléansville.

ANNÉE 1894

1re Commission.

MM. ALTAIRAC fils, manufacturier.
    MERTZ, conseiller municipal d'Alger.
    Docteur PÉAN.
    VIVAREZ, ingénieur civil.
    GROS, maire de Boufarik.
    BOURLIER, député.
    JOUYNE, avocat.
    Docteur MARCAILHOU D'AYMERIC.
    MARCHAL, directeur du *Petit Colon*.
    STOTZ, maire de Crescia.
    HADJ ABDELKADER BEN AMAR, ancien agha.
    MOHAMMED BEN DIFF, agha du cercle de Bou-Saâda.

2e Commission.

MM. MAUGUIN, maire de Blida.
    POURAILLY, propriétaire.
    BARNAUD, banquier.
    GAMERRE, maire de Mouzaïaville.
    FAIZANT, maire de Koléa.
    Docteur GÉRENTE, sénateur.
    AUMERAT, publiciste.
    GÉMY, maire de Bouïra.

MM. Paignon, maire de Ténès.
   Robert, banquier.
   Ali Chérif, capitaine de spahis en retraite.
   Si Lhassen ben Hadj Ahmed Yatteren, adjoint indigène d'Aït
   Akerma.

3e Commission.

MM. Allan, rédacteur en chef de la *Vigie Algérienne*.
   Bordo, maire de Chéragas.
   Broussais, avocat.
   Delamare, ingénieur, directeur des Mines de Sakamody.
   de Redon, ingénieur civil.
   Gobel, maire de Réghaïa.
   Fouque, maire d'Affreville.
   Letellier, avocat-défenseur.
   Robe, avocat.
   Serpaggi, conseiller municipal d'Alger.
   El Hadj ben Miloud ben Yamina, adjoint indigène des Houmis.
   Mohammed ben si Henni, cadi d'Orléansville.

Année 1895

1re Commission.

MM. Samary, député.
   Delamare, ingénieur, directeur des Mines de Sakamody.
   Begey, propriétaire.
   Stotz, maire de Crescia.
   Gueirouard, propriétaire.
   Docteur Péan.
   Altairac fils, manufacturier.
   Mauguin, maire de Blida.
   Gobel, maire de Réghaïa.
   Mertz, conseiller municipal d'Alger.
   Hadj Abdelkader ben Amar, ancien agha.
   Si Lhassen ben Hadj Ahmed Yatteren, adjoint indigène d'Aït
   Akerma.

2e Commission.

MM. Gamerre, maire de Mouzaïaville.
   Robert, banquier.
   de Redon, ingénieur civil.
   Lauprêtre, maire de Cavaignac.

MM. LADMIRAL, avocat.
AUMERAT, publiciste.
FAIZANT, maire de Koléa.
Docteur MARCAILHOU D'AYMERIC.
BROUSSAIS, avocat.
ALI CHERIF, capitaine de spahis en retraite, propriétaire.
FERHAT MOULEY ABBA, adjoint indigène des Beni Maïda.

3ᵉ Commission.

MM. MARCHAL, directeur du *Petit Colon*.
HANNEDOUCHE, avocat.
GÉRENTE, sénateur.
LETELLIER, avocat-défenseur.
BORDO, maire de Chéragas.
SUSINI, avocat.
POURAILLY, maire de Miliana.
ALLAN, rédacteur en chef de la *Vigie Algérienne*.
GÉMY, maire de Bouïra.
EL HADJ MILOUD BEN YAMINA, adjoint indigène des Heumis.
MOHAMMED SABAOUI, conseiller municipal de Médéa.

Commission spéciale des Chemins de fer départementaux pour 1895 et 1896.

MM. DELAMARE, ingénieur, directeur des Mines de Sakamody.
MERTZ, conseiller municipal d'Alger.
BORDO, maire de Chéragas.
BROUSSAIS, avocat.
GÉMY, maire de Bouïra.
ALTAIRAC, manufacturier.
BEGEY, propriétaire.
SUSINI, avocat.
ROBERT, banquier.
EL HADJ MILOUD BEN YAMINA, adjoint indigène des Heumis.

ANNÉE 1896

1ʳᵉ Commission.

MM. SAMARY, député.
STOTZ, maire de Crescia.
MERTZ, conseiller municipal d'Alger.
BROUSSAIS, avocat.
FAIZANT, maire de Koléa.

MM. GAMERRE, maire de Mouzaïaville.
BEGEY, propriétaire.
ALLAN, publiciste.
MAUGUIN, maire de Blida.
GOBEL, maire de Réghaïa.
HADJ ABDELKADER BEN AMAR, ancien agha.
SABAOUI, conseiller municipal de Médéa.

2ᵉ Commission.

MM. MESLIER, avocat.
AUMERAT, publiciste.
Docteur MARCAILHOU D'AYMERIC.
DE REDON, ingénieur civil.
LADMIRAL, avocat.
ALTAIRAC fils, manufacturier.
ROBERT, banquier.
BORDO, maire de Chéragas.
DELAMARE, ingénieur, directeur des Mines de Sakamody.
GUEIROUARD, propriétaire.
FERHAT MOULEY ADRA, adjoint indigène des Beni Maïda.
ALI CHÉRIF, capitaine en retraite aux spahis, propriétaire.

3ᵉ Commission.

MM. MARCHAL, directeur du *Petit Colon*.
HANNEDOUCHE, avocat.
GÉRENTE, sénateur.
LETELLIER, avocat défenseur.
SUSINI, avocat.
POURAILLY, propriétaire.
LAUPRÊTRE, maire de Cavaignac.
Docteur PÉAN.
GÉMY, maire de Bouïra.
BENLARBI TOUMI, agha honoraire.
EL HADJ MILOUD BEN YAMINA, adjoint indigène des Heumis

ANNÉE 1897

1ʳᵉ Commission.

MM. ALLAN, publiciste.
BEGEY, propriétaire.
BROUSSAIS, avocat.
FAIZANT, maire de Koléa.

MM. Gobel, maire de Réghaïa.
Gueirouard, propriétaire.
Docteur Marcailhou d'Aymeric.
Pourailly, maire de Miliana.
Samary, député.
Stotz, maire de Crescia.
Ali Chérif, capitaine de spahis en retraite.
Hadj Abdelkader ben Amar, ancien agha.

2º Commission.

MM. Altairac fils, manufacturier.
Aumerat, publiciste.
Delamare, ingénieur, directeur des Mines de Sakamody.
Gémy, maire de Bouïra.
Hannedouche, avocat.
Mauguin, maire de Blida.
Mertz, conseiller municipal d'Alger.
Meslier, avocat.
Narbonne, minotier.
de Redon, ingénieur civil.
Benlarbi Toumi, agha honoraire.
Sabaoui, conseiller municipal de Médéa.

3º Commission.

MM. Docteur Bordo, maire de Chéragas.
Docteur Gérente, sénateur.
Gros, maire de Boufarik.
Ladmiral, avocat.
Lauprêtre, maire de Cavaignac.
Letellier, avocat-défenseur.
Marchal, publiciste.
Docteur Péan.
Pousson, maire de Ja-Chiffa.
Robert, minotier, banquier.
El Hadj ben Miloud ben Yamina, adjoint indigène des Hcumis.
Ferhat Mouley Abba, adjoint indigène des Beni Maïda.

Commission spéciale des Tramways.

MM. Delamare, ingénieur, directeur des Mines de Sakamody.
Mertz, conseiller municipal d'Alger.
Docteur Bordo, maire de Chéragas.
Broussais, avocat.
Gémy, maire de Bouïra.
Altairac fils, manufacturier.

MM. Begey, propriétaire.
Stotz, maire de Crescia.
Robert, banquier, minotier.
El Hadj ben Miloud ben Yamina, adjoint indigène des Heumis.

Année 1898

1re Commission.

MM. Allan, publiciste.
Gobel, maire de Réghaïa.
Jobez, propriétaire.
Ladmiral, avocat.
Lauprêtre, maire de Cavaignac.
Péchot, propriétaire.
Pousson, maire de la Chiffa.
Samary, architecte.
Stéfanopoli, négociant.
Stotz maire de Crescia.
Ali Chérif, capitaine de spahis en retraite.
Hadj Abdelkader ben Amar, ancien agha.

2e Commission.

MM. Altairac fils, manufacturier.
Aumerat, publiciste.
Begey, propriétaire.
Chaze, publiciste.
Hugues, avocat.
Narbonne, minotier.
Robert, minotier, banquier.
Saurin, avocat.
Benlarbi Toumi, agha honoraire.
Sabaoui, conseiller municipal de Médéa.

3e Commission.

MM. Aillaud, propriétaire.
Baille, négociant.
Docteur Bordo, propriétaire.
Gémy, maire de Bouïra.
Docteur Gérente, sénateur.
Gros, maire de Boufarik.
Hannedouche, avocat.

MM. Letellier, maire de Saint-Eugène.
    Marchal, député.
    Meslier, avocat.
    Thuillier, propriétaire.
    El Hadj ben Miloud ben Yamina, adjoint indigène des Heumis.
    Ferhat Mouley Abba, adjoint indigène des Beni Maïda.

Commission spéciale des Tramways.

MM. Aillaud, propriétaire.
    Begey, propriétaire.
    Broussais, avocat.
    Chaze, publiciste.
    Gémy, maire de Bouïra.
    Ladmiral, avocat.
    Lauprêtre, maire de Cavaignac.
    Meslier, avocat.
    Péchot, propriétaire.
    Saurin, avocat.
    Stotz, maire de Crescia.
    El Hadj ben Miloud ben Yamina, adjoint indigène des Heumis.

Année 1899

1ʳᵉ Commission.

MM. Jobez, propriétaire.
    Stéfanopoli, négociant.
    Stotz, maire de Crescia.
    Samary, architecte.
    Péchot, propriétaire.
    Narbonne, minotier.
    Pousson, maire de la Chiffa.
    Saurin, avocat.
    Thuillier, propriétaire.
    Gueirouard, propriétaire.
    El Hadj ben Miloud ben Yamina, adjoint indigène des Heumis.
    Slimani Saïd, adjoint indigène de Tizi-Ouzou.

2ᵉ Commission.

MM. Hannedouche, avocat.
    Lauprêtre, maire de Cavaignac.
    Robert, banquier, minotier.
    Gobel, maire de Réghaïa.

MM. ALLAN, publiciste.
Altairac fils, manufacturier.
Begey, propriétaire.
Marchal, député.
Sabaoui, conseiller municipal de Médéa.
Ali Chérif, capitaine de spahis en retraite.

3ᵉ Commission.

MM. Aillaud, propriétaire.
Aumerat, publiciste.
Baille, négociant.
Docteur Bordo, propriétaire.
Broussais, avocat.
Chaze, publiciste.
Gémy, maire de Bouïra.
Docteur Gérente, sénateur.
Gros, maire de Boufarik.
Hugues, avocat.
Ladmiral, avocat.
Letellier, avocat-défenseur, maire de Saint-Eugène.
Ferhat Mouley Abba, adjoint indigène des Beni Maïda.
Benlarbi Toumi, agha honoraire.

Commission spéciale des Tramways pour 1899 et 1900.

MM. Aillaud, propriétaire.
Begey, propriétaire.
Broussais, avocat.
Chaze, publiciste.
Gémy, maire de Bouïra.
Ladmiral, avocat.
Lauprètre, maire de Cavaignac.
Narbonne, minotier.
Péchot, propriétaire.
Saurin, avocat.
Stotz, maire de Crescia.
El Hadj ben Miloud ben Yamina, adjoint indigène des Heumis.

Année 1900

1re Commission.

MM. Altairac fils, manufacturier.
Broussais, avocat.
Chaze, publiciste.
Gueirouard, propriétaire.
Gros, maire de Boufarik.
Pousson, maire de la Chiffa.
Samary, Gouverneur de Saint-Pierre et Miquelon.
Stéfanopoli, négociant.
Stotz, maire de Crescia.
Thuillier, propriétaire.
Ali Chérif, capitaine de spahis en retraite.
Slimani Saïd, adjoint indigène de Tizi-Ouzou.

2e Commission.

MM. Robert, banquier, minotier.
Baille, négociant.
Begey, propriétaire.
Gobel, maire de Réghaïa.
Jobez, propriétaire.
Ladmiral, avocat.
Lauprêtre, maire de Cavaignac.
Marchal, député.
Péchot, propriétaire.
Allán, publiciste.
Ferhat Mouley Abba, adjoint indigène des Beni Maïda.
El Hadj ben Miloud ben Yamina, adjoint indigène des Heumis.

3e Commission.

MM. Aillaud, propriétaire.
Aumerat, publiciste.
Docteur Bordo, propriétaire.
Gémy, pharmacien.
Docteur Gérente, sénateur.
Hannedouche, avocat.
Hugues, avocat.
Letellier, avocat-défenseur, maire de Saint-Eugène.
Narbonne, minotier.
Saurin, avocat.
Sabaoui, conseiller municipal de Médéa.
Benlarbi Toumi, agha honoraire.

Année 1901

1re Commission.

MM. Broussais, avocat.
Begey, propriétaire.
Chaze, maire de Mustapha.
Gobel, maire de Réghaïa.
Jorez, propriétaire.
Pousson, maire de la Chiffa.
Aoustin, propriétaire.
Péchot, propriétaire.
Altairac fils, manufacturier.
Stotz, maire de Crescia.
Mohammed ben Diff, agha à Bou-Saàda.
Ali Chérif, capitaine de spahis en retraite.

2e Commission.

MM. Belle, maire de Cherchell.
Lauprètre, maire de Cavaignac.
Letellier, avocat-défenseur.
Robert, banquier, minotier.
Thuillier, propriétaire.
Carbonel, publiciste.
Gros, maire de Boufarik.
Régis, publiciste.
Stéfanopoli, négociant.
Baille, négociant.
Ferhat Mouley Abba, adjoint indigène des Beni Maïda.
El Hadj ben Miloud ben Yamina, adjoint indigène des Heunis.

3e Commission.

MM. Aillaud, propriétaire.
Aumerat, publiciste.
Docteur Bordo, propriétaire.
Cazelles, propriétaire.
Docteur Gérente, sénateur.
Marchal, député.
Narbonne, minotier.
Rey, avocat.
Saurin, avocat.
Vérola, avoué.
Slimani Saïd, adjoint indigène de Tizi-Ouzou.
Bentoumi Larbi, agha honoraire.

Commission spéciale des Tramways pour 1901 et 1902.

MM. BROUSSAIS, avocat.
    CHAZE, maire de Mustapha.
    NARBONNE, minotier.
    AILLAUD, propriétaire.
    LAUPRÊTRE, maire de Cavaignac.
    AOUSTIN, propriétaire.
    BEGEY, propriétaire.
    REY, avocat.
    GROS, maire de Boufarik.
    BELLE, maire de Cherchell.
    STOTZ, maire de Crescia.
    VÉROLA, avoué.

ANNÉE 1902

1re Commission.

MM. BEGEY, député.
    BROUSSAIS, avocat.
    POUSSON, maire de la Chiffa.
    STOTZ, maire de Crescia.
    JOBEZ, propriétaire.
    GOBEL, maire de Réghaïa.
    CAZELLES, propriétaire.
    GROS, maire de Boufarik.
    PÉCHOT, propriétaire.
    STÉFANOPOLI, négociant.
    MOHAMMED BEN DIFF, agha à Bou-Saâda.
    BENLARBI TOUMI, agha honoraire.

2e Commission.

MM. BELLE, maire de Cherchell.
    LAUPRÊTRE, maire de Cavaignac.
    THUILLIER, propriétaire.
    CARBONEL, publiciste.
    CHAZE, maire de Mustapha.
    MARCHAL, publiciste.
    NARBONNE, minotier.
    SAURIN, avocat.
    ALTAIRAC fils, manufacturier.
    AOUSTIN, propriétaire.
    ALI CHÉRIF, capitaine de spahis en retraite.
    SLIMANI SAÏD, adjoint indigène de Tizi-Ouzou.

3ᵉ Commission.

MM. Aillaud, propriétaire.
Aumerat, publiciste.
Baille, négociant.
Docteur Bordo, propriétaire.
Rey, avocat.
Letellier, avocat-défenseur.
Robert, banquier, minotier.
Serpaggi, professeur.
Vérola, avoué.
El Hadj ben Miloud ben Yamina, adjoint indigène des Heumis.
Ferhat Mohley Abba, adjoint indigène des Beni Maïda.

Année 1903

1ʳ Commission.

MM. Péchot, propriétaire.
Gontard, maire de Douéra.
Begey, député.
Broussais, avocat.
Cazelles, propriétaire.
Gobel, maire de Réghaïa.
Guizard, maire de Boufarik.
Hugues, avocat.
Jobez, propriétaire.
Pousson, maire de la Chiffa.
Mohammed ben Diff, agha à Bou-Saâda.
Ferhat Mouley Abba, adjoint indigène des Beni Maïda.

2ᵉ Commission.

MM. Altairac fils, manufacturier, maire d'Alger.
Aoustin, propriétaire.
Belle, maire de Cherchell.
Carbonel, publiciste.
Chaze, maire de Mustapha.
Colin, député.
Marchal, publiciste.
Saurin, avocat.
Thuillier, propriétaire.
Ali Chérif, capitaine de spahis en retraite.
Benlarbi Toumi, agha honoraire.

3ᵉ Commission.

MM. AILLAUD, propriétaire.
AUMERAT, publiciste.
BAILLE, négociant.
Docteur BORDO, propriétaire.
Docteur GÉRENTE, sénateur.
LETELLIER, avocat-défenseur.
NARBONNE, minotier.
REY, avocat.
SERPAGGI, professeur.
VÉROLA, avoué.
EL HADJ BEN MILOUD BEN YAMINA, adjoint indigène des Heumis.
SLIMANI SAÏD, adjoint indigène de Tizi-Ouzou.

Commission spéciale des Tramways.

MM. BROUSSAIS, avocat.
CHAZE, maire de Mustapha.
NARBONNE, minotier.
AILLAUD, propriétaire.
ROBERT, banquier, minotier.
CARBONEL, publiciste.
AOUSTIN, propriétaire.
BEGEY, député, propriétaire.
REY, avocat.
GOBEL, maire de Réghaïa.
BELLE, maire de Cherchell.
PÉCHOT, propriétaire.
VÉROLA, avoué.

ANNÉE 1904

1ʳᵉ Commission.

MM. ALTAIRAC fils, maire d'Alger.
BEGEY, député.
BROUSSAIS, avocat.
COLOMIÈS, maire d'Ouled-Fayet.
GOBEL, maire de Réghaïa.
GRÉGOIRE, notaire.
GINZARD, maire de Boufarik.
JOBEZ, propriétaire.
LEGEY, avocat.

MM. ROBERT, maire d'Orléansville.
ALI CHÉRIF, capitaine en retraite aux spahis, propriétaire.
MOHAMMED BEN DIFF, agha du cercle de Bou-Saâda.

2° Commission.

MM. AOUSTIN, propriétaire.
BELLE, maire de Cherchell.
CARBONEL, publiciste.
CAZELLES, propriétaire.
COLIN, député.
NARBONNE, minotier.
NIVET, négociant.
POUSSON, maire de la Chiffa.
VÉROLA, avoué.
FERHAT MOULEY ADBA, agha et adjoint indigène des Beni Maïda.
EL HADJ BEN MILOUD BEN YAMINA, adjoint indigène des Heunnis.

3° Commission.

MM. AILLAUD, propriétaire.
AUMERAT, publiciste.
Docteur BABILÉE.
Docteur BOUNHIOL.
Docteur GÉRENTE, sénateur.
LEBAILLY, maire de Maison-Carrée.
LETELLIER, avocat-défenseur.
OTTEN, avocat.
REY, avocat.
SERPAGGI, professeur.
SABAOUI, propriétaire à Médéa.
SLIMANI SAÏD, adjoint indigène de Tizi-Ouzou.

Commission spéciale des Tramways pour 1904, 1905 et 1906.

MM. AILLAUD, propriétaire.
AOUSTIN, propriétaire.
Docteur BABILÉE.
BEGEY, député.
BELLE, maire de Cherchell.
Docteur BOUNHIOL.
BROUSSAIS, avocat.
CAZELLES, propriétaire.
COLOMIÈS, maire d'Ouled-Fayet.
GUIZARD, maire de Boufarik.
GRÉGOIRE, notaire.
LEBAILLY, maire de Maison-Carrée.

MM. Letellier, avocat-défenseur.
  Narbonne, minotier,
  Pousson, maire de la Chiffa.
  Rey, avocat.
  Serpaggi, professeur.
  Vérola, avoué.
  Sabaoui, propriétaire à Médéa.

Année 1905

1re Commission.

MM. Cazelles, propriétaire.
  Colomiès, maire d'Ouled-Fayet.
  Guizard, maire de Boufarik.
  Lebailly, maire de Maison-Carrée.
  Docteur Séguy, maire de Miliana.
  Muller, maire de Marengo.
  Pousson, maire de la Chiffa.
  Robert, maire d'Orléansville.
  Begey, député.
  Gobel, maire de Réghaïa.
  Broussais, avocat.
  Ferhat Mouley Abda, agha et adjoint indigène des Beni Maïda.
  Slimani Saïd, adjoint indigène de Tizi-Ouzou.

2e Commission.

MM. Belle, maire de Cherchell.
  Colin, député.
  Nivet, négociant.
  Carbonel, publiciste.
  Legey, avocat.
  Aoustin, propriétaire.
  Narbonne, minotier.
  Altairac fils, maire d'Alger.
  Rey, avocat.
  Ali Chérif, capitaine en retraite aux spahis, propriétaire.
  Mohammed ben Diff, agha du cercle de Bou-Saâda.

3e Commission.

MM. Aillaud, propriétaire.
  Aumerat, publiciste.
  Docteur Babilée.

MM. REY, avocat.
Docteur BOUNHIOL.
Docteur GÉRENTE, sénateur.
GRÉGOIRE, notaire.
LETELLIER, avocat-défenseur.
OTTEN, avocat.
Docteur SÉGUY, maire de Miliana.
SERPAGGI, professeur.
VÉROLA, avoué.
BOUTHIBA EL-HADJ, adjoint indigène des Beumis.
SABAOUI, propriétaire à Médéa.

ANNÉE 1906

1re Commission.

MM. POUSSON, maire de la Chiffa.
GUIZARD, maire de Boufarik.
MULLER, maire de Marengo.
LEBAILLY, maire de Maison-Carrée.
BEGEY, député.
CAZELLES, propriétaire.
ROBERT, maire d'Orléansville.
GOBEL, maire de Réghaïa.
BELLE, maire de Cherchell.
BROUSSAIS, avocat.
COLOMIÈS, maire d'Ouled-Fayet.
FERHAT MOULEY ADDA, agha et adjoint indigène des Beni Maïda.
ALI CHÉRIF, capitaine en retraite aux spahis, propriétaire.

2e Commission.

MM. AOUSTIN, propriétaire.
GRÉGOIRE, notaire.
LEGEY, avocat.
NARBONNE, minotier.
NIVET, négociant.
ALTAIRAC fils, maire d'Alger.
COLOMIÈS, maire d'Ouled-Fayet.
COLIN, député.
CARBONEL, publiciste.
MOHAMMED BEN DIFF, agha du cercle de Bou-Saâda.
ALI CHÉRIF, capitaine en retraite aux spahis, propriétaire.
BOUTHIBA EL-HADJ, adjoint indigène des Beumis.

3ᵉ Commission.

MM. AUMERAT, publiciste.
    LETELLIER, avocat-défenseur.
    REY, avocat.
    SERPAGGI, professeur.
    VÉROLA, avoué.
    AILLAUD, propriétaire.
    Docteur BABILÉE.
    Docteur BOUNHIOL.
    Docteur GÉRENTE, sénateur.
    OTTEN, avocat.
    Docteur SÉGUY, maire de Miliana.
    SABAOUI, propriétaire.
    SLIMANI SAÏD, adjoint indigène de Tizi-Ouzou.

ANNÉE 1907

1ʳᵉ Commission.

MM. BROUSSAIS, avocat.
    CAZELLES, propriétaire.
    COLOMIÈS, maire d'Ouled-Fayet.
    GOBEL, maire de Réghaïa.
    GUIZARD, maire de Boufarik.
    LEBAILLY, maire de Maison-Carrée.
    MARTIN, maire d'Affreville.
    MULLER, maire de Marengo.
    POUSSON, maire de la Chiffa.
    ROBERT, maire d'Orléansville.
    ALI CHÉRIF, capitaine en retraite aux spahis.
    BELKACEM BEN CHEIKH EL MOKHTAR, adjoint indigène du cercle
      de Bou-Saâda.

2ᵉ Commission.

MM. ALTAIRAC fils, maire d'Alger.
    AOUSTIN, propriétaire.
    BELLE, maire de Cherchell.
    CARBONEL, publiciste.
    COLIN, député.
    GRÉGOIRE, notaire.
    LEGEY, avocat.
    NARBONNE, minotier.
    NIVET, négociant.
    BOUTHIBA EL-HADJ, adjoint indigène des Heunis.
    FERHAT MOULEY ABBA, agha et adjoint indigène des Beni Maïda

3e Commission.

MM. Aumerat, publiciste.
Docteur Babilée.
Docteur Bounhiol.
Docteur Gérente, sénateur.
Granier, maire de Mirabeau.
Lefebvre, avocat.
Otten, avocat.
Rey, avocat.
Docteur Séguy, maire de Miliana.
Serpaggi, professeur.
Vérola, avoué.
Sabaoui, propriétaire.
Slimani Saïd, adjoint indigène de Tizi-Ouzou.

Commission des Tramways pour 1907, 1908 et 1909.

MM. Aoustin, propriétaire.
Docteur Babilée.
Belle, maire de Cherchell.
Docteur Bounhiol.
Broussais, avocat.
Cazelles, propriétaire.
Colomiès, maire d'Ouled-Fayet.
Granier, maire de Mirabeau.
Grégoire, notaire.
Guizand, maire de Boufarik.
Lebailly, maire de Maison-Carrée.
Lefebvre, avocat.
Martin, maire d'Affreville.
Muller, maire de Marengo.
Narbonne, minotier.
Nivet, négociant.
Pousson, maire de la Chiffa.
Rey, avocat.
Robert, maire d'Orléansville.
Serpaggi, professeur.
Vérola, avoué.
Sabaoui, propriétaire.

Année 1908

1re Commission.

MM. Aoustin, propriétaire.
Broussais, avocat.
Cazelles, propriétaire.
Colomiès, maire d'Ouled-Fayet.
Gobel, maire de Réghaïa.
Guizard, maire de Boufarik.
Lebailly, maire de Maison-Carrée.
Martin, maire d'Affreville.
Muller, maire de Marengo.
Robert, maire d'Orléansville.
Ali Chérif, capitaine de spahis en retraite.
Belkacem Bencheikh El Moktar, adjoint indigène de Bou-Saâda.

2e Commission.

MM. Altairac fils, manufacturier.
Belle, maire de Cherchell.
Carbonel, publiciste.
Chuffart, propriétaire.
Grégoire, notaire.
Legey, avocat.
Narbonne, minotier.
Nivet, négociant.
Rey, avocat.
Docteur Séguy, maire de Miliana.
Bouthira El-Hadj, adjoint indigène des Beumis.
Ferhat Mouley Abba, agha et adjoint indigène des Beni Maïda.

3e Commission.

MM. Aumerat, publiciste.
Docteur Babilée.
Docteur Bounhiol.
Colin, député.
Docteur Gérente, sénateur.
Granier, maire de Mirabeau.
Houbé (André), avocat.
Lefebvre, avocat.
Otten, avocat.
Vérola, avoué.
Sabaoui, propriétaire.
Slimani Saïd, adjoint indigène de Tizi-Ouzou.

Année 1909

1re Commission.

MM. Aoustin, propriétaire.
Broussais, avocat.
Cazelles, propriétaire.
Gobel, maire de Réghaïa.
Rey, avocat.
Docteur Babilée.
Colomiès, maire d'Ouled-Fayet.
Guizard, maire de Boufarik.
Lebailly, maire de Maison-Carrée.
Muller, maire de Marengo.
Bensiam, propriétaire.
Saïah si Henni, cadi.

2e Commission.

MM. Altairac fils, manufacturier.
Belle, maire de Cherchell.
Chuffart, propriétaire.
Narbonne, minotier.
Nivet, négociant.
Grégoire, notaire.
Carbonel, publiciste.
Legey, avocat.
Robert, maire d'Orléansville.
Docteur Séguy, maire de Miliana.
Hadj Hamou, cadi.
Sidahmed, propriétaire.

3e Commission.

MM. Docteur Bounhiol.
Colin, député.
Docteur Gérente, sénateur.
Granier, maire de Mirabeau.
Houbé (André), avocat.
Lefebvre, avocat.
Martin, maire d'Affreville.
Otten, avocat.
Docteur Saliège.
Vérola, avoué.
Sabaoui, propriétaire.
Aïtsalem, propriétaire.

Année 1910

1re Commission.

MM. Jacquemond, maire de Douaouda.
Lebailly, maire de Maison-Carrée.
Muller, maire de Marengo.
Guizard, maire de Boufarik.
Narbonne, minotier.
Altairac fils, manufacturier.
Cazelles, propriétaire.
Gobel, maire de Réghaïa.
Chuffart, propriétaire.
Colomiès, maire d'Ouled-Fayet.
Hadj Hamou, cadi.
Bensiam, propriétaire.

2e Commission.

MM. Docteur Babilée.
Nivet, négociant.
Carbonel, publiciste.
Martin, maire d'Affreville.
Belle, maire de Cherchell.
Colin, député.
Combredet, vétérinaire.
Rey, avocat.
Aoustin, propriétaire.
Houré (André), avocat.
Sabaoui, propriétaire.
Saïah Mohammed ben si Henni, cadi d'Orléansville.

3e Commission.

MM. Broussais, député.
Docteur Franchi.
Docteur Gérente, sénateur.
Granier, maire de Mirabeau.
Hugues, avocat.
Lefebvre, avocat.
de Redon, ingénieur civil.
Docteur Saliège.
Docteur Séguy, maire de Miliana.
Vérola, avoué.
Aïtsalem, propriétaire.
Sidahmed, propriétaire.

Commission des Tramways pour 1910, 1911 et 1912.

MM. Aoustin, propriétaire.
Docteur Babilée.
Belle, maire de Cherchell.
Broussais, député.
Cazelles, propriétaire.
Colomiès, maire d'Ouled-Fayet.
Chuffart, propriétaire.
Granier, maire de Mirabeau.
Guizard, maire de Boufarik.
Houbé (André), avocat.
Jacquemond, maire de Douaouda.
Lebailly, maire de Maison-Carrée.
Lefebvre, avocat.
Muller, maire de Marengo.
Martin, maire d'Affreville.
Narbonne, minotier.
Nivet, négociant.
de Redon, ingénieur civil.
Rey, avocat.
Vénola, avoué.
Aïtsalem, propriétaire.
Sabaoui, propriétaire.
Sidahmed, propriétaire.

Année 1911

1re Commission

MM. Docteur Babilée.
Cazelles, propriétaire.
Chuffart, propriétaire.
Colomiès, maire d'Ouled-Fayet.
Guizard, maire de Boufarik.
Jacquemond, maire de Douaouda.
Lebailly, maire de Maison-Carrée.
Muller, maire de Marengo.
Narbonne, minotier.
de Redon, ingénieur civil.
Aïtsalem, propriétaire.
Hadj Hamou, cadi.

2ᵉ Commission.

MM. Altairac fils, manufacturier.
Aoustin, propriétaire.
Carbonel, publiciste.
Colin, député.
Combredet, vétérinaire.
Martin, maire d'Affreville.
Nivet, négociant.
Docteur Séguy, maire de Miliana.
Bensiam, propriétaire,
Saïah si Henni, cadi.

3ᵉ Commission.

MM. Belle, maire de Cherchell.
Broussais, député.
Docteur Franchi.
Docteur Gérente, sénateur.
Gobel, maire de Réghaïa.
Granier, maire de Mirabeau.
Houbé (André), avocat.
Hugues, avocat.
Lefebvre, avocat.
Rey, avocat.
Docteur Sallège.
Vérola, avoué.
Sabaoui, propriétaire.
Sidahmed, propriétaire.

Année 1912

4ᵉ Commission.

MM. Altairac, maire de Maison-Carrée.
Lebailly, propriétaire.
Narbonne, minotier.
Colomiès, maire d'Ouled-Fayet.
Guizard, maire de Boufarik.
Cazelles, propriétaire.
Muller, maire de Marengo.
Jacquemond, maire de Douaouda.
Docteur Gérente.
de Redon, ingénieur civil.
Aïtsalem, propriétaire.
Saïah si Henni, cadi.

2ᵉ Commission.

MM. Docteur BABILÉE.
CARBONEL, publiciste.
REY, avocat.
BROUSSAIS, député.
COLIN, sénateur.
MARTIN, maire d'Affreville.
AOUSTIN, propriétaire.
Docteur SÉGUY, maire de Miliana.
CHUFFART, maire d'Oued-el-Alleug.
Docteur FRANCHI.
SABAOUI, propriétaire.
BENSIAM, propriétaire.

3ᵉ Commission.

MM. BELLE, propriétaire.
COMBREDET, vétérinaire.
GOBEL, maire de Réghaïa.
GRANIER, maire de Mirabeau.
HOUBÉ (André), député.
HUGUES, avocat.
LEFEBVRE, avocat.
NIVET, négociant.
Docteur SALIÈGE.
VÉROLA, avoué.
HADJ HAMOU, cadi.
SIDAHMED, propriétaire.

ANNÉES 1913, 1914 et 1915

1ʳᵉ Commission.

MM. Docteur FRANCHI.
BILLIET, maire de Rouïna.
CAZELLES, propriétaire.
GUIZARD, maire de Boufarik.
HOUBÉ (André), député.
JACQUEMOND, maire de Douaouda.
LEBAILLY, propriétaire.
MULLER, maire de Marengo.
DE REDON, ingénieur civil.
RICHARD, maire de Médéa.
Docteur BABILÉE.
AÏTSALEM, propriétaire.

2ᵉ Commission.

MM. LAUPRÊTRE, maire de Ténès.
Docteur SÉGUY, maire de Miliana.
CHUFFART, maire d'Oued-el-Alleug.
COMBREDET, vétérinaire.
GRANIER, maire de Mirabeau.
HUGUES, avocat.
MARTIN, maire d'Affreville.
COLOMIÈS, maire d'Ouled-Fayet.
BENSIAM, propriétaire.
HADJ HAMOU, cadi.
SABAOUI, propriétaire.

3ᵉ Commission.

MM. ALTAIRAC fils, maire de Maison-Carrée.
BAÏLAC, publiciste.
Docteur BENOIT, maire de l'Arba.
GODEL, maire de Réghaïa.
LEFEBVRE, avocat.
MAUGUIN, maire d'El-Affroun.
NIVET, négociant.
OUDAILLE, avocat.
Docteur SALIÈGE.
VÉROLA, avoué.
SAÏAH SI HENNI, cadi.
SIDAHMED, propriétaire.

Commission spéciale des Tramways
pour 1913, 1914 et 1915.
(prorogée en 1916)

MM. JACQUEMOND, maire de Douaouda.
LEBAILLY, propriétaire.
MULLER, maire de Marengo.
RICHARD, maire de Médéa.
BROUSSAIS, député.
GUIZARD, maire de Boufarik.
Docteur BABILÉE.
Docteur BENOIT, maire de l'Arba.
VÉROLA, avoué.
ALTAIRAC fils, maire de Maison-Carrée.
CHUFFART, maire d'Oued-el-Alleug.
BENSIAM, propriétaire.

Année 1916

1re Commission.

MM. Docteur Babilée.
Billiet, maire de Rouïna.
Cazelles, propriétaire.
Docteur Franchi.
Guizard, maire de Boufarik.
Hourré (André), député.
Jacquemond, maire de Douaouda.
Muller, maire de Marengo.
Ledailly, propriétaire.
de Redon, ingénieur civil.
Richard, maire de Médéa.
Aïtsalem, propriétaire.

2e Commission.

MM. Chuffart, maire d'Oued-el-Alleug.
Colomiès, maire d'Ouled-Fayet.
Combredet, vétérinaire.
Granier, maire de Mirabeau.
Martin, maire d'Affreville.
Lauprêtre, maire de Ténès.
Docteur Séguy, maire de Miliana.
Bensiam, propriétaire.
Hadj Hamou, cadi.
Sabaoui, propriétaire.

3e Commission.

MM. Altairac fils, maire de Maison-Carrée.
Baïlac, publiciste.
Docteur Benoit, maire de l'Alma.
Gobel, maire de Réghaïa.
Hugues, avocat.
Lefebvre, avocat.
Nivet, négociant.
Oudaillé, avocat.
Docteur Saliège.
Vérola, avoué.
Saïah si Henni, cadi.
Sidahmed, propriétaire.

Années 1917 et 1918

1re Commission.

MM. Docteur BABILÉE.
    BILLIET, maire de Rouïna.
    CAZELLES, propriétaire.
    Docteur FRANCHI.
    GUIZARD, maire de Boufarik.
    HOUBÉ (André), député.
    JACQUEMOND, maire de Douaouda.
    MULLER, maire de Marengo.
    LEBAILLY, propriétaire.
    DE REDON, ingénieur civil.
    RICHARD, maire de Médéa.
    AÏTSALEM, propriétaire.

2e Commission.

MM. CHUFFART, maire d'Oued-el-Alleug.
    COLOMIÈS, maire d'Ouled-Fayet.
    COMBREDET, vétérinaire.
    GRANIER, maire de Mirabeau.
    MARTIN, maire d'Affreville.
    LAUPRÊTRE, maire de Ténès.
    BENSIAM, propriétaire.
    HADJ HAMOU, cadi.
    SABAOUI, propriétaire.

3e Commission.

MM. BAÏLAC, publiciste.
    Docteur BENOIT, maire de l'Arba.
    GOBEL, maire de Réghaïa.
    HUGUES, avocat.
    LEFEBVRE, avocat.
    NIVET, négociant.
    OUDAILLE, avocat.
    Docteur SALIÈGE.
    VÉROLA, avoué.
    SAÏAH SI HENNI, cadi.
    SIDAHMED, propriétaire.

Commision spéciale des Tramways et Chemins de fer.

MM. JACQUEMOND, maire de Douaouda.
    LEBAILLY, propriétaire.
    MULLER, maire de Marengo.
    RICHARD, maire de Médéa.

MM. Broussais, député.
Guizard, maire de Boufarik.
Docteur Babilée.
Docteur Benoit, maire de l'Arba.
Vérola, avoué.
de Redon, ingénieur civil.
Chuffart, maire d'Oued-el-Alleug.
Bensiam, propriétaire.

LISTE DES DÉLÉGUÉS DU CONSEIL GÉNÉRAL
AU CONSEIL SUPÉRIEUR DE GOUVERNEMENT
DEPUIS 1861

ANNÉES 1861, 1862

MM. SARLANDE jeune, propriétaire.
Baron VIALAR, propriétaire.

ANNÉES 1863, 1864

MM. SARLANDE jeune, propriétaire, maire d'Alger.
Baron VIALAR, propriétaire à Alger, Sidi-Moussa, Arba.
BORÉLY LA SAPIE, propriétaire à Soukali, ancien maire de Boufarik, suppléant.
LESCANNE, propriétaire à Oued-el-Alleug, suppléant.

ANNÉE 1865

MM. BORÉLY LA SAPIE, propriétaire à Soukali, ancien maire de Boufarik.
SARLANDE jeune, propriétaire, maire d'Alger.
ARNOULD, propriétaire à Birkadem, membre de la Chambre consultative d'Agriculture, suppléant.
Baron BOISSONNET, colonel d'Artillerie, propriétaire à Dély-Ibrahim, suppléant.

ANNÉES 1866, 1867, 1868, 1869

MM. BORÉLY LA SAPIE, propriétaire à Soukali, maire de Blida.
SARLANDE jeune, propriétaire, maire d'Alger.

ANNÉES 1870, 1871

Pas de délégués au Conseil Supérieur.

ANNÉE 1872

MM. ROBE, avocat.
Docteur MARÈS, Président de la Société d'Agriculture d'Alger.
BOURLIER, maire de Saint-Pierre-Saint-Paul.
FOURCHAULT, colonel d'État-Major.
DE MALGLAIVE, propriétaire.

Année 1873

MM. Lelièvre, propriétaire, membre du Conseil municipal d'Alger.
Robe, avocat.
Bourlier, maire de Saint-Pierre-Saint-Paul.
Demoly, ingénieur.
Lafitte, maire de Cherchell.
Fourchault, colonel d'État-Major.
de Malglaive, propriétaire.

Année 1874

MM. Villenave, propriétaire à Orléansville.
Bourlier, maire de Saint-Pierre-Saint-Paul.
de Malglaive, propriétaire.
Demoly, ingénieur.
Fourchault, colonel d'État-Major.
Mercurin, propriétaire.

Années 1875, 1876

MM. de Malglaive, propriétaire.
Robe, avocat.
Demoly, ingénieur.
Bourlier, maire de Saint-Pierre-Saint-Paul.
Alphandéry, banquier
Lelièvre, propriétaire, membre du Conseil municipal d'Alger.

Années 1877, 1878

MM. Arnac, architecte.
Bru, maire de Mustapha.
Robe, avocat.
Leroux, rédacteur au *Réveil*.
Alphandéry, banquier.
Arlès Dufour, propriétaire.

Année 1879

MM. Arlès Dufour, propriétaire.
Bru, maire de Mustapha.
Robe, avocat.
Leroux, rédacteur en chef de la *Solidarité*.
Alphandéry, premier adjoint au Maire d'Alger.
Letellier, sénateur.

Années 1880, 1881, 1882

MM. Lafitte, maire de Cherchell.
Bourlier, maire de Saint-Pierre-Saint-Paul.
Leroux, rédacteur en chef de la *Solidarité*.
Bru, maire de Mustapha.
Docteur Feuillet.
Trecu, avocat-défenseur.

Années 1883, 1884

MM. Robe, avocat.
Bourlier, maire de Saint-Pierre-Saint-Paul.
Mongellas, propriétaire.
Borély la Sapie, maire de Boufarik.
Allan, rédacteur en chef de la *Vigie Algérienne*.
Leroux, rédacteur en chef de la *Solidarité*.

Année 1885

MM. Robe, avocat.
Fourrier, maire d'Orléansville.
Mongellas, propriétaire.
Borély la Sapie, propriétaire.
Allan, rédacteur en chef de la *Vigie Algérienne*.
Leroux, publiciste.

Années 1886, 1887, 1888.

MM. Robe, avocat.
Borély la Sapie, propriétaire.
Gobel, directeur de la Colonie pénitentiaire de M'Zéra, maire
de Réghaïa.
Allan, rédacteur en chef de la *Vigie Algérienne*.
Fourrier, maire d'Orléansville.
Leroux, publiciste.

Années 1889, 1890, 1891

MM. Robe, avocat.
Allan, rédacteur en chef de la *Vigie Algérienne*.
Fourrier, maire d'Orléansville.
Gobel, directeur de la Colonie pénitentiaire de M'Zéra, maire
de Réghaïa.
Hunebelle, propriétaire, maire de Staouéli.
Pourailly, maire de Miliana.

Années 1892

MM. Broussais, avocat.
Robe, avocat.
Marchal, directeur du *Petit Colon*.
Gobel, directeur de la Colonie pénitentiaire de M'Zéra, maire
de Réghaïa.
Samary, architecte.
Ali Chérif, capitaine en retraite.

Années 1893, 1894

MM. Broussais, avocat.
Robe, avocat.
Marchal, directeur du *Petit Colon*.
Gobel, directeur de la Colonie pénitentiaire de M'Zéra, maire
de Réghaïa.
Delamare, ingénieur, directeur des Mines de Sakamody.
Ali Chérif, capitaine en retraite.

Années 1895, 1896, 1897

MM. Broussais, avocat.
Marchal, publiciste.
Stotz, maire de Crescia.
Robert, banquier, minotier.
Delamare, ingénieur, directeur des Mines de Sakamody.
Ali Chérif, capitaine en retraite.

Années 1898, 1899, 1900

MM. Broussais, avocat.
Gros, maire de Boufarik.
Robert, banquier, minotier.
Letellier, maire de Saint-Eugène.
Ali Chérif, capitaine de spahis en retraite.

Années 1901, 1902

MM. Altairac fils, manufacturier.
Gobel, maire de Réghaïa.
Lauprêtre, maire de Cavaignac.
Rey, avocat.
Stotz, maire de Crescia.

16

Année 1903

MM. Altairac fils, manufacturier.
Gobel, maire de Réghaïa.
Thuillier, propriétaire.
Rey, avocat.
Broussais, avocat.

Année 1904

MM. Belle, maire de Cherchell.
Carbonel, publiciste.
Robert, maire d'Orléansville.
Serpaggi, professeur (remplacé par M. Vérola, avoué.)

Années 1905, 1906

MM. Belle, maire de Cherchell.
Carbonel, publiciste.
Robert, maire d'Orléansville.
Vérola, avoué.

Années 1907, 1908, 1909

MM. Otten, avocat.
Docteur Bounhiol.
Lebailly, maire de Maison-Carrée.
Docteur Séguy, maire de Miliana.
Grégoire, notaire.

Années 1910, 1911, 1912

MM. Cazelles, propriétaire.
Muller, maire de Marengo.
Lefebvre, avocat.
Docteur Saliège.
Docteur Séguy, maire de Miliana.

Années 1913, 1914, 1915, 1916, 1917, 1918

MM. Martin, maire d'Affreville.
Docteur Babilée.
Guizard, maire de Boufarik.
Lebailly, propriétaire.
Lefebvre, avocat.

LISTE DES PRÉSIDENTS, VICE-PRÉSIDENTS ET SECRÉTAIRES DU CONSEIL GÉNÉRAL

Année 1858, 1859

Président . . . . MM. de Vialar.
Vice-Président . . . Baron Boissonnet.
Secrétaire . . . . Imbertis (André).

Année 1860

Président . . . . MM. de Vaulx.
Vice-Président . . . Amiral Rigodit.
Secrétaires . . . . . . { Bastide.
Weyer.

Année 1861

Président . . . . MM. de Vaulx.
Secrétaire . . . . Bastide.
Vice-Secrétaire . . Weyer.

Années 1862, 1863

Président . . . . MM. de Vaulx.
Vice-Président . . . Sarlande jeune.
Secrétaires . . . . . . { Bastide.
Weyer.

Année 1864

Président . . . . MM. Baron Vialar.
Vice-Président . . . Sarlande jeune.
Secrétaires . . . . . . { Bastide.
Weyer.

Année 1865

Président . . . . MM. Baron de Vialar.
Vice-Président . . . Sarlande jeune.
Secrétaires . . . . . . { Arnould.
Barny.

Année 1866

Président	MM. Baron Vialar.
Vice-Président . . .	Sarlande jeune.
Secrétaires	Arnould.
	Barny.
	Lair (suppléant).

Année 1867

Président	MM. Sarlande jeune.
Vice-Président . . .	Borély la Sapie.
Secrétaires	Lair
	Barny.

Années 1868, 1869

Président	MM. Sarlande jeune.
Vice-Président . . .	Borély la Sapie.
Secrétaires	Barny.
	Lair.

Année 1870

Pas de Conseil Général.

Année 1871

Président	MM. Gastu.
Vice-Présidents . .	Ranc.
	Fourrier.
Secrétaires	Mercier.
	Hérail.

Année 1872

Président	MM. Gastu.
Vice-Président . . .	Fourrier.
Secrétaires	de Malglaive.
	Dessoliers.

Année 1873

Président	MM. Bourlier.
Vice-Président . . .	Docteur Marès.
Secrétaires . . . . . :	de Malglaive.
	Gobel.

ANNÉE 1874

Président	MM. DE MALGLAIVE.
Vice-Président...	DEMOLY.
Secrétaires	DESSOLIERS.
	FOURCHAULT.

ANNÉE 1875

Président	MM. DE MALGLAIVE.
Vice-Président...	DEMOLY.
Secrétaires	DESSOLIERS.
	LAFITTE.

ANNÉE 1876

Président	MM. BOURLIER.
Vice-Président...	DEMOLY.
Secrétaires	DESSOLIERS,
	GOBEL.

ANNÉE 1877

Président	MM. LELIÈVRE.
Vice-Présidents ..	BLANC (Paul).
	MONGELLAS.
Secrétaires	MERCIER.
	MAUGUIN.

ANNÉE 1878

Président	MM. MONGELLAS.
Vice-Présidents ..	BRU.
	Docteur PANIER.
Secrétaires	MAUGUIN.
	MERCIER.

ANNÉE 1879

Président	MM. MONGELLAS.
Vice-Présidents ..	BRU.
	Docteur PANIER.
Secrétaires	MAUGUIN.
	OBITZ.

Année 1880

Président	MM. Mongellas.
Vice-Présidents . . }	Mauguin. Bru.
Secrétaires . . . . . . }	Obitz. Lépiney.

Année 1881

Président	MM. Mongellas.
Vice-Président . . .	Nérat de Lesguisé.
Secrétaires . . . . . . }	Obitz. Lépiney.

Année 1882

(Session d'Avril).

Président	MM. Mongellas.
Vice-Présidents . . }	Bru. Boutemaille.
Secrétaires . . . . . . }	Obitz. Lépiney.

(Session d'Octobre).

Président	MM. Bru.
Vice-Présidents . . }	Docteur Garny. Obitz.
Secrétaires . . . . . . }	Fourrier. Lubac.

Années 1883, 1884

Président	MM. Mauguin.
Vice-Présidents . . }	Docteur Garny. Obitz.
Secrétaires . . . . . . }	Koziell. Fourrier.

Années 1885

Président	MM. Mauguin.
Vice-Présidents . . }	Docteur Garny. Obitz.
Secrétaires . . . . . . }	Koziell. Fourrier. Houbé père.

Années 1886, 1887, 1888

Président	MM. Mauguin.
Vice-Présidents ..	Barnaud.
	Koziell.
Secrétaires	Houbé père.
	Broussais.
	Fourrier.

Années 1889, 1890

Président	MM. Mauguin.
Vice-Présidents ..	Houbé père.
	Wagner.
Secrétaires	Altairac fils.
	Cayrol.
	Hunebelle.

Année 1891

Président	MM. Mauguin.
Vice-Présidents ..	Wagner.
	Barnaud.
Secrétaires	Altairac fils.
	Hunebelle.
	Cayrol.

Année 1892

Président	MM. Mauguin.
Vice-Présidents ..	Barnaud.
	Broussais.
Secrétaires	Altairac fils.
	Docteur Péan.
	Robert (Paul).

Année 1893

Président	MM. Gros.
Vice-Présidents ..	Barnaud.
	Allan.
Secrétaires	Altairac fils.
	Docteur Péan.
	de Redon.

Année 1894

Président	MM. Gros.
Vice-Présidents .. }	Broussais. Allan.
Secrétaires .... }	Altairac fils. Docteur Péan. Robert (Paul).

Années 1895, 1896.

Président	MM. Gros.
Vice-Présidents .. }	Broussais. Marchal.
Secrétaires ...... }	Lauprêtre. Susini. Begey.

Année 1897

Président	MM. Gros.
Vice-Présidents .. }	Broussais. Marchal.
Secrétaires ...... }	Hannedouche. Lauprêtre. Begey.

Année 1898

Président	MM. Broussais.
Vice-Présidents .. }	Robert (Paul). Begey.
Secrétaires ...... }	Baille. Pousson. Thuillier.

Année 1899

Président	MM. Samary.
Vice-Présidents .. }	Hannedouche. Lauprêtre.
Secrétaires ...... }	Aillaud. Pousson. Thuillier.

Année 1900

Président	MM. Stotz.
Vice-Présidents .. {	Docteur Bordo. Thuillier.
Secrétaires ...... {	Pousson. Aillaud. Sabaoui.

Année 1901

Président	MM. Gros.
Vice-Présidents .. {	Docteur Bordo. Carbonel.
Secrétaires ...... {	Aillaud. Cazelles. Vérola.

Année 1902

Président	MM. Docteur Gérente.
Vice-Présidents .. {	Serpaggi. Vérola.
Secrétaires ...... {	Aillaud. Cazelles. Narbonne.

Année 1903

Président	MM. Robert (Paul).
Vice-Présidents .. {	Belle. Thuillier.
Secrétaires ...... {	Aillaud. Narbonne. Cazelles.

Année 1904
(Session de Juillet).

Président	MM. Robert (Paul).
Vice-Présidents .. {	Vérola. Belle.
Secrétaires ...... {	Aillaud. Cazelles. Narbonne.

(Session d'Octobre).

Président	MM. VÉROLA.
Vice-Présidents .. {	OTTEN. GUIZARD.
Secrétaires ...... {	GRÉGOIRE. LEBAILLY. LEGEY.

ANNÉE 1905

Président	MM. SERPAGGI.
Vice-Présidents .. {	COLOMIÈS. LEBAILLY.
Secrétaires ...... {	AILLAUD. MÜLLER. NIVET.

ANNÉE 1906

Président	MM. Docteur GÉRENTE.
Vice-Présidents .. {	Docteur BOUNHIOL. Docteur SÉGUY.
Secrétaires ...... {	LEGEY. MULLER. AILLAUD.

ANNÉE 1907

Président	MM. Docteur GÉRENTE.
Vice-Présidents .. {	CARBONEL. GRÉGOIRE.
Secrétaires ...... {	GRANIER. LEFEBVRE. MARTIN

ANNÉE 1908

Président	MM. Docteur GÉRENTE.
Vice-Présidents .. {	MULLER. LEFEBVRE.
Secrétaires ...... {	MARTIN. GRANIER. LEGEY.

Année 1909

Président :	MM. Docteur Gérente.
Vice-Présidents . .	Docteur Babilée.
	Legey.
	Martin.
Secrétaires	Granier.
	Aïtsalem.

Année 1910

Président	MM. Broussais.
Vice-Présidents . .	Nivet.
	Lefebvre.
	Granier.
Secrétaires	Jacquemond.
	Muller.

Année 1911

Président	MM. Broussais.
Vice-Présidents . .	Docteur Saliège.
	Belle.
	Chuffart.
Secrétaires	Granier.
	Sidahmed.

Année 1912

Président	MM. Broussais.
Vice-Présidents . .	Martin.
	Lefebvre.
	Granier.
Secrétaires	Jacquemond.
	Aïtsalem.

Année 1913 à 1918

Président	MM. Broussais.
Vice-Présidents . .	Docteur Saliège.
	Lefebvre.
	Oudaille.
Secrétaires	Baïlac.
	Sidahmed.

LISTE DES PRÉSIDENTS ET SECRÉTAIRES
DE LA COMMISSION DÉPARTEMENTALE

ANNÉE 1872

Président : MM. D' MARÈS.
Secrétaire :   DE MALGLAIVE.

ANNÉES 1873, 1874, 1875

Président : MM. MERCURIN.
Secrétaire :   MONGELLAS.

ANNÉE 1876

Président : MM. PAGÈS.
Secrétaire :   MONGELLAS.

ANNÉE 1877

Président : MM. PARODI.
Secrétaire :   DESSOLIERS.

ANNÉES 1878, 1879

Président : MM. LAPÉROUSE.
Secrétaire :   L. GÉNELLA.

ANNÉE 1880

Président : MM. LAPÉROUSE.
Secrétaire :   LÉPINEY.

ANNÉE 1881

Président : MM. LAPÉROUSE.
Secrétaire :   SARDA.

ANNÉE 1882

Président : MM. LAPÉROUSE.
Secrétaire :   SAMARY.

ANNÉE 1883

Président : MM. MONGELLAS.
Secrétaire :   SAMARY.

ANNÉES 1884, 1885

Président : MM. AUMERAT.
Secrétaire :   GOBEL.

ANNÉE 1886

Président : MM. AUMERAT.
Secrétaire :   HOUBÉ père.

ANNÉE 1887

Président : MM. AUMERAT.
Secrétaire :   BROUSSAIS.

ANNÉES 1888 à 1891

Président : MM. AUMERAT.
Secrétaire :   ALTAIRAC fils.

ANNÉE 1892

Président : MM. AUMERAT.
Secrétaire :   BROUSSAIS.

ANNÉE 1893

Président : MM. GROS.
Secrétaire :   JOUYNE.

ANNÉE 1894

Président : MM. STOTZ.
Secrétaire :   VIVAREZ.

ANNÉE 1895

Président : MM. AUMERAT.
Secrétaire : VIVAREZ.

ANNÉES 1896 à 1898

Président : MM. STOTZ.
Secrétaire : BEGEY.

ANNÉE 1899

Président : MM. STOTZ.
Secrétaire : BAILLE.

ANNÉE 1900

Président : MM. STOTZ.
Secrétaire : BEGEY.

ANNÉE 1901

Président : MM. BEGEY.
Secrétaire : POUSSON.

ANNÉE 1902

Président : MM. LETELLIER.
Secrétaire : VÉROLA.

ANNÉE 1903

Président : MM. GROS.
Secrétaire : VÉROLA.

ANNÉE 1904

Président : MM. SERPAGGI.
Secrétaire : VÉROLA.

ANNÉE 1905

Président : MM. VÉROLA.
Secrétaire : LEGEY.

ANNÉE 1906

Président : MM. VÉROLA.
Secrétaire : BOUNHIOL.

ANNÉE 1907

Président : MM. VÉROLA.
Secrétaire : LEBAILLY.

ANNÉE 1908

Président : MM. VÉROLA.
Secrétaire : MULLER.

ANNÉE 1909

Président : MM. VÉROLA.
Secrétaire : LEBAILLY.

ANNÉE 1910

Président : MM. VÉROLA.
Secrétaire : SAÏAH SI BENNI.

ANNÉE 1911

Président : MM. VÉROLA.
Secrétaire : LEBAILLY

ANNÉE 1912

Président : MM. VÉROLA.
Secrétaire : MULLER.

ANNÉES 1913, 1914

Président : MM. VÉROLA.
Secrétaire : CAZELLES.

ANNÉES 1915, 1916

Président : M. VÉROLA.
Président intérim^{re} : M. Dr SÉGUY.
Secrétaire : M. CAZELLES.

ANNÉES 1917, 1918

Président : M. VÉROLA.
Président intérim^{re} : M. Dr BENOIT
Secrétaire : M. CAZELLES.

LISTE DES PRÉSIDENTS, VICE-PRÉSIDENTS ET SECRÉTAIRES DES GRANDES COMMISSIONS

Année 1858

1re Commission. — *Président* : MM. Baron Boissonnet.
2e   —   —   :   Sarlande jeune.
3e   —   —   :   Baron Vialar.

Année 1859

1re Commission. — *Président* : MM. A. Imbertis.
2e   —   —   :   Baron Boissonnet.
3e   —   —   :   Baron Vialar.

Année 1860

1re Commission. — *Président* : MM. Amiral Rigodit.
2e   —   —   :   Sarlande jeune.
3e   —   —   :   Caillebar.

Année 1861

1re Commission. — *Président* : MM. Docteur Martin.
2e   —   —   :   Sarlande jeune.
3e   —   —   :   Caillebar.

Années 1862, 1863

1re Commission. — *Président* : MM. Baron Vialar.
2e   —   —   :   Sarlande jeune.
3e   —   —   :   Journès.

Année 1864

1re Commission. — *Président* : MM. Van Maseyk.
2e   —   —   :   Sarlande jeune.
3e   —   —   :   Journès.

Année 1865

1re Commission. — *Président :* MM. Lair.
2e   —   —   :   Van Maseyk.
3e   —   —   :   Sarlande jeune.
4e   —   —   :   Docteur Barny.

Année 1866

1re Commission. — *Président :* MM. Van Maseyk.
2e   —   —   :   Sarlande jeune.
3e   —   —   :   Vallier.

Années 1867, 1868

1re Commission. — *Président :* MM. Van Maseyk.
2e   —   —   :   Sarlande jeune.
                 Vice-Président : M. Borély la Sapie.
3e Commission. — *Président :* M. Vallier.

Année 1869

1re Commission. — *Président :* MM. Van Maseyk.
2e   —   —   :   Sarlande jeune.
3e   —   —   :   Vallier.

Années 1870, 1871

Pas de Commissions.

Année 1872

1re Commission. — *Président :* MM. Bourlier.
                 Secrétaire :   Gobel.
2e   —   *Président :*   Fourrier.
                 Secrétaire :   Mongellas.
3e   —   *Président :*   Lelièvre.
                 Secrétaire :   Pancheret.
4e   —   *Président :*   Allier (Amédée).
                 Secrétaire :   Docteur Marès.

Années 1873 a 1912 inclus.

Les renseignements font défaut.

Années 1913, 1914, 1915, 1916

1" Commission.	Président......	MM. Docteur Babilée.
	Vice-Président .	Muller.
	Secrétaire... ..	Lebailly.
2ᵉ Commission...	Président......	MM. Docteur Séguy.
	Secrétaire......	Chuffart.
3ᵉ Commission..	Président......	MM. Lefebvre.
	Vice-Président..	Docteur Saliège.
	Secrétaire......	Oudaille.
Commission des Tramways.	Président......	MM. Broussais.
	Vice-Présidents.	Muller.
		Vérola.
	Secrétaire.. ...	Richard.

Années 1917, 1918

1" Commission.	Président......	MM. Docteur Babilée.
	Vice-Président..	Muller.
	Secrétaire......	Lebailly.
2ᵉ Commission..	Président......	MM. Lauprêtre.
	Secrétaire......	Chuffart.
3ᵉ Commission..	Président......	MM. Lefebvre.
	Vice-Président..	Docteur Saliège.
	Secrétaire... ..	Oudaille.
Commission des Tramways.	Président... ..	MM. Broussais.
	Vice-Présidents.	Muller.
		Vérola.
	Secrétaire......	Richard.

LISTE DES PRÉFETS ET GÉNÉRAUX DE DIVISION
du Département d'Alger.

Année 1858

Préfet : Géry (Ch.).   *Général :* Yusuf.

Années 1859, 1860

Préfet : Levert (Alphonse).   *Général :* Yusuf.

Années 1861, 1862, 1863

Conseiller d'État, Directeur Général chargé de l'Administration du département : Mercier-Lacombe.   *Général :* Yusuf.

Année 1864

Préfet : Poignant (Stéfany).   *Général :* Yusuf.

Années 1865, 1866, 1867, 1868

Préfet : Poignant (Stéfany).   *Général commandant la Province :* de Wimpffen.

Années 1869, 1870

Préfet : Le Myre de Vilers.   *Général commandant la Province :* Général Comte Pourcet.

Année 1871

Préfet : Hélot (L.).   *Général commandant la Province :* Pas de renseignement.

Année 1872

Préfet : Oustry.   *Général commandant la Province :* Pas de renseignement.

Année 1873

Préfet : Comte d'Ideville.   *Général :* Wolff.

Années 1874, 1875, 1876, 1877, 1878

Préfet : Brunel. *Général :* Wolff.

Année 1879

Préfet : de Lestaurière. *Général :* Wuillemot.

Année 1880

Préfet : de Lestaubière. *Général :* Pas de renseignements

Années 1881, 1882, 1883, 1884, 1885, 1886

Préfet : Firbach. *Général :* Loysel.

Année 1887

Préfet : Firbach. *Général :* Poizat.

Années 1888, 1889, 1890, 1891

Préfet : Paul (Henri). *Général :* Poizat.

Années 1892, 1893

Préfet : Laroche (Hippolyte). *Général :* Swiney.

Année 1894

Préfet : Christian. *Général :* Swiney.

Année 1895

Préfet : Granet. *Général :* Swiney.

Anneés 1896, 1897

Préfet : Granet. *Général :* Collet-Meygret.

Année 1898

Préfet : Génie. *Général :* Collet-Meygret.

Années 1899, 1900

Préfet : Lutaud (Charles). *Général :* Pédoya.

ANNÉES 1901, 1902

Préfet : ROSTAING.   *Général :* SERVIÈRE.

ANNÉES 1903, 1904, 1905

Préfet : ROSTAING.   *Général :* BAILLOUD.

ANNÉE 1906

Préfet : ROSTAING.   *Général :* MÉNESTREL.

ANNÉES 1907, 1908

Préfet : VERNE.   *Général :* MÉNESTREL.

ANNÉES 1909, 1910

Préfet : VERNE.   *Général :* BERTRAND.

ANNÉE 1911

Préfet : PÉRIER (Léon).   *Général :* OUDARD.

ANNÉE 1912

Préfet : LASSERRE (Alf.).   *Général :* OUDARD.

ANNÉE 1913

Préfet : LASSERRE (Alf.).   *Général :* MUTEAU.

ANNÉE 1914

Préfet : LEFEBURE (Albert).   *Général :* MUTÉAU.
                     —   WARIN.
                     —   TRAFFORD.
                     —   DAUTELLE.

ANNÉE 1915

Préfet : LEFEBURE (Albert).   *Général :* GUERRIER.

ANNÉE 1916

Préfet : LEFEBURE (Albert).   *Général :* CAPDEPONT.

ANNÉES 1917, 1918

Préfet : LEFEBURE (Albert).   *Général :* DE LARTIGUE.

LISTE DES SECRÉTAIRES RÉDACTEURS
DU CONSEIL GÉNÉRAL D'ALGER

DEPUIS 1875

De 1875 à 1878 : M. Léon Genella.
De 1878 à 1880 : M. Dimier.
De 1880 à 1882 : M. Béguet.
De 1882 à 1884 : M. Communay (A.).
De 1884 à 1894 : M. Carbon (Auguste).
De 1894 à 1912 : M. Leblanc (Henri).

TABLE DES MATIÈRES

ANNUAIRE

———

(1) Les numéros indiquent la pagination.

MM. Baron Boissonnet, *conseiller général :* 83, 84, 85, 86, 87, 88, 89, 90, 91, 92, 93.
  Grandes Commissions : 176, 177, 178, 179, 180, 181, 182, 183, 185.
  Délégué au Conseil Supérieur : 238.
  Bureau du Conseil Général : 243.
  Bureaux des Grandes Commissions : 254.

Bonifay, *conseiller général :* 101, 102.
  Grandes Commissions : 191.

Bordet, *conseiller général :* 97.

Docteur Bordo, *conseiller général :* 130, 131, 132, 133, 134, 135, 136, 137, 138, 139, 140.
  Commission départementale : 171.
  Grandes Commissions : 211, 212, 213, 214, 215, 217, 218, 219, 221, 222.
  Bureau du Conseil Général : 249.

Borély la Sapie, *conseiller général :* 84, 85, 86, 87, 88, 89, 90, 91, 92, 93, 117, 119, 120, 121, 122, 123, 124.
  Grandes Commissions : 177, 178, 179, 180, 181, 182, 183, 184, 185, 186, 198, 199, 200, 201, 202, 203.
  Délégué au Conseil Supérieur : 238, 240.
  Bureau du Conseil Général : 244.
  Bureaux des Grandes Commissions : 255.

Bou Alem ben Chérifa, *assesseur musulman au Conseil Général :* 88, 89, 91, 92, 93, 94.
  Grandes Commissions : 182, 183, 184, 186.

Boudet, *conseiller général :* 98, 99, 100.
  Commission départementale : 166.
  Grandes Commissions : 187, 188.

Bouhon frères, *bronzes d'art, à Paris :* 21.

Docteur Bounhiol, *conseiller général :* 140, 141, 142, 143, 144, 145, 146.
  Commission départementale : 173.
  Grandes Commissions : 223, 225, 226, 227, 228, 229.
  Délégué au Conseil Supérieur : 242.
  Bureau du Conseil Général : 250.
  Bureau de la Commission départementale : 253.

Bourlier, *conseiller général :* 98, 99, 100, 101, 102, 103, 104, 106, 108, 117, 118, 119, 121, 122, 123, 124, 125, 126, 127, 128, 129, 130, 131.
  Commission départementale : 166.
  Grandes Commissions : 186, 187, 188, 189, 190, 192, 193, 194, 195, 196, 197, 198, 199, 200, 201, 202, 203, 204, 205, 206, 207, 208, 209, 210.
  Délégué au Conseil Supérieur : 238, 239, 240.
  Bureau du Conseil Général : 244, 245.
  Bureaux des Grandes Commissions : 255.

Boutemaille, *conseiller général :* 97, 102, 103, 104, 107, 108, 117.
  Commission départementale : 167.
  Grandes Commissions : 192, 193, 194, 195, 196, 197.
  Bureau du Conseil Général : 246.

C

M

R

S

MM. SABAOUI Mohammed,
> 1º *Assesseur musulman au Conseil Général:* 158, 159, 160, 161.
> *Grandes Commissions:* 212, 213, 214, 215, 217, 218, 223, 225, 226, 227, 228.
> 2º *Conseiller général:* 164, 165.
> *Commission départementale:* 172, 173.
> *Grandes Commissions:* 229, 230, 231, 232, 233, 234, 235, 236.
> *Bureau du Conseil Général:* 249.

SAÏAH Si Henni, *assesseur musulman au Conseil Général:* 156, 157, 158.
> *Grandes Commissions:* 196, 197, 198, 199, 201, 202, 203, 204, 205, 206, 207, 208, 210, 211.
> *Conseiller général:* 164, 165.
> *Commission départementale:* 174, 175.
> *Grandes Commissions:* 229, 230, 232, 234, 235, 236.
> *Bureau de la Commission départementale:* 253.

Docteur SALIÈGE, *conseiller général:* 145, 147, 148, 149, 150, 151, 152, 153.
> *Grandes Commissions:* 229, 230, 232, 233, 234, 235, 236.
> *Délégué au Conseil Supérieur:* 242.
> *Bureau du Conseil Général:* 251.
> *Bureaux des Grandes Commissions:* 256.

SAMARY, Paul, *conseiller général:* 107, 108, 117, 118, 119, 120, 122, 123, 124, 125, 126, 127, 128, 129, 131, 132, 133, 135, 136, 138.
> *Commission départementale:* 168, 170.
> *Grandes Commissions:* 196, 197, 198, 199, 201, 202, 203, 204, 205, 206, 207, 208, 209, 211, 212, 214, 215, 216, 218.
> *Délégué au Conseil Supérieur:* 211.
> *Bureau du Conseil Général:* 248.
> *Bureau de la Commission départementale:* 252.

SAPOR, *conseiller général:* 117, 119, 120, 121, 122, 123, 124, 125, 126, 127, 129, 130.
> *Commission départementale:* 169.
> *Grandes Commissions:* 198, 200, 201, 202, 203, 204, 205, 206, 207, 208.

SARDA, *conseiller général:* 107, 108, 109.
> *Commission départementale:* 167.
> *Grandes Commissions:* 195, 196.
> *Bureau de la Commission départementale:* 252.

SARLANDE aîné, *conseiller général:* 85, 86.

SARLANDE jeune, *conseiller général:* 83, 84, 85, 86, 87, 88, 89, 90, 91, 92, 93.
> *Grandes Commissions:* 176, 177, 178, 179, 180, 181, 182, 183, 184, 185, 186.
> *Délégué au Conseil Supérieur:* 238.
> *Bureau du Conseil Général:* 243, 244.
> *Bureaux des Grandes Commissions:* 254, 255.

ALGER — IMP. FONTANA FRÈRES, 3, RUE PELISSIER — 41-48

www.ingramcontent.com/pod-product-compliance
Ingram Content Group UK Ltd.
Pitfield, Milton Keynes, MK11 3LW, UK
UKHW022326090726
13658UKWH00001B/108